高职高专“十二五”规划教材

21 世纪全国高职高专土建系列技能型规划教材

建筑工程经济

（第 2 版）

主　编　张宁宁　侯聪霞

副主编　周艳冬　刘　伟　查丽娟

参　编　翟永平　白　蕾　石　静

　　　　齐静娴　代庆斌

主　审　屈长宾

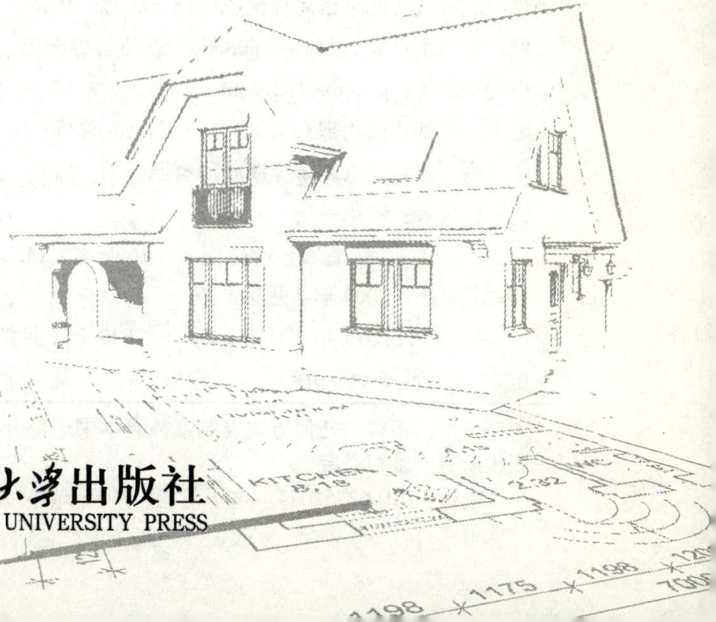

北京大学出版社

PEKING UNIVERSITY PRESS

内 容 简 介

本书突出职业教育特点，吸收工程经济研究领域的最新成果，体例新颖，案例丰富。本书各章均附有学习目标、导入案例、知识链接、特别提示及形式各异的练习题等，以达到学、练同步的目的；同时，力求用案例说明知识点的应用，注重经济知识及其分析方法在建筑工程中的运用，内容精练、重点突出、文字叙述通俗易懂。全书共9章，主要内容有：工程经济要素、资金等值计算、投资方案的比较和选择、风险与不确定性分析、价值工程的原理和应用、设备更新经济分析、建设项目的财务评价、国民经济评价及建设项目可行性研究等。

本书可作为高职高专建筑工程技术、工程造价、工程监理、工程管理、公路工程、市政工程等专业的教材，也可作为注册建造工程师、注册监理工程师、注册造价工程师等有关技术人员的参考用书。

图书在版编目(CIP)数据

建筑工程经济/张宁宁，侯聪霞主编. —2版. —北京：北京大学出版社，2013.7

(21世纪全国高职高专土建系列技能型规划教材)

ISBN 978-7-301-22736-7

Ⅰ. ①建…　Ⅱ. ①张…②侯…　Ⅲ. ①建筑经济学—工程经济学—高等职业教育—教材　Ⅳ. ①F407.9

中国版本图书馆CIP数据核字(2013)第142386号

书　　　名：建筑工程经济(第2版)

著作责任者：张宁宁　侯聪霞　主编

策 划 编 辑：赖　青　杨星璐

责 任 编 辑：陈颖颖

标 准 书 号：ISBN 978-7-301-22736-7/TU·0340

出 版 发 行：北京大学出版社

地　　　址：北京市海淀区成府路205号　100871

网　　　址：http://www.pup.cn　新浪官方微博：@北京大学出版社

电 子 信 箱：pup_6@163.com

电　　　话：邮购部62752015　发行部62750672　编辑部62750667　出版部62754962

印　刷　者：北京鑫海金澳胶印有限公司

经　销　者：新华书店

787毫米×1092毫米　16开本　14.25印张　324千字

2009年7月第1版

2013年7月第2版　2017年1月第12次印刷(总第24次印刷)

定　　　价：30.00元

北大版·高职高专土建系列规划教材

专家编审指导委员会专业分委会

第 2 版前言

本书第 1 版自 2009 年出版以来，被国内许多高职高专类院校用作“工程经济学”课程的指定教材和教学参考书，经广大读者使用，均被肯定为一本内容全、材料新、体系好的教材，切实贴近高职高专学生的知识体系，难易适中，知识点清晰。同时，一些专家和读者也指出本书第 1 版的一些疏漏和缺陷，如个别例题的解题思路不清晰，有些章节概括性太强，内容不够详尽等。因此，编者在征求读者修订意见的基础上，结合所在院校课程和教学改革所需，对本书第 1 版进行了修订。

修订时，编者在保持第 1 版特色的基础上，努力更新内容，特别着力于增加内容的实践性，以利于各院校在使用本书时辅以必要的实践活动，来达到提高学生的知识水平和应用能力的目的。

本次修订突出了立体化教学资源的鲜明特点，具体表现为以下几个方面。

(1) 强化案例式教学。在编写过程中有机融入最新的实例及操作性较强的案例，并对实例进行有效的分析，同时以土建专业的应用实例或生活类比案例来导出全章的知识点，多用综合性的实例来讲解理论知识的综合运用，在提高学生对理论学习的兴趣和效果的同时起到培养其工程意识和工程能力的作用。

(2) 重视实践环节。本书注重强化实际操作训练，内容实用性和技巧性强的章节设计了相关的具备真实性的实践操作案例，习题设计多样化，题型不仅丰富，还具备启发性、趣味性，以实际操作训练加深对理论知识的理解，激发学生对工程实践的兴趣，全方位强化学生对知识的掌握程度。

(3) 注重拓展学生的知识面。本书内容适当比老师上课的教学内容多 10%～20%，同时把一些与课程内容相关的材料(历史、最新成果、发展等)以阅读材料的形式放在每章最后，另外还有很多“特别提示”和“知识链接”，让学生能在学习到必要知识点的同时也对其他相关知识有所了解，也可让不同院校老师根据自身特点进行取舍。

(4) 知识体系实用有效。以学生就业所需的专业知识和操作技能为着眼点，在适度基础知识与理论体系覆盖下，着重讲解应用型人才培养所需的内容和关键点。另外，知识点讲解顺序要根据实际情况调整，不能一成不变，要突出实用性和可操作性，让学生学而有用，学而能用。

希望上述内容的调整与改动能够更清楚并及时地反映工程经济学教学与应用中的新发展与新需求，能够更好地表现各种概念、方法及原理的本质特征和相互关系，提高本书的可读性和阅读效率。

本书由河南建筑职业技术学院张宁宁和石家庄职业技术学院侯聪霞任主编，由河南建筑职业技术学院周艳冬、滨州职业学院刘伟、河南建筑职业技术学院查丽娟任副主编，由河南建达工程建设监理公司屈长宾任主审。山西大学工程学院翟永平、河南建筑职业技术学院白蕾、河南建筑职业技术学院石静、河南建筑职业技术学院齐静娴、河南建达工程建设监理公司代庆斌参编。本书具体编写分工如下：齐静娴编写第1章，代庆斌编写第2章，查丽娟编写第3章，张宁宁和周艳冬编写第4章，白蕾编写第5章，翟永平编写第6章，石静编写第7章，刘伟编写第8章，侯聪霞编写第9章。

本书第1版的众多读者给编者提出了许多宝贵的意见和建议，在此表示衷心感谢；还要感谢参考文献的作者们，在编写和修订本书过程中，编者从中受到很多启发。新版本难免存在不足，希望广大师生和读者朋友给予指正。

编　者
2013年2月

第1版前言

建筑工程经济是一门实践性很强的专业基础课，为增强学生的职业能力，培养高素质技能型专门人才以适应企业的需求，本书的编写在教学内容、课程体系和编写风格上着重贯彻了以下几点。

(1) 理论与实务有机结合起来，建立新的课程体系。为便于学生抓住重点、提高学习效率，教材在章首列有教学目标和可以自测的教学要求，力求学生愿意学、有兴趣学。章末配有形式各异的练习题目，让学生自测自己的学习效果，激发学生的学习潜能。

(2) 以任务为导向的编写方式。每章以引例提出任务，引起学生好奇，在文中阐述知识点后，通过案例点评完成任务。让学生感觉学有所用，另外设有知识链接、特别提示等模块来扩大学生的知识面。

(3) 新颖性。全新的体系和全新的编写理念，打破了传统的编写模式。

(4) 可操作性强，注重能力的培养。本书侧重于应用能力的培养，列举了大量的工程案例，具有较强的实用性，并且结合能力目标，以“必需、够用”为原则，尽量深入浅出，让学生掌握所必需的知识。

本书由河南建筑职业技术学院杨庆丰、石家庄职业技术学院侯聪霞主编，山西大学工程学院陈志华、滨州职业学院刘伟、山东水利职业学院李晓婧副主编，山西大学工程学院翟永平、河南建筑职业技术学院张宁宁与倪乐、石家庄职业技术学院聂娟参编。本书由河南大乘置业有限公司秦旭东主审。本书具体编写分工如下：倪乐编写第1章；张宁宁编写第2章；杨庆丰编写第3章；刘伟编写第4章；李晓婧编写第5章；翟永平编写第6章；陈志华编写第7章；聂娟编写第8章；侯聪霞编写第9章。

由于编者水平所限，书中如有疏漏和差错之处，诚望读者提出批评和改进意见。

编　者

2009年3月

目 录

第1章

绪　　论

学习目标

知识目标	技能目标
(1) 了解工程、技术与经济的概念及其相互关系 (2) 了解技术经济分析的可比性原理 (3) 了解工程经济学研究的对象和范围 (4) 掌握工程技术与经济效果之间的关系	(1) 具备进行工程经济分析的基本能力 (2) 对项目的可行性分析、优选及后评价等工作奠定基础

导入案例

某公司需引进设备一台，有两种可供选择，其有关资料见表1-1，试分析：此案例将会运用到哪些工程经济分析的基本原则？

表1-1 设备有关资料

单位：元

方案	投资	寿命	残值	年收入	年支出	基准收益率
A	10 000	5年	2 000	5 000	2 200	10%
B	15 000	10年	0	7 000	4 300	10%

1.1 工程技术与经济的关系

1.1.1 工程

工程(engineering)是指按一定的计划、应用科学知识将各种资源最佳地为人类服务进行的工作，如建造、建筑、水利、开矿等。其目的就是将自然资源转变为有益于人类的产品，它的任务是应用科学知识解决生产和生活中存在的问题，来满足人们的需要。

工程不同于科学，也不同于技术，它是人们综合应用科学理论和技术手段去改造客观世界的具体实践活动，以及所取得的实际成果。在长期的生产和生活实践中，人们根据数学、物理学、化学、生物学等自然科学和经济地理等社会科学的理论，并应用各种技术手段，去研究、开发、设计、制造产品或解决工艺使用等方面的问题，逐渐形成了门类繁多的专业工程，如机械工程、土木工程、航空航天工程等。而一项工程能被人们所接受必须具备两个前提，即技术的可行和经济的合理。

1.1.2 技术

技术(technology)是人类在利用自然和改造自然的过程中积累起来并在生产劳动中体现出来的经验和知识。或者说，技术是生产和生活领域中，运用各种科学所揭示的客观规律，进行各种生产和非生产活动的技能，以及根据科学原理改造自然的一切方法。

技术与科学常被视为一体，但严格说来，科学和技术是有着根本区别的。科学是人类在探索自然和社会现象的过程中对客观规律的认识和总结，是发现；而技术是人类活动的技能和人类在改造自然的过程中采用的方法、手段，是创造和发明。要实现资源向产品或服务的转变，必须依赖于一定的技术。所以，人们总在期盼着用先进的工程技术，达到投入少，产出多的目的。因而，人们不断地学习、不断地创新，以期实现人们日常生活中的理想和愿望。

特别提示

对技术内涵的理解，实际上存在着随着经济社会的不断发展而逐渐深入和完善的一个过程，这一过程也反映出技术在人类社会发展历程中的重要性不断增强。

1.1.3 经济

经济(economy)一词在我国古代有“经邦济世”、“经国济民”的意义，是治理国家、拯救庶民的意思，与现代的“经济”含义不同。现代汉语中使用的“经济”一词，是19世纪后半叶，由日本学者从英语“economy”翻译而来的。经济是一个多义词，通常有下列几方面的含义。

(1) 经济指生产关系。经济是人类社会发展到一定阶段的社会经济制度，是生产关系的总和，是政治和思想意识等上层建筑赖以建立起来的基础。

(2) 经济是指一国国民经济的总称，或指国民经济的各部门，如工业经济、农业经济、商业经济等。

(3) 经济指社会生产和再生产，即物质资料的生产、交换、分配、消费的现象和过程。

(4) 经济是指节约或节省。在经济学中，经济的含义是从有限的资源中获得最大的利益。

工程经济学所研究的主要是人、财、物、时间等资源的节约和有效利用，以及技术经济决策所涉及的经济问题。任何工程项目的建设都伴随着资源的消耗，同时经历研究、开发、设计、建造、运行、维护、销售、管理等过程。在工程实践活动中必将产生经济效果、社会效果以及对生态、环境产生影响。如何以最少的耗费达到较优的经济效果正是工程经济学研究的目的。

特别提示

当“经济”一词用在不同的地方时，其内涵实际上有较大的差别。因此，在平时阅读时，要注意“经济”一词的用法和使用的环境，以便正确理解其内涵。

1.1.4 工程技术与经济

技术和经济的关系十分密切，不可分割。发展经济所进行的活动必须运用一定的技术手段，而任何技术手段的运用都必须消耗或占用人力、物力和财力等资源。所以，技术与经济二者相互促进又相互制约，是始终并存的两个方面。经济发展是技术进步的动力和方向，而技术进步是推动经济发展、提高经济效益的重要条件和手段。社会物质文化需要的满足、国民经济的发展都必须依靠技术的进步和应用。

由于科技与经济的不同特性，使它们在一定的背景下，又具有相互制约和矛盾的一面。具体表现在以下方面。

(1) 技术研究、开发、应用与经济可行性的矛盾。缺乏足够的资金，就不能进行重大领域的科学研究或引进消化他人的先进技术为己所用。直接来看，这是经济对技术的制约；从后果来看，这将使技术与经济陷入双重落后的困境。

(2) 技术先进性与适用性的矛盾。技术的先进性反映技术的水平和创新程度，这是科研部门所追求的；技术的适用性则表示技术适应使用者的生产与市场需要的程度，这是企业所要求的。先进的技术不一定适用，适用的技术不一定最先进。人们固然希望技术越先进越好，但它只有在对使用者适用、为使用者掌握、具有增值价值的使用价值时，才会受到青睐，否则就不可能发挥先进性的作用，并将在闲置中随科技进步与经济环境的变化而贬值。特别是在市场经济条件下，技术成为商品，如果技术研究开发脱离了市场需求，根本不可能实现其自身价值与使用价值。

(3) 技术效益的滞后性及潜在性与应用者渴望现实盈利的矛盾。技术成果的应用会带来超额利润，但其应用有一个吸收、消化、创新的过程，不一定会立竿见影带来效益；而投资者期望尽快得到资金回报，从而可能将资金转为它用，使技术得不到应用。投资者当然也可能由于舍弃先进技术的应用而造成机会成本损失。

(4) 技术研究开发应用效益与风险的矛盾。技术研究开发应用的效益与风险是并存的，研究开发应用一旦成功，就会因掌握了技术与市场的领先优势而赢得超额利润。但研究开发应用过程也充满风险，包括技术选择失策、开发失败、时机滞后、技术供求关系变化、竞争失利、技术应用达不到预期效益等。有时人们因畏于风险而放弃新技术的开发应用，因此失去了生财的机遇。

(5) 技术研究开发应用成本与新增效益的矛盾。技术愈先进，往往付出的代价愈高，从而出现支付成本与预期效益的矛盾，先进技术开发应用的成本一定要低于预期效益，否则再先进的技术也难以推广应用。

1.2 工程经济学的研究对象和特点

1.2.1 工程经济学的产生与发展

美国的土木工程师亚瑟·M·惠灵顿被公认为是最早探讨工程经济问题的人物，1887年出版了《铁路布局的经济理论》，是工程经济学产生的重要标志。到了1930年，E. L. 格兰特教授出版了《工程经济学原理》教科书，从而奠定了经典工程经济学的基础。1982年，J. L. 里格斯出版了《工程经济学》，把工程经济学的学科水平向前推进了一大步。近代工程经济学的发展侧重于用概率统计进行风险性、不确定性等新方法研究以及非经济因素的研究。

我国对工程经济学的研究和应用起步于20世纪70年代后期。随着改革开放的推进，工程经济学的原理和方法已在经济建设宏观与微观的项目评价中得到广泛应用；对工程经济学学科体系、理论和方法、性质与对象的研究也十分活跃；有关工程经济的投资理论、项目评价等著作和文章大量出现，逐步形成了有体系的、符合我国国情的工程经济学。

1.2.2 工程经济学的研究对象

工程经济学的研究对象是工程项目技术经济分析的最一般方法，即研究采用何种方法、建立何种方法体系，才能正确估价工程项目的有效性，寻求到技术与经济的最佳结合点。

工程经济学从技术的可行性和经济的合理性出发，运用经济理论和定量分析方法，研究工程技术投资和经济效益的关系，例如，各种技术在使用过程中，如何以最小的投入取得最大的产出；如何用最低的寿命周期成本实现产品、作业或服务的必要功能。工程经济学不研究工程技术原理与应用本身，也不研究影响经济效果的各种因素自身，而是研究这些因素对工程项目产生的影响，研究工程项目的经济效果，具体内容包括了对工程项目的资金筹集、经济评价、优化决策以及风险和不确定性分析等。

1.2.3 工程经济学的特点

工程经济学以自然规律为基础而不研究自然规律本身，以经济科学作为理论指导和方法论而不研究经济规律。它是在尊重客观规律的前提下，对工程方案的经济效果进行分析和评价，从经济的角度为工程技术的采用和工程建设提供决策依据。工程经济学具有如下特点。

(1) 综合性。工程经济学横跨自然科学和社会科学两大类。工程技术的经济问题往往是多目标、多因素的。因此工程经济学研究的内容涉及技术、经济、社会与生态等因素。

(2) 实用性。工程经济学的研究对象来源于生产建设实际，其分析和研究成果直接用于建设与生产，并通过实践来验证分析结果的正确性。

(3) 定量性。工程经济学以定量分析为主，对难以定量的因素也要予以量化估计。用定量分析结果为定性分析提供科学依据。

(4) 比较性。工程经济分析通过经济效果的比较，从许多可行的技术方案中选择最优方案或满意的可行方案。

(5) 预测性。工程经济分析是对将要实现的技术政策、技术措施、技术方案进行事先的分析评价。

综上所述，工程经济学具有很强的技术和经济的综合性、技术与环境的系统性、方案差异的对比性、对未来的预测性以及方案的择优性等特点。

1.3 工程经济分析的基本原则

1.3.1 选择替代方案的原则

无论在什么情况下，为了解决技术经济问题，都必须进行方案比较，而方案比较必须要有能解决统一问题的“替代方案”。所谓替代方案就是方案选择时，供作比较的或相互进行经济比较的一个或若干个方案。由于替代方案在方案比较中占有重要地位，因此，在选择和确定替代方案时应遵循“无疑、可行、准确、完整”的原则。无疑就是对实际上可能存在的替代方案都要很好地考虑；可行就是只考虑技术上可行的替代方案；准确就是从实际情况出发选好、选准替代方案；完整就是指方案之间的比较必须是完整地相比较，而不是只比较方案的某个部分。

1.3.2 方案的可比性原则

为了使方案比较的结论合理、正确、切合实际。工程经济分析的比较原理就是要遵循 5 个可比原则，它们是满足需要可比原则、消耗费用可比原则、价格可比原则、时间可比原则、指标上的可比原则。

1. 满足需要可比原则

满足需要可比原则是指相比较的各个技术方案满足同样的社会实际需要。它包括产量可比、质量可比和品种可比几方面。

(1) 各种技术方案要满足产量(即生产规模)上的可比。

产量可比是指各技术方案实际满足社会需要的产品产量相等，当产量不等且差别不显著时，可用单位产品投资额和单位产品经营成本相比较。当产量不等且差别显著时，可重复建设一个方案再进行比较。

(2) 各种技术方案要满足产品质量(包括品种)上的可比。

如果对比技术方案的产品质量不同，应作质量可比的修正计算，就是将质量的差异换算成可比的产品质量，如采用产品使用效果系数的计算比较。例如，日光灯和白炽灯两种灯具方案，不能用数量互相比较，而应在相同的照明度下进行比较。

(3) 各种技术方案要满足使用功能上的可比。

使用价值上的等同化是方案比较的共同基础，只有具备相同使用价值的方案，才能进行相互比较，相互替代。如住宅建筑就不能与工业厂房相比，旅游旅馆就不能与体育馆相比，因为它们的功能不同，使用价值也不同。

2. 消耗费用可比原则

消耗费用可比原则是指在计算和比较费用指标时，不仅要计算和比较方案本身的各种费用，还应考虑相关费用，并且应采用统一的计算原则和方法来计算各种费用。

(1) 技术方案的劳动消耗费用必须从社会全部消耗的角度来计算，运用综合的系统的观点和方法来计算。

根据这一要求，技术方案的消耗费用计算范围不仅包括实现技术方案本身直接消耗的费用，而且应包括与实现方案密切相关的纵向和横向的相关费用。例如，修建一座混凝土搅拌站的目的是向用户提供混凝土，因此，其消耗费用不仅要计算搅拌站本身的建设和生产费用，还要计算与之纵向相关的原材料的采购运输费用和成品送至用户的运输等项费用。又例如，居住小区建设，除主要工程(住宅)的消耗外，还要计算配套工程等的耗费，故在进行小区建设方案比较时，应将各方案在主要工程的耗费和配套工程的耗费合并计算。

(2) 技术方案的劳动消耗费用，必须包括整个寿命周期内的全部费用。也就是说，既要计算实现方案的一次性投资费用，又要计算方案实现后的经营或使用费。

(3) 计算技术方案的消耗费用时，还应统一规定费用结构和计算范围，如估算基本建设投资应包括固定资产和流动资金；采用统一的计算方法，即指各项费用的计算方法、口径应一致，如对投资和生产成本的估算方法应采用相同的数学公式；关于费用的计算基础数据要一致，就是指各项费用所采用的费率和价格应取一致。因此，要求技术方案在价格上有可比性。

3. 价格可比原则

价格可比原则是指在对技术方案进行经济计算时，必须采用合理的一致的价格。每个技术方案的消耗费用或创造的收益都是按价格来计算的。价格上的可比性就是要采用相应时期的统一价格指标，即应采用同一地区、同一时期的价格水平，否则就应该进行换算或调整。

4. 时间可比原则

一是经济寿命不同的技术方案进行比较时，应采用相同的计算期作为基础；二是技术方案在不同时期内发生的效益与费用，不能直接相加，必须考虑时间因素。技术方案的经济效果除了数量概念外，还有时间概念。时间上的可比，就是要采用相同的计算期，考虑资金时间价值的影响等。

5. 指标上的可比原则

每个技术方案的经济效果评价，都是通过建立评价指标及其计算值进行的。指标上的可比性，就是使设置的指标体系，其指标所包含的内容、内涵要统一，计算的方法、口径、规则要一致等。

本章导入案例分析

本章的导入案例运用到的就是此种原则，即方案的可比性原则。工程经济分析的比较原理有 5 个可比原则，本案例中需购买两种设备，这两种设备从功能上是等同的，符合满足需要可比原则；设备的投资与年收入、支出符合消耗费用可比原则与价格可比原则；而时间可比原则与指标上的可比原则是通过计算时选择的方法来体现的。

1.3.3 社会主义制度下经济效果的评价原则

经济效果就是技术方案实现后所取得的劳动成果(产出)与所消耗的劳动(投入)之间的比较。这里的劳动成果是指满足社会需要的劳务和产品。消耗的劳动包括劳动和其他有用物品的消耗。这里强调一下经济效益的含义：经济效益，可以理解为有益的经济效果，也就是在实际上取得属于经济方面的效益。在项目的经济评价中，所有的经济指标应以经济效益为主，但项目方案往往在项目未实现之前进行评价，即事前评价，此时，项目的经济效果一般可以与经济效益通用。社会主义制度下经济效果的评价原则，主要体现在以下几个方面。

(1) 坚持社会主义生产的目的，以最小的劳动消耗满足社会需求。

(2) 局部经济效果服从整体经济效果。

(3) 当前经济效果与长远经济效果相协调。

(4) 经济效果与其他社会效果相一致。

综合应用案例

从 109 亿元到 69 亿元——镇海炼化的投资方案制定

浙江镇海炼油化工股份有限公司是一家年加工原油 800 万吨、年产化肥 50 万吨的国有石油化工联合企业，现在是中国第三大炼油企业。为了真正能与国际大公司论伯仲、比高低，他们决心在世纪之交的短短七八年时间里，在国家不注入资金的情况下，依靠自身的努力，再上一个 800 万吨炼油工程，跻身世界炼油企业百强之列。

目标确定了，路该怎样走？最初方案是投资 109 亿元，在老厂边上再建一个具有 12 套装置的新厂。方案送到了国家相关部门。根据权威评估，新建一个 800 万吨炼油厂，一般需要投资近 200 亿元。所以有关人士认为镇海方案已十分优化，很了不起。紧接着，镇海炼化根据原油市场新的发展趋势，对原方案仔细推敲，结果将投资从 109 亿元压缩到 98 亿元。相关部门认为他们在节约投资方面已动足了脑筋，而且主要经济指标均优于原方案，因此决定批准立项。

在旁人看来，这么大的项目能被国家立项，真是天大喜事。然而出人意料的是，镇海人又把自己费了一年多心血编制的方案否定了。否定的直接原因是资金问题。这笔巨额贷款很难完全争取到，即使全部得到，这么沉重的还贷包袱背在企业身上，将使企业很难谈得上有什么利益，更不要说在国际市场上具有竞争力了。另一层考虑是，等新厂建成时，市场如果发生了变化，又该怎么办？国有大中型企业这样铺新摊子，结果造成浪费的事例是不少见的。作为一个在国际市场上参与竞争的现代企业，它不能不考虑投资效益，不能不三思而后行。

公司领导曾几度赴国外考察，从国际著名的埃克森、阿莫科等石化大公司的发展史看出，他们都是通过对旧装置的改造更新、消除“瓶颈”才逐步发展成大型跨国公司的。

新思路就这样产生于一系列的设问之中。镇海人请来全国石化系统的专家们，反复论证、反复测算，一个全新的科学的方案诞生了。新方案只需投资69亿元，而第一期工程只需向国内银行贷款十几亿元，2001年可基本还清；第二期工程则完全依靠自有资金滚动发展。

这是一次建立在严谨的科学态度之上的大胆探索。全国炼油行业的权威专家经过多方论证，都认为此方案“思路对头，技术可行”。

1996年8月，国务院总理办公会议通过了这一方案，9月，国家相关部门批准了这一项目的可行性研究报告。中国石化总公司高度评价了镇海炼化的这一新方案。中国石化总公司总经理认为，“照镇海炼化的经验，中国20世纪内乃至21世纪初，不再新建炼油厂和原油一次加工装置，通过走内涵发展的路子，同样可以实现作为支柱产业的国家炼油工业的战略目标。”

【案例点评】

本案例运用了3种原理进行方案优化：①本案例通过对原方案的不断修改，将资金由原来的109亿优化到69亿，正是运用了选择替代方案。②公司领导赴国外考察，对比国际著名石化大公司，从而体现了方案的可比性。③经济效果就是技术方案实现后所取得的投入与产出之间的比较。新方案第一期工程需向国内银行贷款十几亿元，而2001年可基本还清；第二期工程则完全依靠自有资金滚动发展就可实现，坚持了社会主义生产的目的，以最小的劳动消耗满足社会需求，且国家相关部门也完全同意此方案，实现了局部经济效果服从整体经济效果，符合社会主义制度下经济效果的评价原则。

本章小结

本章讲述了工程经济的基础知识，主要有技术与经济的相互关系；工程经济学的研究对象与工程经济学的特点；工程经济分析的基本原则。

工程经济学是技术与经济的边缘学科，弄清技术与经济之间的关系非常重要。工程经济学的研究对象是工程项目技术经济分析的最一般方法，只有清楚本学科研究的内容才能正确估价工程项目的有效性，寻求到技术与经济的最佳结合点。工程经济分析的基本原则是重中之重，是指导我们如何进行方案技术经济分析的基础。主要有3种原则：选择替代方案的原则、方案的可比性原则、社会主义制度下经济效果的评价原则。

复习思考题

一、单项选择题

1. 工程经济学产生标志是(　　)。

A.《铁路布局的经济理论》的出版　　B.《工程经济学原理》的出版

C.《工程经济学》的出版

2．工程经济分析的比较原理要遵循的原则有(　　)。

A．一贯性原则　　B．价格可比原则　　C．重要性原则

二、多项选择题

1．工程经济分析的原则有(　　)。

A．可比性原则　　B．一贯性原则　　C．重要性原则　　D．配比原则

2．社会主义制度下经济效果的评价原则，主要体现在(　　)。

A．坚持社会主义生产的目的，以最小的劳动消耗满足社会需求

B．局部经济效果服从整体经济效果

C．当前经济效果与长远经济效果相协调

D．经济效果与其他社会效果相一致

3．工程经济学的特点有(　　)。

A．预测性　　B．经济性　　C．技术性　　D．原则性

4．工程经济分析的基本原则有(　　)。

A．选择替代方案的原则　　B．经济合理性原则

C．技术先进性原则　　D．可比原则

三、简答题

1．简述工程、技术与经济的概念及相互关系。

2．简述工程经济学的特点。

3．简述工程经济学的研究对象。

4．工程经济学的研究内容包括哪些?

5．工程经济分析的基本原则是什么?

第2章

现金流量及其构成

学习目标

知识目标	技能目标
(1) 了解现金流量的组成及相关概念	(1) 能够理解现金流量的概念
(2) 掌握现金流量图的绘制要点	(2) 能够熟练绘制现金流量图
(3) 掌握工程经济基本要素的概念及组成	(3) 能够理解工程经济基本要素的组成及关系
(4) 掌握固定资产折旧的4种计算方法	(4) 熟练运用公式计算固定资产折旧

知识结构

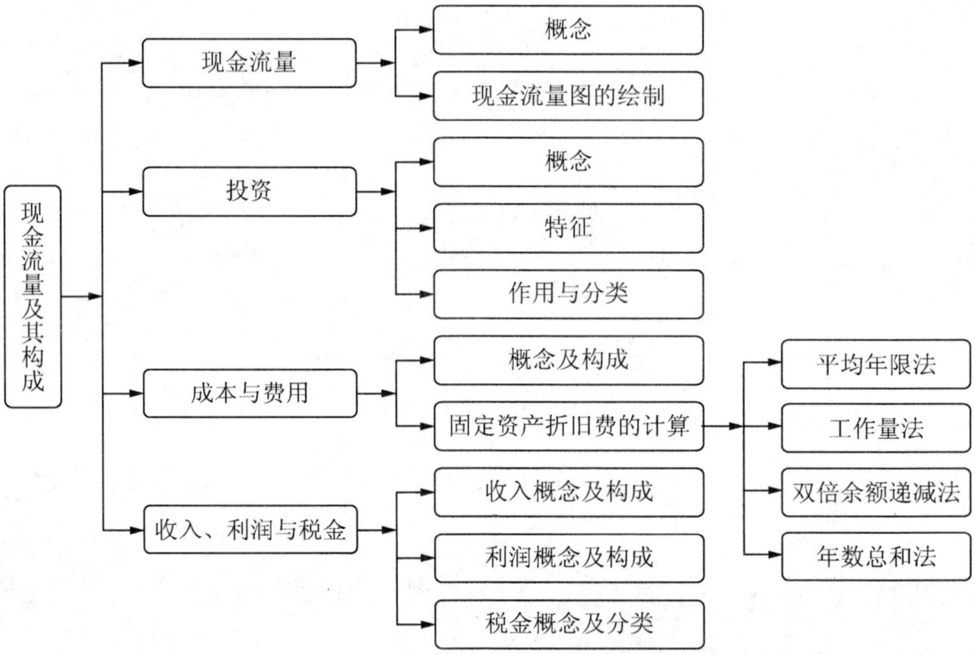

导入案例

当前的经济背景下，国内居民的个人投资成为一股热潮，经历了 2007 年的“全民炒股炒基金”现象后，居民的投资意识越来越强烈，可供选择的方式也越来越多，那么针对投资应该给出一个怎样的定义呢？对于企业来讲，它的投资规模巨大，在整个投资周期里，每一个时间点上都会发生现金的收入或者支出，那么这些现金的表现如何通过现金流量图来表达？某工程项目期初投资 130 万元，年销售收入为 100 万元，年折旧费为 20 万元，销售税金 2 万元，年经营成本为 50 万元，所得税税率为 33%，不考虑固定资产残值。试计算该工程项目的年净现金流量。

2.1 现金流量

2.1.1 现金流量的概念

工程经济分析的主要目的就是对各种方案的投资支出和投资收益进行比较分析，以选择投资效果最佳的方案。

在工程经济分析中，通常是将工程项目或技术方案作为一个独立的经济系统，这个系统可以是一个建设项目、一个企业，也可以是一个地区、一个国家。通过考察该系统的经济效果，进而判断其可行性。对一个系统而言，凡在某一时点上流出系统的货币称为现金流出或负现金流量；流入系统的货币称为现金流入或正现金流量；同一时点上的现金流入和现金流出的代数和称为净现金流量。现金流入、现金流出及净现金流量统称为现金流量。

一个项目或方案的实施，往往要延续一段时间。在项目或方案的寿命期内，各种现金流量的数额和发生的时间都不尽相同。为了便于分析不同时间点上的现金流入和现金流出，计算其净现金流量，通常采用现金流量表(表 2-1)或现金流量图(图 2.1)的形式来表示特定系统在一段时间内发生的现金流量。这里着重介绍现金流量图。

表 2-1 现金流量表

单位：元

年末	0	1	2	3	4	5		$n-1$	n
现金流入				1 300	1 900	2 500		2 500	2 900
现金流出	6 000			500	700	900		900	900
净现金流量	−6 000	0	0	800	1 200	1 600		1 600	2 000

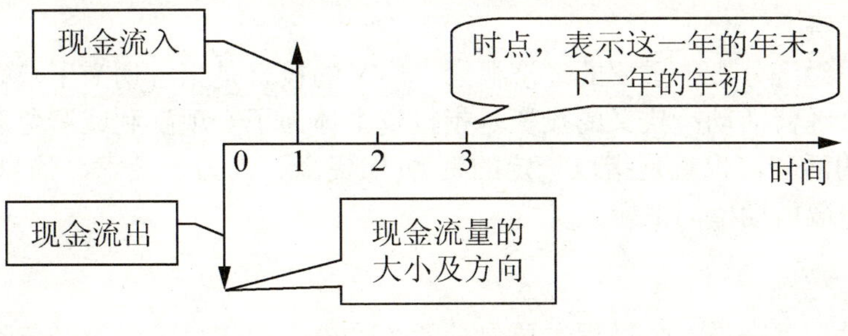

图 2.1 现金流量图

特别提示

如无特别说明，现金流量图中的时间单位均为年，并假设投资均发生在年初，销售收入、经营成本及残值回收等均发生在年末。

2.1.2 现金流量图的绘制

在图 2.2 中，横轴是时间轴，向右表示时间的延续。横轴等分成若干间隔，每一间隔代表一个时间单位(通常是年，特殊情况下也可以是季或半年等)。时间轴上的点称为时点。标注时间序号的时点通常是该时间序号所表示的年份的年末，同时也是下一年的年初。如：0时点即为第一年开始的时点，1 代表第一年年末和第二年年初，依次类推。整条横轴就可以看做所考察的经济系统的寿命周期。

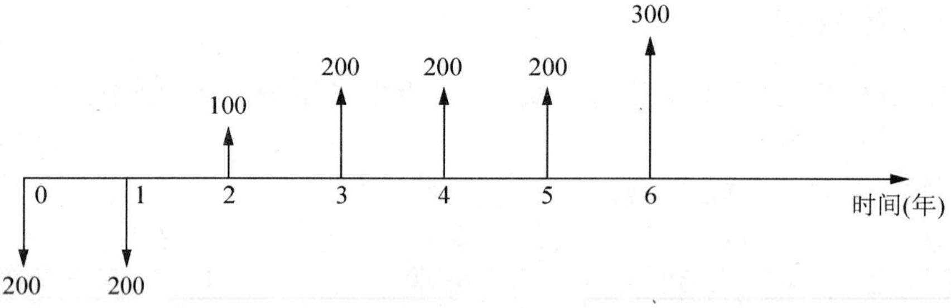

图 2.2 经济系统的寿命周期

与横轴相连的垂直线，代表流入或流出系统的现金流量。垂直线的长短与现金流量的绝对值的大小成比例。垂直线上标注箭头，箭头向上表示现金流入，箭头向下表示现金流出。现金流量图上还要注明每一笔现金流量的金额。

2.2 投 资

2.2.1 概念

1. 投资的概念

在经济生活中，人们往往希望通过各种合法的手段，不断增加他们的财富或赚取利润，以满足未来的消费。这样就会经常碰到或使用“投资”这一名词。那么什么是投资呢？在商品经济社会中，投资是普遍存在的经济现象，很多情况下，人们往往把能够带来报酬的支出行为称为投资。

投资是技术经济分析中重要的经济概念。广义的投资是指一切为了获得收益或避免风险而进行的资金经营活动；狭义的投资是指投资主体为了实现赢利或避免风险，通过各种途径投放资金的活动，也就是指以一定的资源(如资金、人力、技术、信息等)投入某项计划或工程，以获取所期望的报酬。

2. 投资的构成

对工程建设项目来说，全过程主要包括两个阶段，即建设阶段及经营阶段。那么项目的总投资就由建设投资和流动资金投资两大部分构成。其中建设投资是形成企业固定资产、无形资产和递延资产的投资以及预备费用之和，亦称固定资产投资；而流动资金形成了流动资产投资。具体的总投资构成如图 2.3 所示。

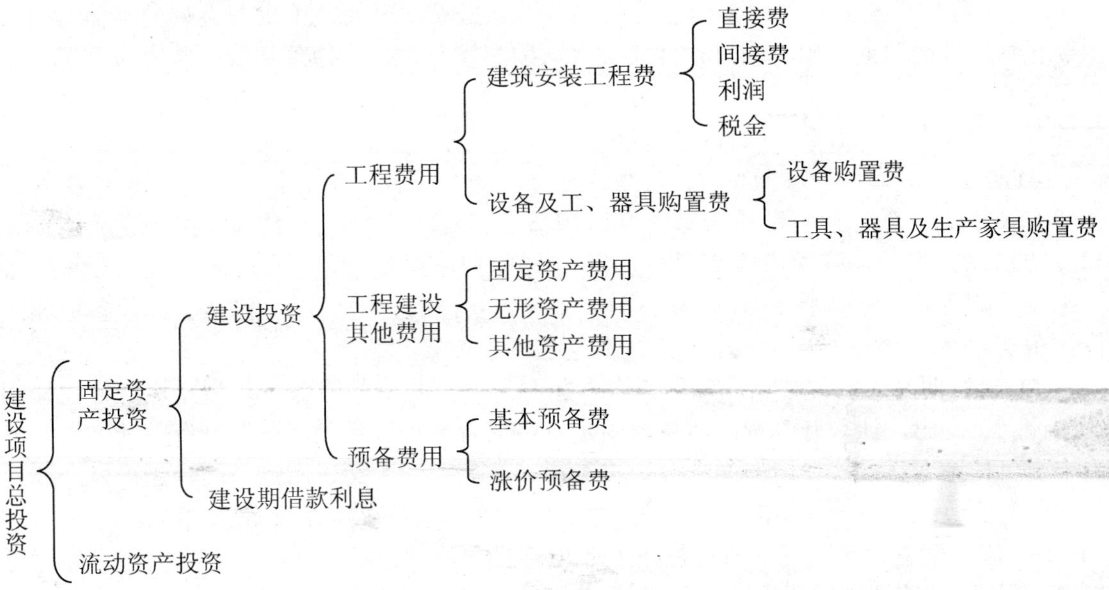

图 2.3 建设项目投资构成图

(1) 建筑安装工程费由直接费、间接费、利润和税金 4 部分组成。可分为建筑工程费和安装工程费。建筑工程是指各种建筑物、构筑物的建造工程，如各种房屋、设备基础、为施工而进行的建筑场地的布置、原有建筑物和障碍物的拆除、平整土地以及建筑场地的清理和绿化等。所谓建筑工程费是指直接构成固定资产实体的各种工程费，它是建设项目投资的主要部分，占投资的很大比例；安装工程是指永久性的需要安装设备的装配、装置的工程，包括给排水、电气照明、空调通风、弱电设备及电梯和实验等各种需要安装的机械设备的装配与装置工程；与设备相连的工作台、梯子等装设工程；附属于被安装设备的管线铺设工程；被安装设备的绝缘、保温与油漆等工程和为测定安装工程质量而对单个设备进行的试车工作。在上述工程上耗费的投入，就是安装工程费。

直接费是指直接用于建筑安装工程施工中的各种费用的总和。它是由直接工程费和措施费组成的。

间接费是指建筑安装企业为组织施工和进行经营管理，以及间接为建筑安装生产服务的各项费用，含企业管理费、财务费用、其他费用。

利润和税金是建筑安装企业职工为社会劳动所创造的那部分价值在建筑安装工程造价中的体现，利润等于一定的基数乘以利润率，土建工程和安装工程基数不同，其中土建工程的基数为直接费和间接费之和，安装工程的基数为人工费；税金即为建筑安装企业根据国家税法规定所应交纳的税金，主要是营业税、城市维护建设税及教育费附加。

(2) 设备及工、器具购置费由设备购置费和工具、器具及生产家具购置费组成。设备购置费是指为建设项目购置或自制的达到固定资产标准的各种国产或进口设备、工具、器具的购置费用，它由设备原价和设备的运杂费构成；工具、器具及生产家具购置费是指新建或扩建项目初步设计规定的，保证初期正常生产必须购置的没有达到固定资产标准的设备、仪器、模具、器具、生产家具和备品备件等的购置费用，一般以设备购置费为计算基数，按照部门或行业规定的工具、器具或生产家具费率计算。

(3) 工程建设其他费用。工程建设其他费用是指除建筑安装工程费之外的其他费用，主要包括工程的前期费用，如可行性研究费、勘察设计费、土地受让金、临时设施费、工程保险费、建设单位的管理费、专利费、科学研究试验费、职工培训费、办公和生活用具购置费、筹建人员的工资、联合试车费等。

(4) 预备费，又称不可预见费，是为保证工程顺利进行，避免不可预见因素(如在可行性研究及投资估算、初步设计概算内难以预料的工程和费用，一般自然灾害造成的损失和预防自然灾害所采取的措施费用，工程建设阶段由于人工费、材料费、机械费和设备及工器具购置费价格调整等)造成投资不足而预先安排的一笔费用，包括基本预备费和涨价预备费。

(5) 建设期间的贷款利息，也称为资本化利息。按我国的财务管理规定，在筹建期间的应计利息支出，计入开办费；与购建固定资产或者无形资产、递延资产有关的，在资产尚未交付使用或已投入使用但尚未办理竣工决算之前，计入购建固定资产、无形资产或递延资产的价值；在生产期间的，计入财务费用；在清算期间的，计入清算损益。

(6) 流动资金。流动资金通常是在工业项目投产前预先垫付，在投产后的生产经营过程中，用于购买原材料、燃料动力、备品备件、支付工资和其他费用以及被在产品、半成品、产成品和其他存货占用的周转资金。在生产经营活动中，流动资金以现金及各种存款、存货、应收及预付款项等流动资产的形态出现。流动资产指可以在一年内或超过一年的一个营业周期内变现或耗用的资产。在整个项目寿命期结束时，全部流动资金才能退出生产与流通，以货币资金的形式被回收。

2.2.2 特征

投资的特征主要表现在以下5个方面。

(1) 投资是一种有目的的经济行为。它是现在支出一定价值的经济活动。从静态的角度来说，投资是现在垫支一定量的资金；从动态的角度来说，投资则是为了获得未来的报酬而采取的经济行为。

(2) 投资具有时间性。即投入的价值或牺牲的消费是现在的，而获得的价值或消费是将来的，也就是说，从现在支出到将来获得报酬，在时间上总要经过一定的间隔。这表明投资是一个行为过程，这个过程越长，未来报酬的获得越不稳定，风险就越大。

(3) 投资的目的在于得到报酬。投资活动以牺牲现在价值为手段，以赚取未来价值为目标。未来价值超过现在价值，投资者方能得到回报。投资的报酬可以是各种形式的收入，如利息、股息，可以是价格变动的资本获利，也可以是本金的增值，还可以是各种财富的保值或权益的获得。

(4) 投资具有风险性。现在投入的价值，对未来可能获得的预期收益具有不确定性，这种预期收益的不确定性称为投资的风险。由于收入是未来的价值，而未来的世界是不可预知的，受政治、经济、社会、科技、心理等诸多因素的影响，投资的收益很难达到预期，因而风险是投资过程中不可避免的。风险不仅包括负面的效应，也包括正面的效应，即风险可能给投资后的收益带来损失或危险，但也可能带来机会或获得比预期更高的收益。

(5) 投资影响不可逆。投资的过程是组合各种资源形成新的生产能力的过程，它主要是资金的物化过程，一旦投入的资金得到了物化，也就被固化在某一场所，具有显著的固定性和不可分割性。投资产生的效果无论好坏都将对国民经济产生持续的影响，如果某项投资行为被证明是错误的，在短期内将难以消除其不良影响；同时，扭转错误的投资行为，也需要付出巨大的代价。从相当长的一段时期来说，投资的影响通常是不可逆的。投资的这一特点要求人们在投资活动中保持谨慎的态度，尽力提高投资的质量。

特别提示

风险是指在某一特定环境下，在某一特定时间段内，某种损失发生的可能性。风险是由风险因素、风险事故和风险损失等要素组成的。换句话说，是在某一个特定时间段里，人们所期望达到的目标与实际出现的结果之间产生的距离称之为风险。风险具有客观性、普遍性、必然性、可识别性、可控性、损失性、不确定性和社会性。风险的大小与投资的时间长短有关，时间越长，风险越大；风险也和投资的预测有关，预期收益越高，所含的风险越大。风险与收益往往呈现相同的趋势，即高收益往往隐含着高风险，而高风险又会给投资者带来高收益的机会。但是两者不一定成正比关系，追求额外的风险，不一定有额外的收益，具有相同的风险，也不一定具有相同的收益。因此，对投资者而言，投资的基本目标是在一定的限制条件下取得最大可能的收益。

2.2.3 作用与分类

投资与经济增长的关系非常紧密。在经济理论界，西方和我国有一个类似的观点，即认为经济增长情况主要由投资决定，投资是经济增长的基本推动力，是经济增长的必要前提。投资对经济增长的影响，可以从要素投入和资源配置来分析。因此可以说投资的作用在于可以直接促进国民经济的增长，促使企业发展，提高生活水平，增强综合国力。

1. 投资是一个国家经济增长的基本推动力

只有增加一定量的投资，才可以为经济发展提供必要的要素和动力。同时由于投资的乘数效应，一定量的投资可以引起数倍于它的收入和总值的增长。

2. 投资是国民经济持续快速健康发展的关键因素

从生产力角度来考察，投资是企业发展的第一原动力。

(1) 企业的建立离不开投资。创建企业最基本的两个要素就是发起人和资本金，如果没有一笔投资的注入，那么企业将不可能注册并成立。由此可见，企业从诞生之时起就完全依赖于投资。

(2) 企业的发展离不开投资。即使企业已经建立，但是现有企业的发展也需要不断地投资和再投资，从而来满足其扩大再生产、技术改造、更新设备等活动对追加资本的需求。

(3) 企业作为一个经济实体也离不开投资活动。企业是一个不断向前发展的过程，各个企业通过优胜劣汰，优秀的企业不断发展壮大，劣质的企业破产倒闭，企业间的兼并、合并也层出不穷，而所有这些过程都是通过投资活动来实现的。

因此可以说，投资对企业的发展起着非常重要的作用。

3. 投资为改善人民物质文化生活水平创造了物质条件

由于投资具有促进企业发展和经济增长的作用，因此投资可以创造更多的就业机会，增加劳动者收入，从而使人民生活水平得到改善和提高。投资与老百姓富裕的小康梦想紧紧相连。总之，投资可以促进经济增长、企业发展和人民生活水平的提高，而这一切必将创造一个良好的经济形势。

对投资进行适当的分类，是确定投资会计核算方法和如何在会计报表中列示的前提，其主要有按投资性质、按投资对象的变现能力、按投资目的和按用途等几类分类方式。如图 2.4 所示。

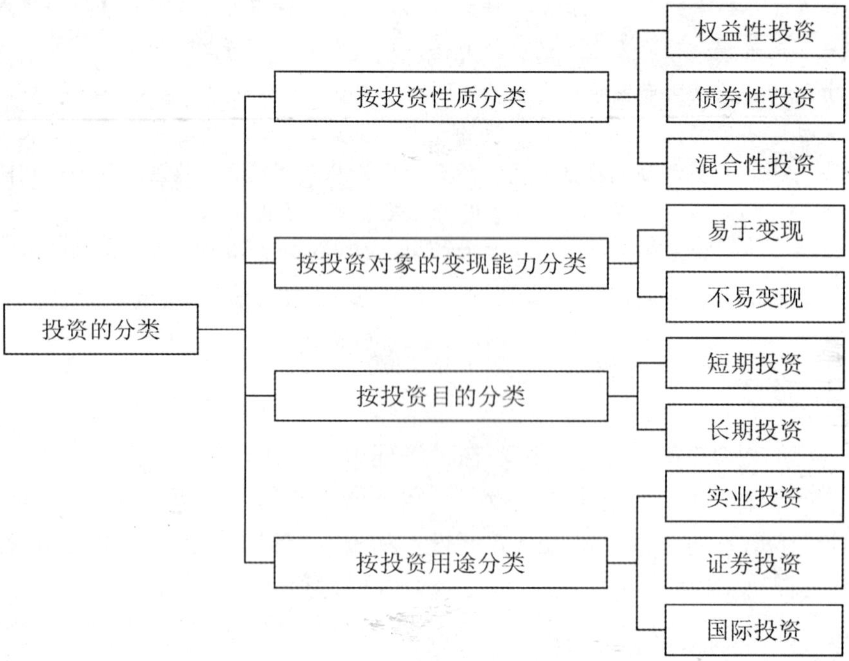

图 2.4 投资分类图

知识链接

实业投资是购买固定资产等实物资产，直接投资于生产活动，属于直接投资。一般来说，实业投资所涉及的是人与物、人与自然界的关系；而且其形成的资产能看、能摸、能用。实业投资生产的产品可以做到用途广泛，价值稳定，投资收益也不低。其投资决策程序为：估算出投资方案的预现金流量；估算预期现金流量的风险；确定资本成本的一般水平；确定投资方案的各项经济指标；通过经济指标与所需资本支出的比较，来对诸多的投资方案作决策。

证券投资是把资金用于购买股票、债券等金融资产。这些资金由买者转移到企业手中后再投入生产活动，故属于间接投资。证券投资分析方法是证券分析，从证券市场中选择适宜的证券并将其组合作为证券投资方案。证券投资可以被视为一个项目，需要事先构造出被选方案，然后进行分析，研究其可行性和优劣次序，从中选择方案。

国际投资是国际资本的流动。其投资主体和对象覆盖了各种产业；投资形式既有直接投资又有间接投资；投资工具既有有价证券、金融产品，也有生产要素和科技成果等；投资目标是追求收益和增值，扩大出口市场，调整产业结构，利用国际资源参与国际分工，促进经济技术发展等。

2.3 成本与费用

2.3.1 概念

工程经济分析中不严格区分费用与成本，而将它们均视为现金流出。工业产品的总成本是生产经营活动中活劳动与物化劳动消耗的货币表现。活劳动也称劳动消耗，是劳动力作用于生产资料，借以创造使用价值的劳动，是劳动者在物质资料生产过程中脑力和体力的消耗。物化劳动也称劳动占用，是活劳动作用于生产资料后，凝结在劳动对象中，体现为新的使用价值的物质形态的劳动。

2.3.2 成本的概念与构成

产品总成本费用由生产成本和期间费用两部分构成。生产成本主要由生产过程中实际消耗的直接材料、直接工资和制造费用组成；期间费用是指在一定会计期间发生的管理费用、财务费用和销售费用。以上几种成本费用构成了产品总成本费用的六要素。表 2-2 给出了总成本费用的构成。

表 2-2 总成本费用构成表

总成本费用	生产成本	直接材料	包括原材料、辅助材料、备品备件、外购半成品、燃料、动力、包装物等
		直接工资	直接从事产品生产人员的工资、奖金、津贴和各类补贴、福利费等
		制造费用	发生在生产单位(车间)的间接费用。生产单位管理人员工资、奖金、津贴、福利费；生产单位房屋和建筑物等固定资产折旧费；维修费；低值易耗品，以及取暖费、水电费、差旅费、保险费、劳动保护费等
	期间费用	管理费用	管理费用是指企业行政管理部门管理和组织经营活动而发生的各项费用，包括企业管理人员的工资、福利及补贴；固定资产折旧费；无形资产及递延资产摊销费；办公费、差旅费、技术转让费；土地使用税、车船使用税、房产税、印花税等
		财务费用	企业为筹集资金而发生的各项费用。包括利息支出、手续费等
		销售费用	企业为销售产品而发生的各项费用。包括运输费、折旧费、销售人员的工资、佣金及福利费和广告费等

知识链接

制造成本也叫生产成本，它包括与生产密切相关的各项直接费用(直接材料费、直接工资)和间接费用(制造费用)，而不包括与生产没有直接联系的管理费用、财务费用和销售费用，这些费用直接从当期收入中扣除。

经营成本是为经济分析方便而从总成本费用中分离出来的一部分费用。顾名思义，经营成本是项目运营期间生产经营费用，不包括折旧和摊销费，也不包括利息支出。经营成本属于各年的现金流出。由于投资已在期初作为一次性支出计入现金流出，因此不能再以折旧和摊销的方式计为现金流出，否则会重复计算。另外由于全部投资现金流量表中利息支出不作为流出，而自有资金现金流量表中已将利息支出单列，因此经营成本不包括利息支出。经营成本=总成本费用-折旧费-维修费-摊销费-利息支出。

固定成本是指在一定生产规模限度内不随产品产量增减而变化的费用，如固定资产折旧、修理费、管理人员工资及福利费、办公费、差旅费等。

变动成本是指随产量增减而变化的费用，如直接材料费、直接燃料和动力费等。

2.3.3 费用估算

1. 成本和费用估算的方法

成本和估算方法总体上分为以下两类：定量估算法和定性估算法。其中，定量估算法主要应用的有两种。其一，概略估算法。此法是在成本资料和定额缺乏的情况下所采用的，一般用于项目的初步可行性研究。其二，详细估算法。此法按照成本和费用的项目，根据有关规定和详细的资料逐项进行估算。其中，材料、燃料、辅助材料及动力等费用项目，可根据单位产品的耗用量、单价及项目的产量规模等资料计算。如建筑工程产品可以以工程量乘以相应的定额来计算。定性估算法是依靠管理人员的专业知识、实践经验及判断能力，利用企业成本和费用的历史资料，对现有资料不多、难以进行定量估算的项目进行推断，如座谈会法、德尔菲法等。

知识链接

实践中所采用的估算方法大致有 3 种：一是分项类比估算法，即将产品成本分为材料费、人工费和制造费用 3 部分，然后按照相关产品的类似程度及分项费用的比例关系估算产品的生产成本；二是差额调整法，即比较两种工程产品的差异，而后确定成本修正系数，以修正系数和可比实例的乘积作为估算成本；三是统计估算法，即通过收集工程产品的成本统计资料，计算成本与某些参数(如建筑面积、功率、产量等)的相互关系，然后以工程项目的相应参数要求进行估算。

2. 折旧费和摊销费的估算

在项目现金流量的估算中，经营成本是个重要的概念，其中折旧费和摊销费的估算是经营成本现金流量估算的一个难点。

(1) 折旧费的估算。折旧费是指固定资产在使用过程中由于磨损而逐步转移到产品价值中的那部分固定资产的价值，计算折旧的基本公式为

应提折旧＝折旧率×折旧基数

由于折旧率和折旧基数的确定方法不同，折旧方法也不同，目前我国会计上常用的有平均年限法、工作量法、双倍余额递减法、年数总和法等。下面简要介绍这几种方法。

① 平均年限法。平均年限法是指按固定资产预计使用年限平均计算折旧的一种方法，按此方法计算提取的折旧额，在各个使用年份或月份都是相等的，因此又叫直线折旧法。平均年限法是最常用的固定资产折旧方法，但是该方法仅适用于生产较为均衡的固定资产。其计算公式为

$$年折旧率l_{平}=\frac{1-预计净残值率\rho}{折旧年限N}\times100\% \tag{2-1}$$

$$年折旧额D_{平}=固定资产原值V_K\times l_{平}=\frac{固定资产原值V_K-预计净残值V_L}{N} \tag{2-2}$$

应用实例 2-1

某设备原值 25 000 元，预计能够使用 10 年，预计残值 1 500 元，清理费 500 元，计算该设备各年折旧额、年折旧率。

【案例点评】

$$固定资产年折旧额=\frac{25\,000-(1\,500-500)}{10}=2\,400(元)$$

$$固定资产年折旧率=\frac{2\,400}{25\,000}\times100\%=9.6\%$$

所以该设备的年折旧额为 2 400 元，年折旧率为 9.6%。

② 工作量法。工作量法是根据实际工作量计提折旧额的一种方法，工作量可以是产量、行驶里程或工时数。这种方法是直线折旧法的一种改进，在各期使用固定资产的时间或产量不均衡时，采用此方法更加符合配比原则。其计算公式为

$$单位里程折旧额d=\frac{V_K-V_L}{规定的总行驶里程M} \tag{2-3}$$

$$年折旧额D_i=d\times年行驶里程m \tag{2-4}$$

$$每工作小时折旧额d=\frac{V_K-V_L}{规定的总工作小时H} \tag{2-5}$$

$$年折旧额D_i=d\times年工作小时h \tag{2-6}$$

应用实例 2-2

某大型机器购买价格 150 000 元，运输费 5 000 元，净残值为 3 000 元，按规定可以使用 2 000 个台班。2012 年 1 月实际使用了 30 个台班，求 1 月份的折旧额。

【案例点评】

$$每台班的折旧额=\frac{(150\,000+5\,000)-3\,000}{2\,000}=76(元/台班)$$

$$1月份折旧额=76\times30=2\,280(元)$$

③ 双倍余额递减法——加速折旧法。双倍余额递减法是在不考虑固定资产残值的情况下，按双倍直线折旧率和固定资产净值来计算折旧的方法。其计算公式为

$$年折旧率l_{双}=\frac{2}{N}\times100\% \tag{2-7}$$

$$年折旧额D_{双i}=固定资产期初账面净值\times l_{双} \tag{2-8}$$

采用此方法，应当在其固定资产折旧年限到期前两年内，将固定资产净值扣除预计净残值后的净额平均摊销。

$$最后两年折旧额=(固定资产期初账面净值-预计净残值)/2 \tag{2-9}$$

应用实例 2-3

某设备原值 64 000 元，使用 5 年，预计净残值 2 000 元，采用双倍余额递减法计算各年折旧额。

【案例点评】

$$年折旧率=\frac{2}{N}\times100\%=\frac{2}{5}\times100\%=40\%$$

$$第一年折旧额=64\,000\times40\%=25\,600(元)$$

$$第二年折旧额=(64\,000-25\,600)\times40\%=15\,360(元)$$

$$第三年折旧额=(64\,000-25\,600-15\,360)\times40\%=9\,216(元)$$

$$第四、五年折旧额=\frac{64\,000-25\,600-15\,360-9\,216-2\,000}{2}=5\,912(元)$$

④ 年数总和法——加速折旧法。年数总和法是将固定资产的原值减去净残值后的净额乘以一个逐年递减的分数来计算每年的折旧额。其计算公式为

$$年折旧率l_{年}=\frac{折旧年限-已使用年数}{折旧年限\times(折旧年限+1)\div2}\times100\% \tag{2-10}$$

$$年折旧额D_{年}=(V_{\mathrm{k}}-V_{\mathrm{L}})\times l_{年} \tag{2-11}$$

应用实例 2-4

针对例 2-3 的数据，采用年数总和法计算各年折旧额。

【案例点评】

$$第一年折旧率=\frac{5-0}{5\times(5+1)\div2}=\frac{5}{15}\quad 第二年折旧率=\frac{5-1}{5\times(5+1)\div2}=\frac{4}{15}$$

$$第三年折旧率=\frac{5-2}{5\times(5+1)\div2}=\frac{3}{15}\quad 第四年折旧率=\frac{5-3}{5\times(5+1)\div2}=\frac{2}{15}$$

$$第五年折旧率=\frac{5-4}{5\times(5+1)\div2}=\frac{1}{15}$$

$$第一年折旧额=(64\,000-2\,000)\times\frac{5}{15}=20\,666.67(元)$$

$$第二年折旧额=(64\,000-2\,000)\times\frac{4}{15}=16\,533.33(元)$$

$$第三年折旧额=(64\,000-2\,000)\times\frac{3}{15}=12\,400(元)$$

$$第四年折旧额=(64\,000-2\,000)\times\frac{2}{15}=8\,266.67(元)$$

$$第五年折旧额=(64\,000-2\,000)\times\frac{1}{15}=4\,133.33(元)$$

本章导入案例分析

第一年年初的净现金流量=130(万元);

其余各年年末净现金流量=(100−20−50−2)×(1−33%)+20−2=36.76(万元)。

(2) 摊销费的计算。

摊销费是指无形资产和递延资产在一定期限内分期摊销的费用，也指投资不能形成固定资产的部分。无形资产是指企业拥有或者控制的没有实物形态的可辨认非货币性资产。无形资产具有广义和狭义之分，广义的无形资产包括货币资金、应收账款、金融资产、长期股权投资、专利权、商标权等，因为它们没有物质实体，而是表现为某种法定权利或技术。但是，会计上通常将无形资产作狭义的理解，即将专利权、商标权等称为无形资产。递延资产是指本身没有交换价值，不可转让，一经发生就已消耗，但能为企业创造未来收益，并能从未来收益的会计期间抵补的各项支出。递延资产又指不能全部计入当年损益，应在以后年度内较长时期摊销的除固定资产和无形资产以外的其他费用支出，包括开办费、租入固定资产改良支出，以及摊销期在一年以上的长期待摊费用等。无形资产的摊销关键是确定摊销期限。无形资产应按规定期限分期摊销，即法律和企业申请书分别规定有法定有效期和受益年限的，按照孰短的原则确定；企业合同或者企业申请书分别规定有受益年限的，按照规定的受益年限确定；没有规定期限的，按不少于 10 年的期限分期摊销。递延资产的开办费按照不少于 5 年的期限分期摊销。

2.4 收入、利润与税金

2.4.1 收入及销售收入

1. 收入的概述

1) 收入的定义

收入是企业在销售商品、提供劳务及让渡资产使用权等日常活动中形成的经济利益的总流入，包括销售商品收入、劳务收入、利息收入、使用费收入、租金收入和股利收入等，但不包括为第三方或客户代收的款项。日常活动是指企业为完成其经营目标从事的所有活动以及与之相关的其他活动，如制造业的销售商品。经济利益是指现金或最终能转化为现金的非现金资产。

2) 收入的特点

收入的特点主要体现在如下 4 个方面。

(1) 收入是从企业日常活动中产生，而不是从偶发的交易或事项中产生的，如制造业的收入来自于商品的销售等。

(2) 收入可能表现为企业资产的增加，如银行存款、应收账款、企业负债的减少等。

(3) 收入能导致所有者权益的增加，但所有者权益的增加与否取决于收入扣除相关成本费用后的净额。

(4) 收入只包括本企业经济利益的流入。

3) 收入的分类

按收入的性质可分为销售商品收入、提供劳务收入和让渡资产使用权等取得的收入。按经营业务的主次可分为主营业务收入和其他业务收入。

2. 销售收入

销售收入是指企业向社会出售商品或提供劳务的货币收入。企业的销售收入包括产品销售收入和其他销售收入。产品销售收入包括销售产成品、自制半成品、工业性劳务取得的收入；其他销售收入包括材料销售、技术转让、包装物出租、外购商品销售、承担运输等非工业性劳务所取得的收入。

特别提示

销售收入与总产值是有区别的。总产值是企业生产的成品、半成品和处于加工过程中的在制品的价值总和，可按当前市场价格或不变价格计算；而销售收入是指出售商品的货币收入，是按出售时的市场价格计算的。企业生产的产品只有在市场上实现销售，才能给企业带来收益，才能成为有用的劳动成果。因此，销售收入才是反映工业项目真实收益的经济参数。

2.4.2 利润的概念、构成与分配

1. 利润的概念

利润是企业在一定时期内全部生产经营活动的最终成果。利润的实现表明企业生产耗费得到了补偿，并取得了赢利。对利润进行核算可以及时反映企业在一定时期的经营业绩和获利能力，反映企业的投入产出效率和经济效益。

2. 利润的构成

利润是指企业在一定会计期间的经营成果，它包括营业利润、利润总额和净利润等。

知识链接

营业利润是指主营业务收入减去主营业务成本和主营业务税金及附加，加上其他业务利润，再减去营业费用、管理费用和财务费用后的金额。

利润总额是指营业利润加上投资收益、补贴收入、营业外收入，减去营业外支出后的金额。

投资收益是指企业对外投资所取得的收益，减去发生的投资损失和计提的投资减值准备后的净额。

补贴收入是指企业按规定实际收到退还的增值税，或按销量或工作量等依据国家规定的补助定额计算并按期给予的定额补贴，以及属于国家财政扶持的领域而给予的其他形式的补贴。

营业外收入和营业外支出是指企业发生的与其生产经营活动无直接关系的各项收入和各项支出。营业外收入包括固定资产盘盈、处置固定资产净收益、处置无形资产净收益、罚款净收入等。营业外支出包括固定资产盘亏、处置固定资产净损失、处置无形资产净损失、债务重组损失、计提的固定资产减值准备、计提的在建工程减值准备、罚款支出、捐赠支出、非常损失等。营业外收入和营业外支出应当分别核算，并在利润表中分列项目反映。营业外收入和营业外支出还应当按照具体收入和支出设置明细项目，进行明细核算。

所得税是指企业应当计入当期损益的所得税费用。

税后利润是指销售利润总额减去所得税后的金额。

3. 利润的分配

对企业来说，税后利润一般按下列优先顺序进行分配。

(1) 被没收的财物损失、支付各项税收的滞纳金和罚款。

(2) 弥补企业以前年度的亏损。

(3) 提取法定盈余公积金。法定盈余公积金按照税后利润扣除前两项后的 10%提取。盈余公积金已达注册资金 50%时不可再提取。

(4) 提取公益金。公益金主要用于职工集体福利设施支出，提取率为 5%。

(5) 向投资者分配利润。企业以前年度未分配的利润，可以并入本年度向投资者分配。

2.4.3 税金

税金是国家依据法律对有纳税义务的单位和个人征收的财政资金。税收是国家凭借政治权利参与国民收入分配和再分配的一种方式，具有强制性、无偿性和固定性的特点。税收是国家取得财政收入的主渠道，也是国家对各项经济活动进行宏观调控的重要杠杆。

我国现行税制体系中有 24 个税种，按其性质和作用可大致分为 7 大类。

(1) 流转税。流转税指以商品生产、商品流通和劳动服务的流转额为征收对象的各种税，包括增值税、消费税和营业税。

知识链接

增值税指以商品生产、流通和劳动服务各个环节的增值额为征税对象的税。在我国境内销售货物或者提供加工、修理修配劳务以及进口货物的单位或个人都应缴纳增值税。

消费税的纳税义务人为在我国境内生产、委托加工和进口某些消费品的单位和个人。征收消费税的消费品大体分为 5 类：第一类是一些过度消费会对人类健康、社会秩序、生态环境等造成危害的特殊消费品，如烟、酒、鞭炮等；第二类是奢侈品、非生活必需品；第三类是高能耗及高档消费品；第四类是不可再生稀缺资源消费品；第五类是消费普遍、税基宽广、征税不会明显影响人民生活水平但有一定财政意义的产品。对于应税消费品既要征收消费税，又要征收增值税。

营业税是在我国境内从事交通运输、建筑业、金融保险、邮政电信、文化体育、娱乐业、服务业、转让无形资产、销售不动产等业务的单位和个人，就其营业收入或转让收入征收的一种税。交通运输、建筑业、邮政电信、文化体育业税率为 3%；娱乐业税率为 20%；服务业、转让无形资产、销售不动产税率为 5%；金融保险业为 5%。

(2) 资源税。资源税包括资源税、城乡土地使用税，主要是对因开发或利用自然资源差异而形成的级差收入发挥调节作用。

知识链接

资源税是对在我国境内开采原油、天然气、煤炭等非金属矿原矿、黑色金属矿原矿、有色金属矿原矿及生产盐的单位和个人征收的一种税。征收此税的目的在于调节因资源条件差异而形成的资源级差收入，促使国有资源的合理开采与利用，同时为国家取得一定的财政收入。

城乡土地使用税是国家在城市、农村、城镇和工矿区，对使用土地的单位和个人征收的一种税。国家规定，对农、林、牧、渔业的生产用地和国家机关、人民团体、军队及事业单位的自用土地免征土地使用税。

(3) 所得税。所得税包括企业所得税、外商投资企业和外国人企业所得税、个人所得税，主要是在国民收入形成后，对生产经营者的利润和个人的纯收入发挥调节作用。一般情况下，企业所得税税率为 33%。

(4) 财产和行为税。财产和行为税包括房产税、城市房地产税、车船使用税、车船使用牌照税、印花税、屠宰税、契税，主要是对某些财产和行为发挥调节作用。

知识链接

车船使用税是对行驶于公共道路的车辆和航行于国内河流、湖泊、领海口岸船舶按其种类、吨位征收的一种税。纳税义务人为拥有车船的单位和个人。

房产税是以房屋为征收对象的一种税。纳税义务人为拥有房屋产权的单位和个人。

(5) 特定目的税。特定目的税包括固定资产投资方向调节税、筵席税、城乡维护建设税、土地增值税、车辆购置税、耕地占用税等，主要是为了达到特定的目的对特定的对象和特定的行为发挥调节作用。

知识链接

投资方向调节税是以投资行为为征收对象的一种税。国家征收投资方向调节税的目的在于利用经济手段对经济活动进行宏观调控，贯彻产业政策，控制投资规模，引导投资方向，保证重点建设。在中国境内进行固定资产投资的单位和个人都是投资方向调节税的纳税义务人。自2000年1月1日起新发生的投资额，暂停征收固定资产投资方向调节税。

城乡维护建设税是为保证城乡维护和建设有稳定的资金来源而征收的一种税。凡有经营收入的单位和个人，除另有规定外都是城乡维护建设税的纳税义务人。以实际交纳增值税、消费税、营业税为计税依据而征收。其税率按纳税人所在地区不同而不同，市区为7%；城镇为5%；其他为1%。

土地增值税征收对象为有偿转让国有土地使用权及地上建筑物和其他附着物产权并取得收入的单位和个人。土地增值税的计价依据是转让房地产所取得的增值收益。

(6) 农业税。农业税包括农业税、牧业税，主要是对取得农业或者牧业收入的企业、单位和个人征收。

(7) 关税。关税主要对进出我国国境的货物、物品征收。

以上列出了各种税种，并将有关税种进行了简单的介绍。建筑企业的各种税金应按现行税法规定的相应税目、税率及计税依据进行计算。

综合应用案例

某项目投资总额为5 263.9万元，其中包括无形资产600万元，建设期为2年，生产期为8年。

本项目资金为自有资金和贷款，自有资金在建设期内均衡投入，贷款总额为2 000万元，在建设期内每年贷1 000万元，年利率为10%。贷款合同约定：投产期前4年等额还本付息。无形资产在运营期8年中均匀摊入成本。固定资产残值300万元，按照平均年限法计提，折旧年限12年，所得税税率33%。相关数据见表2-3。

问题:

(1) 计算固定资产折旧费、无形资产摊销费。

(2) 计算建设期贷款利息，并计算各年还本付息额。

(3) 计算运营期各年的总费用成本，并填入总成本费用表。

表2-3 建设项目发生的资金投入、收益及成本 单元：万元

序号	年份项目		1	2	3	4	5—10
1	建设投资	自有资金部分	1 529.45	1 529.45			
		贷款(不含贷款利息)	1 000	1 000			
2	营业额				3 500	4 500	5 000
3	营业税及附加				210	270	300
4	年经营成本				2 490.84	3 202.51	3 558.34
5	流动资产				532	684	760

续表

序号	年份项目	1	2	3	4	5—10
6	流动负债			89.93	115.5	128.33
7	流动资金			442.17	568.5	631.67

【案例点评】

(1) 计算各年固定资产折旧额。

$$固定资产年折旧额=\frac{5\,263.9-600-300}{12}=363.66(万元)$$

$$无形资产摊销=\frac{600}{8}=75(万元)$$

(2) 计算建设期贷款利息。

各年应计利息=(年初借款本息累计+本年借款额/2)×年利率

$$第 1 年贷款利息=\frac{1\,000}{2}\times 10\%=50(万元)$$

$$第 2 年贷款利息=\left(1\,000+50+\frac{1\,000}{2}\right)\times 10\%=155(万元)$$

$$建设期贷款利息=50+155=205(万元)$$

$$建设期本利和=1\,000+50+1\,000+155=2\,205(万元)$$

因为采用等额还本付息的办法，所以

每年的偿还本金支付利息额=2 205× $(A/P, 10\%, 4)=695.61$ (万元)

第 3 年贷款利息=2 205×10%=220.5(万元)

第 4 年贷款利息=[2 205－(695.61－220.5)]×10%=172.99(万元)

第 5 年贷款利息=[2 205－(695.61－220.5)－(695.61－172.99)]×10%=120.73(万元)

第 6 年贷款利息=[2 205－(695.61－220. 5)－(695.61－172.99)－(695.61－120.73)]×10%=63.24(万元)

(3) 计算各年成本费用，填入下表(表 2-4)。

表 2-4 各年成本费用

单位：万元

序号	费用名称	3	4	5	6	7	8	9	10
1	年经营成本	2 490.84	3 202.51	3 558.34	3 558.34	3 558.34	3 558.34	3 558.34	3 558.34
2	年折旧费	363.66	363.66	363.66	363.66	363.66	363.66	363.66	363.66
3	年摊销费	75	75	75	75	75	75	75	75
4	建设借款利息	220.2	172.99	120.73	63.24	0	0	0	0
5	总成本费用	3 150	3 814.16	4 117.73	4 060.24	3 997	3 997	3 997	3 997

本章小结

正确的工程经济分析必须具备必要的经济基础知识。本章的教学目标在于使学生掌握工程经济分析的基本要素：了解投资与实物资本的关系；熟悉总成本费用、经营成本、固定成本与变动成本的概念及其相互关系；学会运用常用的几种折旧方法；掌握企业销售收入、利润与税金的概念、分类及其相互关系。做到对企业从投资开始到赢利整个过程的基本了解，为以后各章分析方法的学习做好经济理论准备。

复习思考题

一、单项选择题

1．在下列关于现金流量图的表述中，错误的是(　　)。

A．以横轴为时间轴，零表示时间序列的起点

B．多次支付的箭线与时间轴的交点即为现金流量发生的时间单位初

C．在箭线的上下注明现金流量的数值

D．垂直箭线的长短与现金数据大小成正比

2．现金流量的三要素中，不含(　　)。

A．大小　　B．方向　　C．速度　　D．时间

3．某企业购置一台运输设备，成本为24万元，使用年限为10年，按照双倍余额递减法，第三年的折旧额为(　　)。

A．19 530元　　B．24 200元　　C．16 600元　　D．23 400元

4．某建设项目建设期为2年，生产运营期为5年，本项目可能发生A、B、C、D四种现金流状态，见表2-5。投资者最希望的现金流状态是(　　)。

表2-5　4种现金流状态　　单位：万元

年初	1	2	3	4	5	6	7	8
A	-100	-100	-100	100	100	100	100	100
B	-50	-50	-200	100	100	100	100	100
C	-50	-50	-200	50	50	100	100	200
D	-50	-50	-200	150	150	50	50	100

5．某固定资产原值400万元，使用寿命10年，净残值50万元，该固定资产年折旧额是(　　)。

A．40万元　　B．90万元　　C．135万元　　D．350万元

6．某台吊车，原价10万元，预计净残值率10%，可使用1 000个台班，第一年使用100个台班，第二年使用150个台班，按照工作量法，则第二年的折旧额为(　　)。

A．14 450元　　B．13 500元　　C．8 250元　　D．3 400元

7．在下面的现金流量图中，若时间单位为年，则大小为40的现金流量的发生时点为(　　)。

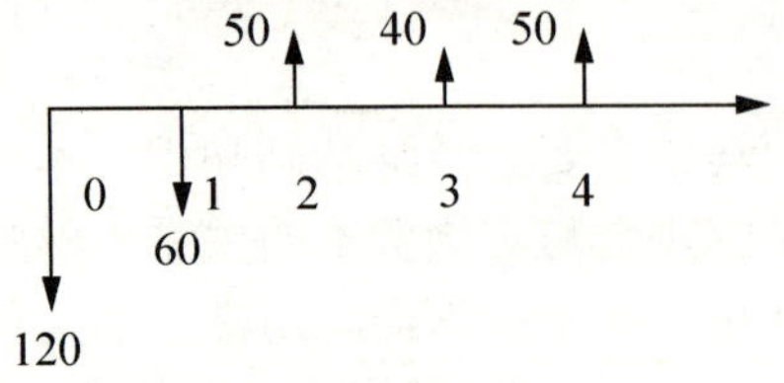

A．第二年年末　　B．第三年年初　　C．第三年年中　　D．第三年年末

二、多项选择题

1．固定资产折旧的计算方法有(　　)。

A．平均年限法　　B．工作量法　　C．年数总和法

D．后进先出法　　E．双倍余额递减法

2．下列属于工程建设其他费用的是(　　)。

A．固定资产折旧费　　B．勘察设计费　　C．临时设施费

D．专利费　　E．可行性研究费

3．下列选项中属于生产成本的是(　　)。

A．原材料费　　B．生产人员工资　　C．管理人员工资

D．筹资费用　　E．销售人员工资

4．某施工企业 2009 年 8 月购入一台施工设备 100 万元，购入其他公司三年期债券 50 万元，购入钢模板 60 万元，购入一项商标权 80 万元，购入运输机械 15 万元，属于固定资产的是(　　)。

A．商标权　　B．施工设备　　C．债券

D．运输机械　　E．钢模板

5．对于固定资产折旧说法正确的是(　　)。

A．折旧是固定资产价值的一种补偿形式

B．折旧可以计入产品成本

C．折旧是在固定资产使用寿命内进行分摊的

D．折旧最终由产品消费者承担

E．折旧是由产品生产者承担的

三、简答题

1．简述现金流量图的绘制步骤。

2．投资的概念是什么？怎样分类？

3．产品总成本有哪几部分构成？

四、计算题

1. 某市政工程公司 2010 年 10 月购入一台设备，价格为 20 000 元，运输费为 5 000 元，预计净残值率为 8%，寿命为 5 年，采用双倍余额递减法、年数总和法分别计算各年折旧费用。

2．某固定资产原值 10 万元，寿命 10 年，净残值率为 5%，一共可以使用 2 000 小时，第三年使用了 300 小时，分别用平均年限法、工作量法计算第三年的年折旧额。

3. 某汽车原价 50 000 元，净残值为 5 000 元，共行驶 100 000km，第一年行驶 1 000km，第二年行驶 2 500km，第三年行驶 3 500km，采用工作量法计算前三年折旧费的和。

第3章

资金时间价值与等值计算

学习目标

知识目标	技能目标
(1) 理解利息、利率的概念 (2) 熟悉资金时间价值的概念 (3) 掌握资金等值计算公式 (4) 掌握名义利率、有效利率的计算	(1) 熟练进行利息、利率的计算 (2) 能够理解资金时间价值的内在含义 (3) 熟练运用资金等值换算的公式 (4) 熟练进行名义利率和有效利率的转化

知识结构

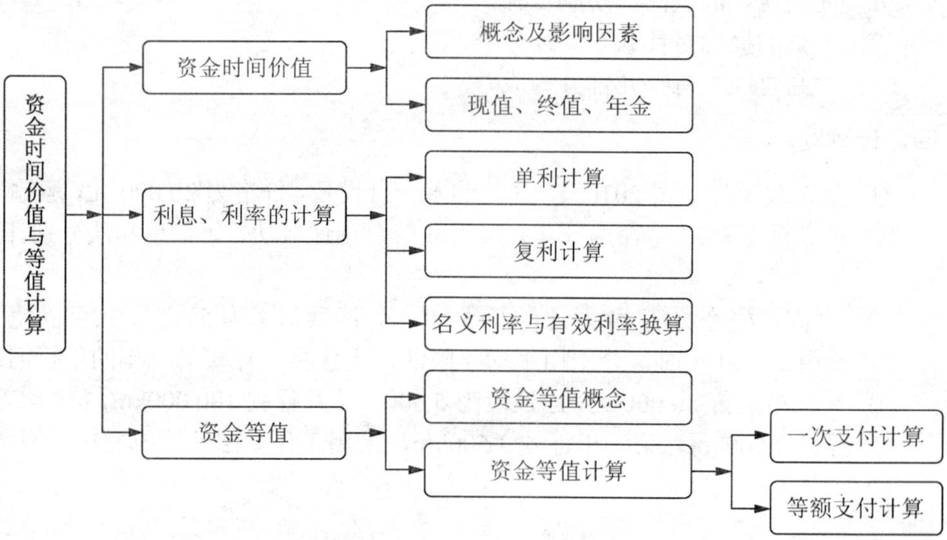

导入案例

在现在的经济时代，按揭贷款购物成为流行，大到房产、汽车，小到手机等家用电器。如果购买汽车，按揭贷款 60 000 元，贷款期限 1 年，月利率为 2%，每月还款，复利计息，那么每月的还款额是多少？在各大银行的营业厅，大幅的电子屏幕都会显示各类定期存款的年利率，如果存款期限为 3 个月，银行给的是年利率，那应该怎么计算实际计息周期利率呢？

3.1 资金时间价值与资金等值的概念

3.1.1 资金时间价值的概念

1 元钱等于 1 元钱吗？这个答案是不确定的，因为钱所在的时间是未知的。从一定意义上讲，时间是一种宝贵的资源，有效地使用资源可以产生价值。资金的时间价值是指同样数额的资金在不同的时间点上具有不同的价值。资金的时间价值随着时间的推移而发生变化，影响资金时间价值的因素很多，其中主要有以下几点。

(1) 资金的使用时间。在单位时间的资金增值率一定的条件下，资金使用时间越长，则资金的时间价值越大；使用时间越短，则资金的时间价值越小。

(2) 资金数量的大小。在其他条件不变的情况下，资金数量越大，资金的时间价值就越大；反之，资金的时间价值则越小。

(3) 资金投入和回收的特点。在总资金一定的情况下，前期投入的资金越多，资金的负效益越大；反之，后期投入的资金越多，资金的负效益越小。在资金回收额一定的情况下，离投资初始期越近的时间回收的资金越多，资金的时间价值就越大；反之，离投资初始期越远的时间回收的资金越多，资金的时间价值就越小。

(4) 资金周转的速度。资金周转越快，在一定的时间内等量资金的时间价值越大；反之，资金的时间价值越小。

总之，资金的时间价值是客观存在的，投资经营的一项基本原则就是充分利用资金的时间价值并最大限度地获得其时间价值，这就要加速资金周转，在较短时间内收回资金，并不断从事利润较高的投资活动。任何资金的闲置，都是损失资金的时间价值。

3.1.2 资金等值的概念

等值是指在不同的时点上的两笔不同数额的资金具有相同的经济价值，用 E 表示。由于资金时间价值的特性，使得不同时点的资金具有不同的价值，不能直接进行计算，即不同时点上的资金在价值上不具有可比性。

特别提示

不同时点上，相同数量的资金具有不同的价值，而不同时点上不同数量的资金则可能具有相同的价值。

1. 等值的特点

(1) 以一定的利率为前提。

① 不同时点的资金，如果不规定利率则它们不具备等值性，更不具有可比性；而规定

不同的利率，则它们所具备的“价值”是不相等的。

② 不同资金支付形式，在相同利率条件下，在相同的时刻具有“等值”效果，具有可比性。

(2) 等值的概念是进行技术经济分析、比较和评价不同时期资金使用效果的重要依据。

2. 资金的时值、现值、终值、年金及折现

1) 时值

资金的时值就是资金在其运动过程中处于某一时点上的价值，一定数额的资金的数值在每个计息期末是不等的。例如，当i=10%时，本金10 000元，于2010年1月1日存入银行，那么在2011年1月1日，如果不考虑利息税，并以单利计息(后面详细讲)，一年计息一次，其时值=10 000×(1+10%)=11 000元，而在2012年1月1日其时值=10 000×(1+2×10%)=12 000元。

2) 现值

现值又称为初值，常用P来表示。即在资金运动过程中，把未来一定时间收支的货币折算成计息周期开始时的数值。如前面讲的2010年1月1日时的10 000元就是2011年1月1日时11 000元的现值。

3) 终值

终值是指一笔资金在若干个计息期末的价值，即整个计息期的本利和，也称为未来值，常用F来表示。如上述2010年1月1日的一笔资金，其他条件同上。其在2011年1月1日的终值就是11 000元；在2012年1月1日的终值是12 000元。

4) 年金

年金是指一定时期内每次等额收付的系列款项，通常记作 A。年金的形式多种多样，在现实生活中经常可以涉及如保险费、租金、等额分期收款、等额分期付款以及零存整取储蓄等。

5) 折现

折现也叫贴现，即把终值换算为现值的过程。贴现或折现所用的利率称之为折现率或贴现率。比如，上例在2011年1月1日得到11 000元，利率为10%，单利计息，那么在2010年1月1日必须存入银行多少钱，就是一个已知终值求现值的资金运算，即贴现。

3. 资金等值的换算方法

进行等值换算是进行经济分析的基础，要进行等值换算，首先要确定不同时点上资金的数额的大小；其次要确定利率的大小；最后根据要求选择合适的换算方法。具体的换算方法在后续的内容中重点讲解。

3.2 利息、利率的计算

3.2.1 单利与复利的计算

采用复利计算利息的方法和资金时间价值的换算方法完全相同。因为利息就是资金时间价值的一种重要表现形式，并且通常用利息额的多少作为衡量资金时间价值的绝对尺度，用利率作为衡量资金时间价值的相对尺度。

1. 利息

在借贷过程中，债务人支付给债权人超过原借贷金额的部分就是利息。即

$$I = F - P \tag{3-1}$$

式中：I——利息；

F——目前债务人应付(或债权人应收)总金额，即还本付息总额；

P——原借贷金额，常称为本金。

从本质上看利息是由贷款发生利润的一种再分配。在工程经济研究中，利息常常被看做是资金的一种机会成本。这是因为如果放弃资金的使用权力，相当于失去了收益的机会，也就相当于付出了一定的代价。事实上，投资就是为了在未来获得更大的回收而对目前的资金进行某种安排。很显然，未来的回收应当超过现在的投资，正是这种预期的价值增长才能刺激人们从事投资。因此，在工程经济分析中，利息常常是指占用资金所付的代价或者是放弃使用资金所得的补偿。

2. 利率

在经济学中，利率的定义是从利息的定义中衍生出来的。也就是说，在理论上先承认了利息，再以利息来解释利率。在实际计算中，正好相反，常根据利率计算利息。

利率就是在单位时间内所得利息额与原借贷金额之比，通常用百分数表示。即

$$i = \frac{I_t}{P} \times 100\% \tag{3-2}$$

式中：i——利率；

I_t——单位时间内所得的利息额。

用于表示计算利息的时间单位称为计息周期，计息周期t通常为年、半年、季、月、周或天。

应用实例3-1

某单位以单利方式借入一笔贷款10 000元，一年后付息1 000元，则年利率应为多少？

【案例点评】

$$\text{年利率}=\frac{1000}{10\,000}\times 100\%=10\%$$

特别提示

利率是各国发展国民经济的重要杠杆之一，利率的高低由以下因素决定。

①利率的高低首先取决于社会平均利润率的高低，并随之变动。在通常情况下，平均利润率是利率的最高界限。因为如果利率高于利润率，无利可图就不会去借款。②在平均利润率不变的情况下，利率高低取决于金融市场上借贷资本的供求情况。借贷资本供大于求，利率便下降；反之，求大于供，利率便上升。③借出资本要承担一定的风险，风险越大，利率也就越高。④通货膨胀对利息的波动有直接影响，资金贬值往往会使利息无形中成为负值。⑤借出资本的期限长短。贷款期限长，不可预见因素多，风险大，利率就高；反之利率就低。

3. 利息的计算

利息计算有单利和复利之分。当计息周期在一个以上时，就需要考虑“单利”与“复利”的问题。

1) 单利

所谓单利是指在计算利息时，仅用最初本金来计算，而不计入先前计息周期中所累积增加的利息，即通常所说的“利不生利”的计息方法。其计算式如下：

$$I_t = P \times i_{单} \tag{3-3}$$

式中：I_t——第 t 计息周期的利息额；

P——本金；

$i_{单}$——计息周期单利利率。

而 n 期末单利本利和 F 等于本金加上总利息，即

$$F = P + I_n = P(1 + n \times i_{单}) \tag{3-4}$$

式中：I_n——n 个计息周期所付或所收的单利总利息，即

$$I_n = \sum_{t=1}^{n} I_t = \sum_{t=1}^{n} P \times i_{单} = P \times i_{单} \times n \tag{3-5}$$

在以单利计息的情况下，总利息与本金、利率以及计息周期数成正比的关系。

此外，在利用式(3-4)计算本利和 F 时，要注意式中 n 和 $i_{单}$ 反映的时期要一致。如 $i_{单}$ 为年利率，则 n 应为计息的年数；若 $i_{单}$ 为月利率，n 即应为计息的月数。

应用实例 3-2

假如某企业以单利方式借入 1 000 万元，年利率 5%，4 年末偿还，则各年利息和本利和见表 3-1。

表 3-1　单利计算分析表　　单位：万元

使用年限(年)	年初款额	年末利息	年末本利和	年末偿还
1	1 000	50	1 050	0
2	1 050	50	1 100	0
3	1 100	50	1 150	0
4	1 150	50	1 200	1 200

【案例点评】

由表 3-1 可见，单利的年利息额都仅由本金所产生，其新生利息不再加入本金产生利息，此即“利不生利”。这不符合客观的经济发展规律，没有反映资金随时间的变化而“增值”的概念，也没有完全反映资金的时间价值。因此，在工程经济分析中单利使用较少，通常只适用于短期投资或短期贷款。

2) 复利

所谓复利是指在计算某一计息周期的利息时，其先前周期上所累积的利息要计算利息，即“利生利”、“利滚利”的计息方式。其表达式如下：

$$I_t = i \times F_{t-1} \tag{3-6}$$

式中：i——计息周期复利利率；

F_{t-1}——第$(t-1)$期末复利本利和。

而第 t 期末复利本利和的表达式如下：

$$F = P(1+i)^n \tag{3-7}$$

应用实例 3-3

数据同应用实例 3-2，按复利计算，则各年利息和本利和见表 3-2。

表 3-2 复利计算分析表

单位：万元

使用年限(年)	年初款额	年末利息	年末本利和	年末偿还
1	1 000	50	1 050	0
2	1 050	52.5	1 102.5	0
3	1 102.5	55.125	1 157.625	0
4	1 157.625	57.881 25	1 215.506 25	1 215.506 25

从表 3-2 和表 3-1 可以看出，同一笔借款，在利率和计息周期均相同的情况下，用复利计算出的利息金额比用单利计算出的利息金额多。如例 3-3 与例 3-2 两者相差 1 215.506 25 万元-1 200 万元=15.506 25 万元。本金越大，利率越高，计息周期越多时，两者差距就越大。复利计息比较符合资金在社会再生产过程中运动的实际状况。因此，在实际中得到了广泛的应用，在工程经济分析中，一般采用复利计算。

复利计算有间断复利和连续复利之分。按期(年、半年、季、月、周、日)计算复利的方法称为间断复利(即普通复利)；按瞬时计算复利的方法称为连续复利。在实际使用中都采用间断复利，这一方面是出于习惯，另一方面是因为会计通常在年底结算一年的进出款，按年支付税收、保险金和抵押费用，因而采用间断复利考虑问题更适宜。

常用的间断复利计算有一次支付情形和等额支付系列情形两种。

特别提示

利息和利率在工程经济活动中的作用：①利息和利率是以信用方式动员和筹集资金的动力。以信用方式筹集资金有一个特点就是自愿性，而自愿性的动力在于利息和利率。比如一个投资者，他首先要考虑的是投资某一项目所得到的利息是否比把这笔资金投入其他项目所得的利息多。如果多，他就可以在这个项目投资；如果所得的利息达不到其他项目利息水平，他就可能不在这个项目投资。②利息促进投资者加强经济核算，节约使用资金。投资者借款需付利息，增加支出负担，这就促使投资者必须精打细算，把借入资金用到刀刃上，减少借入资金的占用以少付利息。同时可以使投资者自觉压缩库存限额，减少多环节占压资金。③利息和利率是宏观经济管理的重要杠杆。国家在不同的时期制定不同的利息政策，对不同地区不同部门规定不同的利率标准，就会对整个国民经济产生影响。例如对于限制发展的部门和企业，利率规定得高一些；对于提倡发展的部门和企业，利率规定得低一些，从而引导部门和企业的生产经营服从国民经济发展的总方向。同样，占用资金时间短的，收取低息；占用时间长的，收取高息。对产品适销对路、质量好、信誉高的企业，在资金供应上给予低息支持；反之，收取较高利息。④利息与利率是金融企业经营发展的重要条件。金融机构作为企业，必须获取利润。由于金融机构的存放款利率不同，其差额成为金融机构业务收入。此款扣除业务费后就是金融机构的利润，所以利息和利率能刺激金融企业的经营发展。

3.2.2 名义利率与有效利率

在复利计算中，利率周期通常以年为单位，它可以与计息周期相同，也可以不同。在实际应用中，可以是1年、半年、1个季度、1个月、1旬或1周，当计息周期小于1年时，就出现了名义利率和有效利率的概念。

1. 名义利率的计算

所谓名义利率(用r表示)就是非实效利率，指计息周期利率i乘以1年内的计息周期数m所得的年利率。即

$$r = i \times m \tag{3-8}$$

若计息周期月利率为 1%，则年名义利率为 12%。很显然，计算名义利率时忽略了前面各期利息再生的因素，这与单利的计算相同。通常所说的年利率都是名义利率。

2. 有效利率的计算

有效利率是指资金在计息中所发生的实际利率，包括计息周期有效利率和年有效利率两种情况。

(1) 计息周期有效利率，即计息周期利率i，由式(3-8)可得

$$i = \frac{r}{m} \tag{3-9}$$

(2) 年有效利率，即年实际利率。

若用计息周期利率来计算年有效利率，并将年内的利息再生因素考虑进去，这时所得的年利率称为年有效利率(又称年实际利率)。根据利率的概念即可推导出年有效利率的计算式。

已知某年初有资金P，名义利率为r，一年内计息m次(如公式3-8所示)，则计息周期利率为$i = \frac{r}{m}$。根据一次支付终值公式$F=P(1+i)^n$(后面讲)可得该年的本利和F，即

$$F = P\left(1+\frac{r}{m}\right)^m \tag{3-10}$$

根据利息的定义可得该年的利息I为

$$I = F - P = P\left(1+\frac{r}{m}\right)^m - P = P\left[\left(1+\frac{r}{m}\right)^m - 1\right]$$

再根据利率的定义可得该年的实际利率，即有效利率i_{eff}为

$$i_{\text{eff}} = \frac{I}{P} = \left(1+\frac{r}{m}\right)^m - 1$$

由此可见，有效利率和名义利率的关系实质上与复利和单利的关系一样。

图3.1所示为年有效利率计算现金流量图。

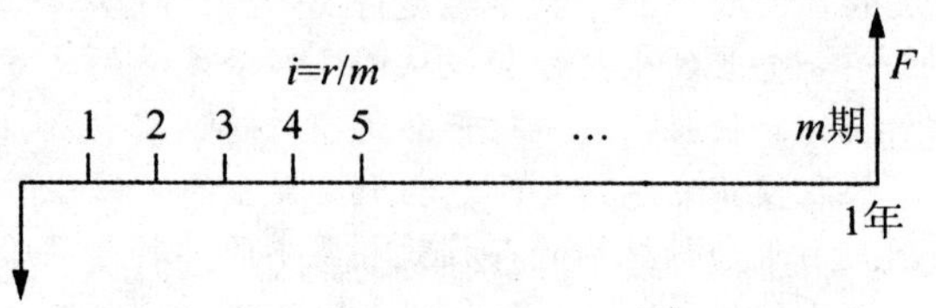

图3.1 年有效利率计算现金流量图

应用实例 3-4

现设年名义利率 r =10%，则年、半年、季、月、日的年有效利率见表 3-3。

表 3-3　案例 3-4 用表

年名义利率	计息期	年计息次数	计息期利率	年有效利率
10%	年	1	10%	10%
	半年	2	5%	10.25%
	季	4	2.5%	10.38%
	月	12	0.833%	10.47%
	日	365	0.027 4%	10.51%

【案例点评】

从式(3-9)和表 3-3 可以看出，每年计息周期 m 越多，i_{eff} 与 r 相差越大；另外，名义利率为 10%，按季度计息时，按季度利率 2.5%计息与按年利率 10.38%计息，二者是等价的。所以，在工程经济分析中，如果各方案的计息期不同，就不能简单地使用名义利率来评价，而必须换算成有效利率进行评价，否则会得出不正确的结论。

应用实例 3-5

某人要贷款，A 银行年名义利率 6%，半年计息一次；B 银行年名义利率 6%，一个月计息一次。问要选择哪家银行贷款？

【案例点评】

$$\text{A 银行}\ i_{\text{eff}}=\left(1+\frac{r}{m}\right)^{m}-1=\left(1+\frac{6\%}{2}\right)^{2}-1=6.09\%$$

$$\text{B 银行}\ i_{\text{eff}}=\left(1+\frac{r}{m}\right)^{m}-1=\left(1+\frac{6\%}{12}\right)^{12}-1=6.17\%$$

因为 A 银行实际利率小于 B 银行实际利率，所以应选择 A 银行贷款。

知识链接

按期计息的方法称为离散式计息(本书讲的是离散式计息，也是常用的方式)，按瞬时计息的方式称为连续计息(在经济评价应用很少)，同学们应查阅相关书籍，了解连续计息的相关知识。

本章导入案例分析

如果存款期限为 3 个月，银行给的是年利率，那应该怎么计算实际计息周期利率呢？假设年利率为 12%。根据名义利率和实际利率的转换公式，求出来实际计息期利率

$$i=\frac{r}{m}=\frac{12\%}{4}=3\%$$

3.3 资金等值计算

资金有时间价值，即使金额相同，因其发生在不同时间，其价值就不相同。反之，不同时点绝对不等的资金在时间价值的作用下却可能具有相等的价值。利用等值的概念，可以把在一个时点发生的资金金额换算成另一时点的等值金额，这一过程叫做资金的等值计算。常用的等值复利计算公式有一次支付的终值和现值计算公式，等额支付系列的终值、现值、资金回收和偿债基金计算公式。

3.3.1 资金等值计算的公式

1．一次支付的终值和现值计算

一次支付终值公式是计算现在时点发生的一笔资金的将来值，而一次支付现值公式是计算将来某一时点发生的资金的现值。

一次支付又称整存整付，它是指所分析系统的现金流量，无论是流入还是流出，分别在各时点上只发生一次，如图3.2所示。一次支付现金的复利计算式是复利计算的基本公式。

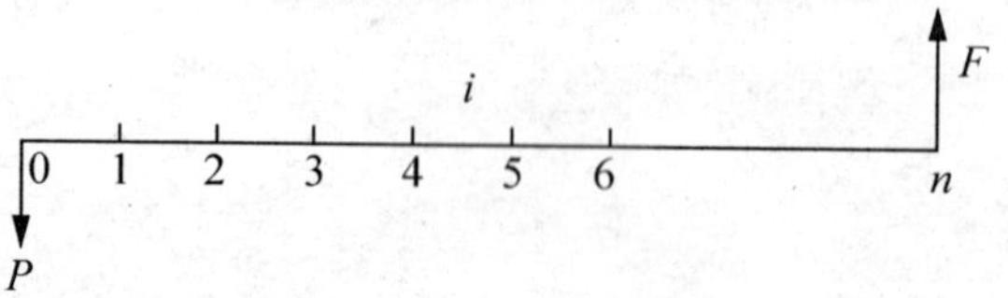

图3.2　一次支付现金流量图

图中：i——计息期复利率；n——计息的期数；P——现值(即现在的资金价值或本金)；F——终值(即n期末的资金值或本利和)。

1) 终值计算(已知P求F)

现有一项资金P，年利率i按复利计算，n年以后的本利和为多少？根据复利的定义即可求得n年末本利和(即终值)F。

$$F = P\,(1+i)^n \tag{3-11}$$

式中：$(1+i)^n$称为一次支付终值系数，用$(F/P，i，n)$表示，故公式(3-11)也可表示为

$$F = P(F/P，i，n) \tag{3-12}$$

特别提示

在$(F/P，i，n)$这类符号中，括号内斜线上的符号表示所求的未知数，斜线下的符号表示已知数。$(F/P，i，n)$表示在已知P、i和n的情况下求解F的值。

应用实例3-6

某人借款50 000元，年复利率i=10%，试问5年末连本带利一次需偿还多少？

【案例点评】

按式(3-11)计算得

$$F=P\ (1+i)^n=50\ 000\times(1+10\%)^5=50\ 000\times1.610\ 51=80\ 525.5(元)$$

按式(3-12)计算得

$$F=P(F/P,\ i,\ n)=50\ 000\times(F/P,\ 10\%,\ 5)=50\ 000\times1.611=80\ 550(元)$$

2) 现值计算(已知 F 求 P)

由公式(3-11)的逆运算即可得出现值 P 的计算式为

$$P=\frac{F}{(1+i)^n}=F\ (1+i)^{-n} \tag{3-13}$$

式中：$(1+i)^{-n}$ 称为一次支付现值系数，用符号$(P/F,\ i,\ n)$表示。公式(3-12)又可表示为

$$P=F(P/F,\ i,\ n) \tag{3-14}$$

特别提示

一次支付现值系数这个名称描述了它的功能，即未来一笔资金乘上该系数就可求出其现值。计算现值的过程叫“折现”或“贴现”。其所使用的利率常称为折现率或贴现率。故 $(1+i)^{-n}$ 或$(P/F,\ i,\ n)$也可叫折现系数或贴现系数。

应用实例 3-7

某企业对投资收益率为 10%的项目进行投资,希望 4 年末有 1 464.1 万元资金,现在需投资多少？

【案例点评】

由式(3-13)计算得

$$P=F\ (1+i)^{-n}=1\ 464.1\times(1+10\%)^{-4}=1\ 464.1\times0.683\ 0=1\ 000(万元)$$

由式(3-14)计算得

$$P=F\ (P/F,\ i,\ n)=1\ 464.1\times(P/F,\ 10\%,\ 4)=1\ 464.1\times0.683\ 0=1\ 000(万元)$$

从上面计算可知，现值与终值的概念和计算方法正好相反，因为现值系数与终值系数互为倒数，即$(P/F,\ i,\ n)=\dfrac{1}{(F/P,\ i,\ n)}$。

特别提示

在 P 不变、n 相同时，i 越高，F 越大；在 i 相同时，n 越长，F 越大。在 F 一定，n 相同时，i 越高，P 越小；在 i 相同时，n 越长，P 越小。

2. 等额支付系列的计算

等额支付即每年支付的金额大小相等，且现金流量序列是连续的，其主要特点是有 N 个等额资金 A 连续地发生在每个时点上，也就是本章内容前述的年金 A。年金的形式是多种多样的，按其发生的时点不同，可以分为普通年金、即付年金、递延年金和永续年金。普通年金(ordinary annuity)是指每期期末收付等额款项的年金，也称后付年金。这种年金在日程生活中最为常见。即付年金(prepaid annuity)是指每期期初获得收入的年金，也称先付年金。递延年金(deferred annuity)也称延期年金，它是指第一次收付款项发生时间不在第一

期末，而是隔若干期后才开始发生的系列等额收付款项，它是普通年金的特殊形式。永续年金(perpetual Annuity)也称永久年金或无限期年金，它是指无限期等额收付的年金，可视为普通年金的特殊形式。在本章内容中，重点介绍普通年金。

1) 普通年金系列

(1) 年金终值计算(已知 A 求 F)。

年金终值计算指从第一个计息周期的期末开始，以后各个计息周期末都向银行存入一笔钱 A，年利率以 i 表示(A 表示年金；F 表示终值)，n 年后的资金价值是多少，如图 3.3 所示。

$$F=\sum_{t=1}^{n} A_t\,(1+i)^{n-t}=A\,[(1+i)^{n-1}+(1+i)^{n-2}+\cdots+(1+i)+1]$$

$$F=A\,\frac{(1+i)^n-1}{i} \tag{3-15}$$

式中：$\frac{(1+i)^n-1}{i}$ 称为等额支付系列终值系数或年金终值系数，用符号(F/A，i，n)表示。则式(3-15)又可写成

$$F=A(F/A,\ i,\ n) \tag{3-16}$$

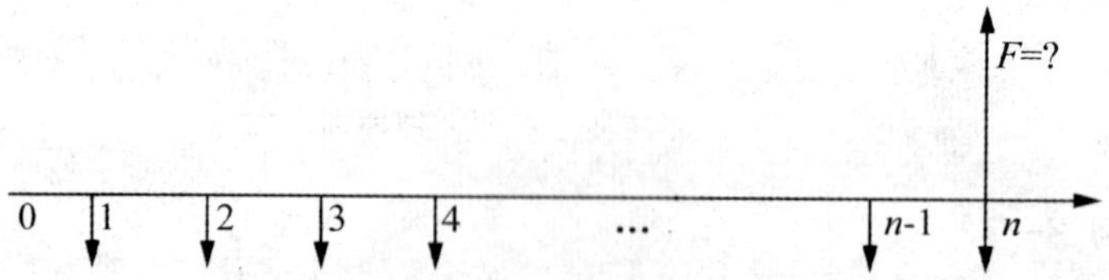

图 3.3　年金终值计算公式的现金流量图

应用实例 3-8

某人购买一份保险，每年年末向保险公司缴纳保费 2 500 元，连续 20 年，年收益率为 5%，问第 20 年年末可以获得多少钱?

【案例点评】

$$A=2\,500\text{ 元},\quad n=20,\quad i=5\%$$

$$F=2\,500\times\frac{(1+0.05)^{20}-1}{0.05}=82\,664.89(\text{元})$$

(2) 偿债基金(或存储基金)计算(已知 F 求 A)。

若已知在第 n 年年末应还清的本利和为 F，年利率为 i，每年应等额偿还的偿还额就叫做偿债基金。反过来，若在第 n 年年末需要从银行取出资金 F，年利率为 i，从现在开始，每年年末应向银行存入多少钱，此时求得的数值就叫做存储基金。其现金流量图如图 3.4 所示。

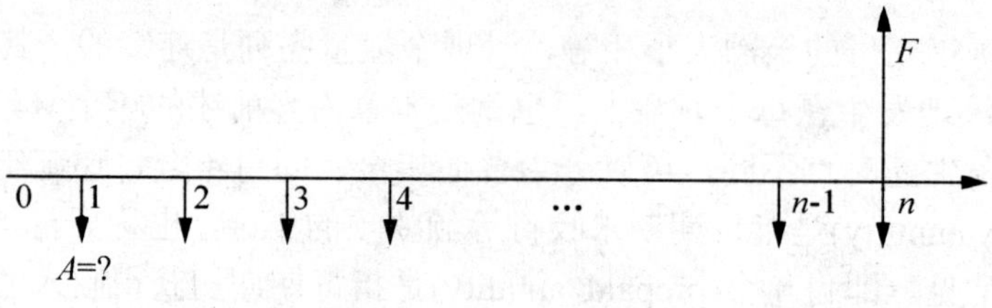

图 3.4　偿债基金计算公式的现金流量图

由式(3-15)得

$$A = F\frac{i}{(1+i)^n - 1} \tag{3-17}$$

式中：$\frac{i}{(1+i)^n - 1}$称为偿债基金系数，表达式为$(A/F, i, n)$。所以，偿债基金公式又可以写成

$$A = F \cdot (A/F, i, n) \tag{3-18}$$

应用实例 3-9

某人想 5 年后获得 200 万元的存款，年利率为 10%，问每年应存多少钱？

【案例点评】

$$F=200\text{ 万元}, \quad i=10\%, \quad n=5$$

$$A=200\times\frac{0.1}{(1+0.1)^5-1}=32.76(\text{万元})$$

(3) 资本回收计算(已知 P 求 A)。

资本回收计算指在第一年年初从银行借入一笔资金 P，年利率为 i，这笔资金在以后的 n 年内等额偿还，问每年应偿还多少？其现金流量图如图 3.5 所示。

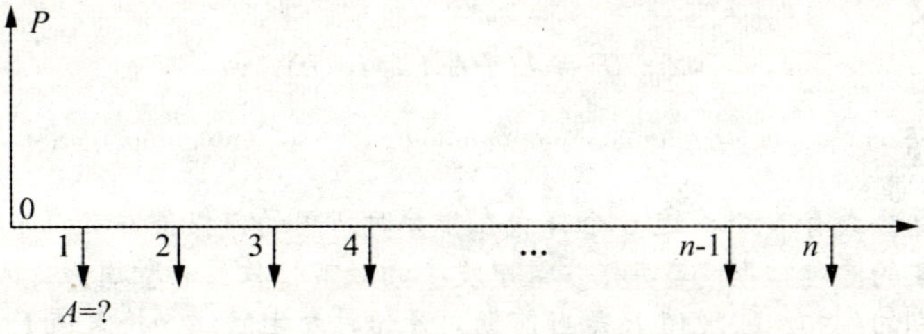

图 3.5　资本回收计算公式的现金流量图

由式(3-17)和式(3-11)得

$$A = F\frac{i}{(1+i)^n - 1} = P\frac{i(1+i)^n}{(1+i)^n - 1} \tag{3-19}$$

式中：$\frac{i(1+i)^n}{(1+i)^n - 1}$称为资本回收系数，又可表达为$(A/P, i, n)$。所以，资本回收公式又可以写成

$$A = P(A/P, i, n) \tag{3-20}$$

应用实例 3-10

某人购买新房，贷款 20 万元，年利率为 10%，贷款期限 10 年，则每年应还多少钱？

【案例点评】

$$P=200\,000, \quad i=10\%, \quad n=10$$

由式(3-19)得

$$A=P\frac{i(1+i)^n}{(1+i)^n-1}=200\,000\times\frac{10\%(1+10\%)^{10}}{(1+10\%)^{10}-1}=200\,000\times0.627\,5=32\,550(\text{元})$$

(4) 年金现值计算(已知 A 求 P)。

若已知每年年末都有一笔固定金额的收入(从第一年的年末开始)，年利率为 i，若将 n 个计息期末的年金均折算到 0 点，问相当于现值多少？其现金流量图如图 3.6 所示。

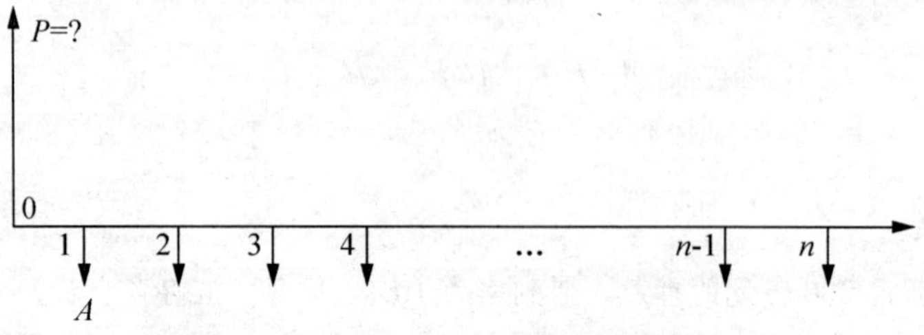

图 3.6　年金现值计算公式的现金流量图

由式(3-19)得

$$P=A\frac{(1+i)^n-1}{i(1+i)^n} \tag{3-21}$$

式中：$\frac{(1+i)^n-1}{i(1+i)^n}$ 称为年金现值系数，它的标准表达式为$(P/A，i，n)$。所以年金现值的计算公式又可以写成

$$P=A(P/A，i，n) \tag{3-22}$$

特别提示

常用的复利计算公式有 6 个，这 6 个公式在推导时所用的前提条件有以下几个：①实施方案的投资假定发生在方案的寿命初期；②实施方案中发生的经常性收益和费用假定发生在计息期的期末；③本期的期末为下期的期初；④现值 P 是当前期间开始时发生的；⑤将来值 F 是当前以后的第 n 期末发生的；⑥年值 A 是在考察期间间隔发生的；⑦当问题包括 P 和 A 时，系列的第一个 A 是在 P 发生一个周期后发生的；⑧当问题包括 F 和 A 时，系列的最后一个 A 是与 F 同时发生的。

应用实例 3-11

某项目年收益率 10%，寿命周期 5 年，每年末可获得 5 000 元的收益，问现在需要投入多少钱？现金流量图如图 3.7 所示。

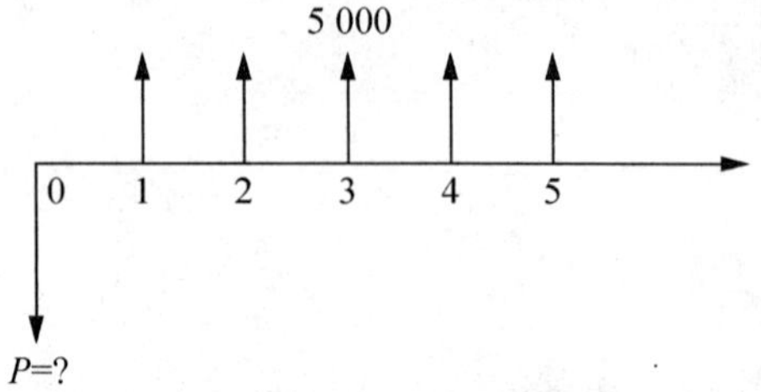

图 3.7　案例 3-11 现金流量图

【案例点评】

$$A=5\,000，\ i=10\%，\ n=5$$

$$P=5\,000\times\frac{(1+0.1)^5-1}{0.1\times(1+0.1)^5}=18\,953.93(元)$$

2) 即付年金系列

(1) 即付年金现值计算(已知 A 求 P)。

即付年金现值计算指每年年初都有一笔等额的现金流入 A，年利率为 i，若将 n 个计息期初的年金均折算到 0 点，问相当于现值多少？其现金流量图如图 3.8 所示。

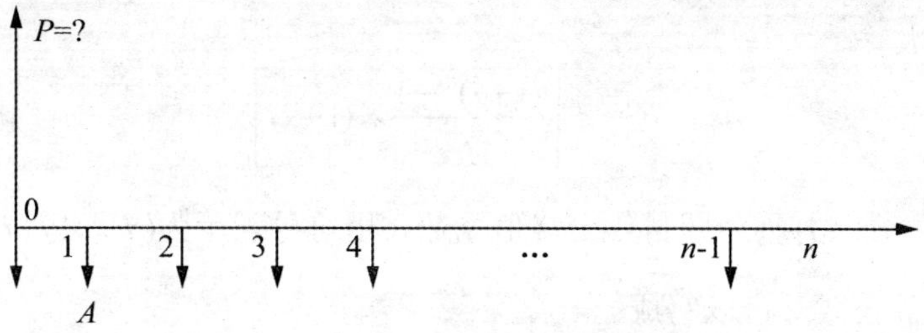

图 3.8 即付年金现值计算公式的现金流量图

由式(3-19)得

$$P=A\left[\frac{(1+i)^{n-1}-1}{i(1+i)^{n-1}}+1\right] \tag{3-23}$$

式中：$\frac{(1+i)^{n-1}-1}{i(1+i)^{n-1}}$ 称为即付年金现值系数，它的标准表达式为$(P/A，i，n-1)$。所以即付年金现值的计算公式又可以写成

$$P=A[(P/A，i，n-1)+1] \tag{3-24}$$

应用实例 3-12

以应用实例 3-11 的数据为例，每年年初可收益 5 000 元，问现在需要投入多少钱？其现金流量图如图 3.9 所示。

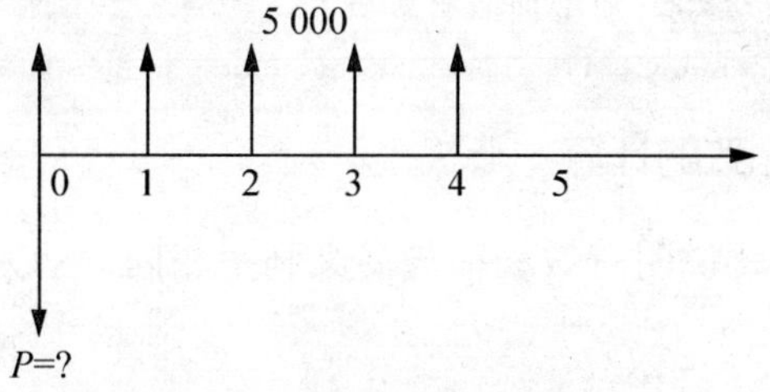

图 3.9 案例 3-12 现金流量图

【案例点评】

$$A=5\,000，\ i=10\%，\ n=5$$

$$P=5\,000\times\left[\frac{(1+0.1)^4-1}{0.1\times(1+0.1)^4}+1\right]=20\,849.33(元)$$

(2) 即付年金终值计算(已知 A 求 F)。

即付年金终值计算指从第一个计息周期的期初开始，以后各个计息周期末都向银行存入一笔钱 A ，年利率以 i 表示，求 n 年后的资金价值是多少？其现金流量图如图 3.10 所示。

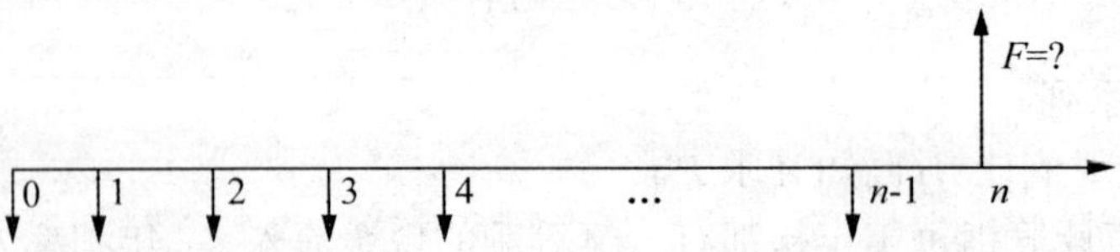

图 3.10　即付年金终值计算公式的现金流量图

由式(3-15)得

$$F = A\left[\frac{(1+i)^n - 1}{i} \times (1+i)\right] \tag{3-25}$$

式中： $\frac{(1+i)^n - 1}{i} \times (1+i)$ 称为即付年金终值系数，用符号表示为(F/A ， i ， n+1)。所以即付年金终值的计算公式又可以写成

$$F = A[(F/A，i，n+1)-1] \tag{3-26}$$

应用实例 3-13

以应用实例 3-8 为例，某人购买一份保险，每年年初向保险公司缴纳保费 2 500 元，连续 20 年，年收益率为 5%，问第 20 年年末可以获得多少钱？

【案例点评】

$$A=2\,500 \text{ 元}，n=20，i=5\%$$

$$F=2\,500 \times \left[\frac{(1+0.05)^{20} - 1}{0.05} \times (1+5\%)\right] = 86\,798.13(\text{元})$$

知识链接

除了以上所介绍的几种形式的现金流量的时间价值的计算公式外，还有一些其他的现金流量的时间价值的计算公式，如等比型、等差型等。为了拓展知识面，有能力的学生可以查阅相关网站及参考《工程经济学概论》、一级建造师培训教材等资料。

3.3.2　计息期与支付期一致的计算

计息期与支付期一致就说明有效利率与名义利率相同，可以用等值公式直接进行计算。

1. 利率的计算

应用实例 3-14

要使目前的 1 000 元与 10 年后的 2 000 元等值，年利率应为多少？

【案例点评】

由 $F = P(F/P,\ i,\ n)$ 得

$$2\,000 = 1\,000 \times (F/P,\ i,\ 10)$$

$$(F/P,\ i,\ 10) = \frac{2\,000}{1\,000} = 2$$

由复利系数表查到：当 n=10 时，2 落在 7%和 8%之间：当 i=7%时，对应系数是 1.967 2；当 i=8%时，对应系数是 2.158 9。用直线内插法可得

$$i = 7\% + \left(\frac{2 - 1.967\,2}{2.158\,9 - 1.967\,2}\right) \times 1\% = 7.17\%$$

特别提示

直线内插法公式：

$$i = i_1 + \frac{(Xi - Xi_1)}{(Xi_2 - Xi_1)}(i_2 - i_1)$$

用直线内插法计算出的值比精确值大，i_2 和 i_1 差值越大，误差就越大。

2. 等值的计算

应用实例 3-15

某人要按揭贷款购置新车，贷款额为 10 万元，贷款年利率为 6%，贷款期限为 5 年，该人每年还款额是多少？

【案例点评】

$$A = P(A/P,\ i,\ n) = 10 \times (A/P,\ 10\%,\ 5) = 10 \times 0.237\,4 = 2.374(\text{万元})$$

该人每年还款额为 2.374 万元。

应用实例 3-16

某人从第 1 年到第 4 年每年年末到银行存款 1 万元，年利率为 10%，那么 10 年年末某人账户上有多少钱？其现金流量图如图 3.11 所示。

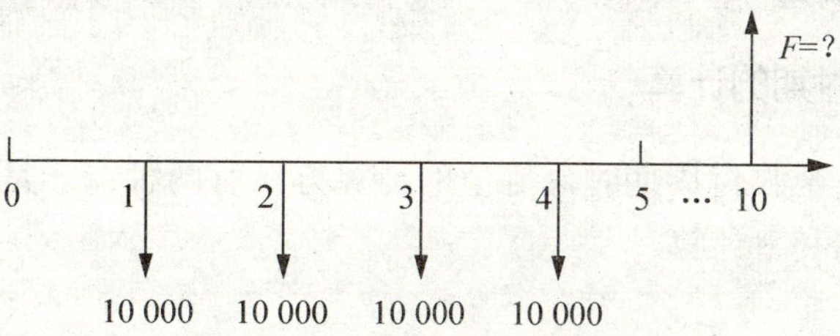

图 3.11 案例 3-16 现金流量图

【案例点评】

由 $F = A\ (F/A,\ i,\ n)$ 得

$$F_4 = A\ (F/A,\ i,\ n) = 10\,000 \times (F/A,\ 10\%,\ 4) = 46\,410(\text{元})$$

由 $F=P(F/P, i, n)$ 得

$$F_{10}=P(F/P, i, n)=46\,410\times(F/P, 10\%, 6)=82\,238.52(\text{元})$$

到10年年末某人账户上有82 238.52元。

应用实例3-17

某建筑公司打算贷款买一部10万元的建筑机械，利率为10%。预测此机械使用年限10年，每年平均可获净利润2万元。问所得净利润是否足以偿还银行贷款？

【案例点评】

已知 A=2万元，i=10%，n=10，求 P 是否大于或等于10万元。

$$\begin{aligned}P&=A(P/A, i, n)\\&=2\times(P/A, 10\%, 10)\\&=2\times6.144\,5\\&=12.289(\text{万元})>10(\text{万元})\end{aligned}$$

所以净利润足以偿还贷款。

应用实例3-18

一学生上大学，年利率为5%，每年年末贷款6 000元，4年毕业，毕业1年后开始还款，6年内还清，问每年应该还多少钱？现金流量图如图3.12所示。

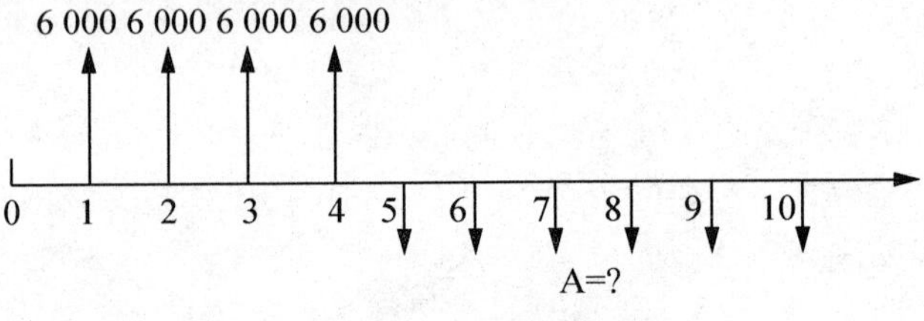

图3.12　案例3-18现金流量图

【案例点评】 该案例先将前4年的贷款换算为第4年年末的本利和，然后将本利和换算为连续6年每年支付的年金。

$$A=6000\times(F/A, 5\%, 4)\times(A/P, 5\%, 6)=5\,094.42(\text{元})$$

该学生每年需还5 094.42元。

3.3.3　计息期短于支付期的计算

当计息周期小于资金收付周期时，等值的计算方法有两种：一是按收付周期实际利率计算；二是按计息周期利率计算。

应用实例3-19

某企业5年内每年年末投资1 000万元用于某项目，贷款利率8%，若每年计息4次，问此项投资在第5年年末的本利和是多少？其现值又是多少？现金流量图如图3.13所示。

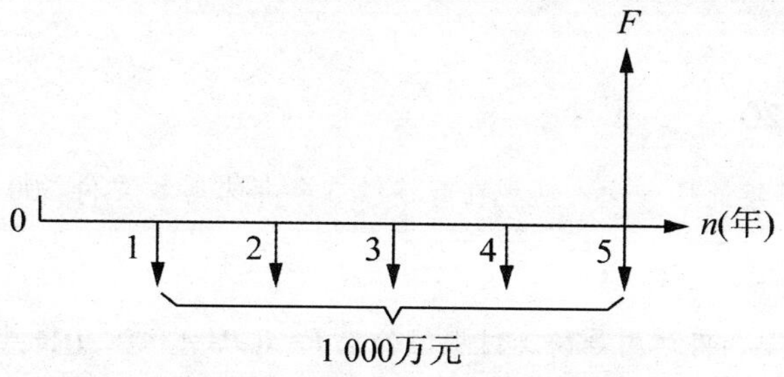

图 3.13　案例 3-19 现金流量图

【案例点评】

1. 支付期向计息期靠拢

由公式 $A=F(A/F, i, n)$将每年年末的 1 000 万元折算到当年的各季末，如图 3.14 所示。

$$A=1\,000\times(A/F, 2\%, 4)=1\,000\times0.242\,6=242.60(\text{万元})$$

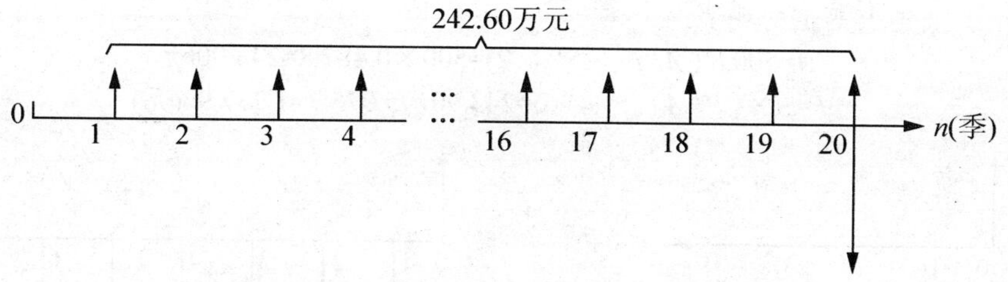

图 3.14　各年折算后的现金流量图

然后运用公式 $F=A(F/A, i, n)$将其折算到第 20 季末(即第 5 年年末)，即得此项投资在第 5 年年末的本利和。

$$F=A\times(F/A, 2\%, 20)=242.60\times24.297\,4=5\,894.55(\text{万元})$$

再运用等额支付现值公式 $P=A(P/A, i, n)$将其折算到第 1 年年初，即得此项投资现值。

$$P=A\times(P/A, 2\%, 20)=242.60\times16.351\,4=3\,966.85(\text{万元})$$

2. 计息期向支付期靠拢

先求出年实际利率，再运用等额支付终值公式 $F=A(F/A, i, n)$将其折算到第 5 年年末，即得此项投资在第 5 年年末的本利和。

$$i_{\text{eff}}=\left(1+\frac{8\%}{4}\right)^4-1=8.24\%$$

$$F=1000\times\frac{(1+8.24\%)^5-1}{8.24\%}=5\,894.74(\text{万元})$$

再运用一次支付现值公式 $P=F(P/F, i, n)$将第 5 年年末的本利和折算到第 1 年年初，即得此项投资现值。

$$P=5\,894.74\div(1+8.24\%)^5=3\,967.58(\text{万元})$$

特 别 提 示

有时上述两法计算结果有很小差异，这是由于计算过程尾数误差造成的，此差异是允许的。

应用实例 3-20

年利率为 10%，每半年计息一次，从现在起连续 3 年年末等额支付 500 元，求与其等值的现值是多少？

【案例点评】

(1) 先求出年实际利率，再运用等额支付现值公式 $P=A(P/A, i, n)$将其折算到第 1 年年初，即得与其等值的现值。现金流量图如图 3.15 所示。

$$i_{\text{eff}}=\left(1+\frac{10\%}{2}\right)^2-1=10.25\%$$

$$P=500\times\frac{(1+10.25\%)^3-1}{10.25\%\times(1+10.25\%)^3}=1\ 237.97(\text{元})$$

(2) 先运用等额支付偿债基金公式 $A=F(A/F, i, n)$将每年年末的 500 元折算到当年的各半年末，如图 3.16 所示。然后运用等额支付现值公式 $P=A(P/A, i, n)$将其折算到第 1 个半年年初(即第 1 年年初)，即得与其等值的现值。

$$A=500\times(A/F, 5\%, 2)=500\times0.487\ 8=243.90(\text{元})$$
$$P=A\times(P/A, 5\%, 6)=243.90\times5.075\ 7=1\ 237.96(\text{元})$$

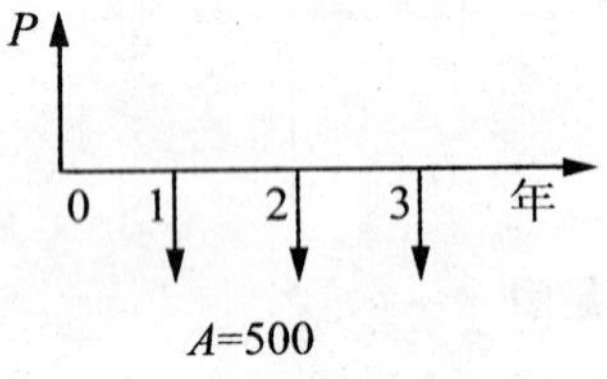

图 3.15　案例 3-20 现金流量图

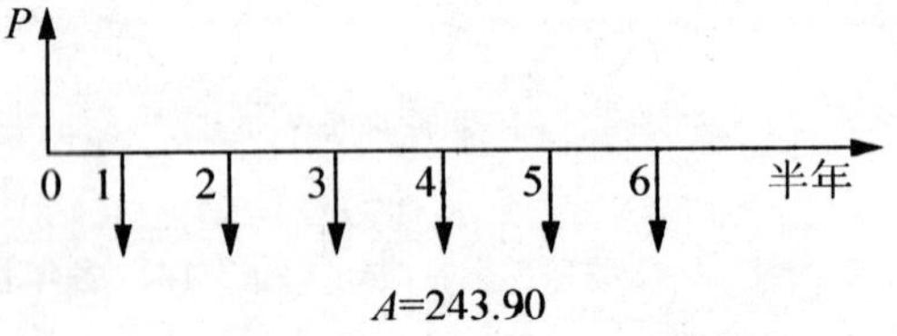

图 3.16　以半年为计息期的现金流量图

特别提示

但应注意，对等额系列流量，只有计息周期与收付周期一致时才能按计息期利率计算。否则，只能用收付周期实际利率来计算。

3.3.4　计息期长于支付期的计算

当计息期长于支付期时，在计息期所收或付的款项不计算利息，通常是存款必须存满整个计息期才计算利息，即某计息期间存入的款项，相当于在下一个计息期初存入的，在计息期内提取的款项，相当于在前一个计息期末提取的。

应用实例 3-21

某公司投资一个项目，项目寿命期内的现金流量图如图 3.17 所示，年利率为 10%，半年计息一次，求该项目的终值。

【案例点评】

按照计息期所收或付的款项不计算利息的规定，将现金流量如图 3.17(a)所示整理为如图 3.17(b)所示之后进行计算。

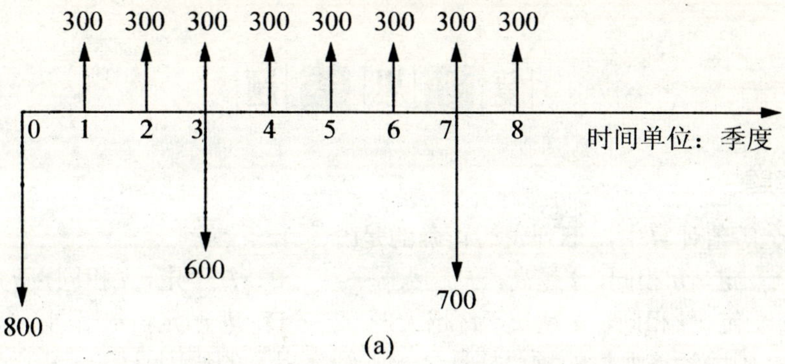

(a)

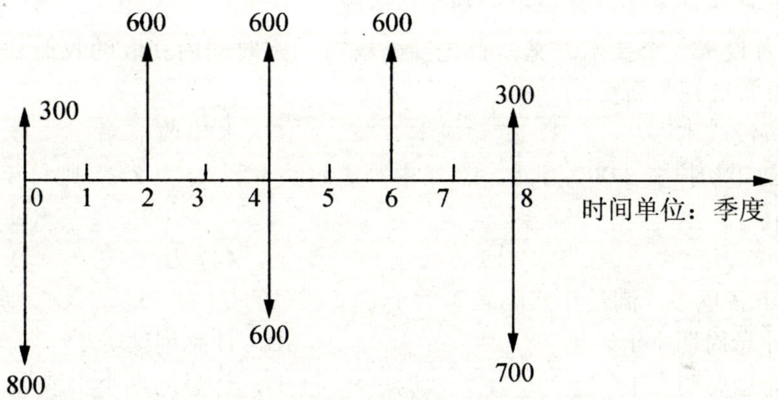

(b)

图 3.17　案例 3-21 现金流量图

$F=(300-800)\times(F/P，5\%，4)+600\times(F/P，5\%，3)+600\times(F/P，5\%，1)-400=316.8(元)$

该项目终值为 316.8 元。

本章小结

本章对资金的时间价值进行了详细的阐述，资金的时间价值对工程经济分析是至关重要的。

利息的计算方式有单利和复利两种，复利计算有间断复利和连续复利之分，一般应用间断复利。

在实际应用中，计息周期可以是一年、半年、一个季度、一个月、一旬或一周，当计息周期小于一年时，就出现了名义利率和有效利率的概念。

资金的等值计算是项目进行财务评价和可行性研究的基础，6 个计算公式作为等值计算的基础必须熟练掌握，正确应用。

复习思考题

一、单项选择题

1．在资金等值计算中，下列表达正确的是(　　)。

A．P一定，n相同，i越高，F越大　　B．P一定，i相同，n越长，F越大

C．F一定，i相同，n越长，P越大　　D．F一定，n相同，i越高，P越大

2．利率是国民经济调控的重要杠杆之一，利率提高的原因是(　　)。

A．其他条件一定，通货膨胀率下降

B．其他条件一定，社会平均利润率提高

C．其他条件不变，资本市场供过于求

D．其他条件不变，社会平均利润率下降

3．投资者投资一个技术方案，首先要考虑在一定时间内获取的收益是否高于银行利息，所以利息常被视为资金的(　　)。

A．沉没成本　　B．机会成本　　C．基准收益率　　D．内部收益率

4．某企业年初投资 3 000 万元，10 年内等额收回本利，i为 8%，则每年年末应收回的资金是(　　)。

A．300 万元　　B．413 万元　　C．447 万元　　D．482 万元

5．在以下各项中，满足年实际利率大于名义利率的是(　　)。

A．计息周期小于一年　　B．计息周期等于一年

C．计息周期大于一年　　D．计息周期小于或等于一年

6．某单位预计从现在起连续 3 年年末有 4 万元的专项支出，为此准备存入银行一笔专项资金，如果年利率为 12%，复利半年计息一次，现在应存入银行(　　)。

A．9.548 万元　　B．9.652 万元　　C．10.692 万元　　D．19.668 万元

7．某人在银行存款，年利率为 6%，复利计算，若 10 年内每年年初存款 2 000 元，第 10 年年末的本利和为(　　)。

A．20 000 元　　B．21 200 元　　C．26 362 元　　D．27 943 元

8．某企业借款 80 000 元，借款期为 4 年，年利率为 10%，按复利计算，有 A、B、C、D 4 种还款方式，各还款方式中支付总金额最多的是(　　)。

A．每年年末偿还 2 万元本金和所欠利息

B．每年年末只偿还所欠利息，第 4 年年末一次还清本金

C．在 4 年中每年年末等额偿还

D．在第 4 年年末一次还本付息

二、多项选择题

1．影响资金等值的因素有(　　)。

A．利息　　B．利率或折现率

C．资金发生的时点　　D．资金量的大小

E．资金等值换算的方法

2．某企业向银行借款100万元，借期5年，利率10%，半年复利一次，5年年末一次还本付息的计算公式为(　　)。

A．100(*F*/ *P*，10%，5)　　B．100(*F*/ *P*，5%，5)

C．100(*F*/ *P*，5%，10)　　D．100(*F*/ *P*，10.25%，5)

E．100(*A*/ *P*，5%，10)(*F*/ *P*，10.25%，5)

3．影响利率高低的因素有(　　)。

A．社会平均利润率　　B．借贷资本的供求关系

C．借贷期限的长短　　D．社会最高利润率

E．借贷风险的大小

4．下面关于时间价值的论述，正确的有(　　)。

A．一般而言，时间价值按复利方式计算

B．一般而言，时间价值按单利方式计算

C．同等单位的货币其现值高于终值

D．货币没有时间价值，只有资金才有时间价值

E．资金时间价值是由于时间产生的

三、简答题

1．资金时间价值的概念是什么？影响因素都有哪些？

2．什么是名义利率？什么是实际利率？

四、计算题

1．某人分期付款买车，每年年初付款2万元，5年付清，年利率为10%，相当于一次性支付多少钱？

2．某企业向银行贷款，若年利率为 4%，每年计息一次，与年利率为 2%，每半年计息一次相比，哪种情况对该企业有利？

3．某企业拟实施一项技术方案，预计2年后该技术方案投入运营并获利，技术方案运营期为10年，各年净收益为500万元，每年净收益的80%可用于偿还贷款。银行贷款年利率为6%，复利计息，借款期限为6年。如运营期各年年初还款，该企业期初最大贷款额度为多少钱？

4．计算下列题目的现值及终值。

(1) 某人期望5年内每年年末从银行提款10 000元，年利率为10%，按复利计息。

(2) 某人期望5年内每年年初从银行提款10 000元，年利率为10%，按复利计息。

第 4 章

投资方案的比较和选择

学习目标

知识目标	技能目标
(1) 了解静态、动态经济效果评价指标的含义、特点 (2) 掌握静态、动态经济效果评价指标计算方法和评价准则 (3) 掌握比选独立方案适用的评价指标和方法 (4) 掌握比选互斥方案适用的评价指标和方法	(1) 能够运用静态、动态经济评价指标对方案的可行性进行分析 (2) 能够准确分辨方案之间的关系 (3) 能够熟练运用适合的评价指标对独立方案进行评价 (4) 能够熟练运用适合的评价指标对不同类型的互斥方案进行分析、比较和评价

知识结构

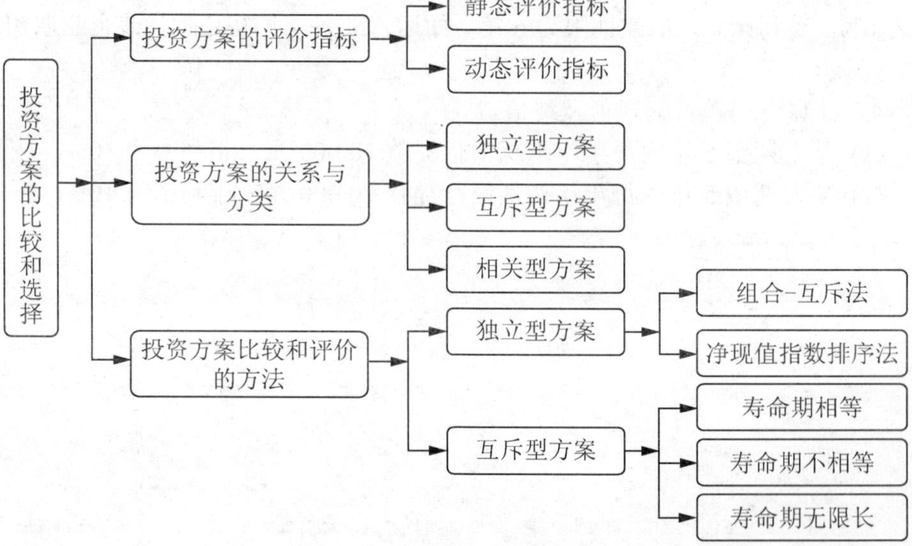

导入案例

在某校园拟建一个体育场，考虑了两个方案。有位工程师对这两个方案作了如下的费用估算。①混凝土看台方案：其初期投资为 350 000 元，使用年限为 90 年，年维修费为 2 500 元；②在土堤上修建木质看台方案：整个工程的初期投资为 200 000 元，每隔 3 年需油漆一次，其费用为 10 000 元，每隔 15 年需更新座位，其费用为 40 000 元，每隔 30 年需更新看台，其费用为 100 000 元。在初期投资中另有 50 000 元用于修建土堤。土堤将使用 90 年。试按使用年限为 90 年，资金折现率为 8%，比较这两个方案经济效果的优劣。

4.1 投资方案的评价指标

在工程经济研究中，经济评价是在拟定工程项目方案、投资估算和融资方案的基础上，对工程项目方案计算期内各种有关技术经济因素和方案投入与产出的有关财务、经济资料数据进行调查、分析、预测，对工程项目方案的经济效果进行计算、评价。

经济评价是工程经济分析的核心内容。其目的在于确保决策的正确性和科学性，避免或最大限度地减小工程项目投资的风险，明了建设方案投资的经济效果水平，最大限度地提高工程项目投资的综合经济效益。为此，正确选择经济评价指标和方法是十分重要的。

如果按照投资项目对资金的回收速度、获利能力和资金的使用效率进行分类，投资项目的经济评价指标可分为时间型指标、价值型指标(即以货币量来表示的)和效率型指标；按是否考虑资金的时间价值，经济效果评价指标分为静态评价指标和动态评价指标。静态、动态的评价指标分别适用于各种不同的方案评价问题。详见表 4-1。

表 4-1 投资方案的评价指标

指标类型	具体指标	静/动态指标
时间型指标	投资回收期 差额投资回收期 固定资产投资借款偿还期	静态、动态 静态、动态 动态
价值型指标	净现值，净年度等值，净将来值	动态
效率型指标	投资利润率，投资利税率 内部收益率，外部收益率 换汇成本，节汇成本(涉外项目) 净现值率 效率-费用比 差额投资收益率	静态 动态 动态 动态 动态 静态

4.1.1 静态评价指标

不考虑资金时间价值的评价指标称为静态评价指标。静态评价指标主要用于技术经济数据不完备和不精确的项目初选阶段，或对寿命期比较短的项目以及对于逐年收益大致相等的项目进行评价；静态指标的特点是计算简便、直观，因而广泛用来对投资效果进行粗略化估计，它的主要缺点是没有考虑资金的时间价值和不能反映项目整个寿命期间的全面情况，因此在对投资项目进行经济评价时，应以动态分析为主，必要时另加某些静态评价指标进行辅助分析。

1. 静态投资回收期

投资回收期有静态和动态之分，不考虑资金的时间价值，就是静态投资回收期。投资回收期就是从项目投建之日起，用项目各年的净收益将全部投资收回所需的期限。年净收益包括利润和折旧。全部投资包括固定资产投资和流动资金投资，回收期一般从建设开始年算起，也可以从投产年算起，但应予以注明。投资回收期一般是越短越好。其表达式为

$$\sum_{t=0}^{P_t}(\mathrm{CI}-\mathrm{CO})_t=0$$

式中：CI——现金流入量；

CO——现金流出量；

$(\mathrm{CI}-\mathrm{CO})_t$——第 t 年的净现金流量；

P_t——静态投资回收期(年)。

静态投资回收期也可根据全部投资的财务现金流量表中累计净现金流量计算求得，分以下两种情况。

(1) 若项目建成投产后各年的净现金流量均相同，则

$$P_t=\frac{K}{A} \tag{4-1}$$

式中：K——全部投资额；

A——每年的净收益。

应用实例 4-1

某投资方案一次性投资 500 万元，估计投产后各年的平均净收益为 80 万元，求该方案的静态投资回收期。

【案例点评】

$$P_t=\frac{K}{A}=\frac{500}{80}=6.25(\text{年})$$

(2) 若项目建成投产后各年的现金流量均不同，则计算公式为

$$P_t=\left[\begin{matrix}\text{累计净现金流量}\\\text{开始出现正值年份数}\end{matrix}\right]-1+\frac{\text{上年累计净现金流量绝对值}}{\text{当年净现金流量}} \tag{4-2}$$

应用实例 4-2

某投资方案的净现金流量如图 4.1 所示，试计算其静态投资回收期。

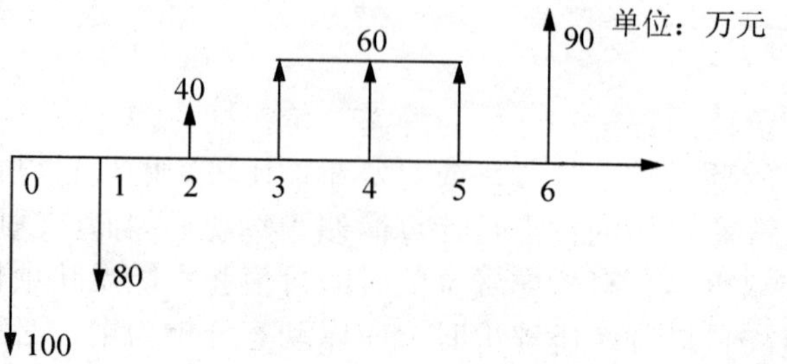

图 4.1　净现金流量图

【案例点评】

列出该投资方案的累计现金流量情况表见表 4-2。

表 4-2 累计现金流量情况表 单位：万元

年序	0	1	2	3	4	5	6
净现金流量	−100	−80	40	60	60	60	90
累计净现金流量	−100	−180	−140	−80	−20	40	130

根据公式有

$$P_t = 5 - 1 + \frac{|-20|}{60} = 4.33\,(\text{年})$$

用静态投资回收期评价投资项目时，需要与根据同类项目的历史数据和投资者意愿确定的基准投资回收期相比较。设基准投资回收期为 P_c，判别准则为

若 $P_t \leqslant P_c$，则项目可以考虑接受；

若 $P_t > P_c$，则项目应予以拒绝。

应用实例 4-3

某项目各年的现金流量预计见表 4-3，试根据投资回收期法判断该项目是否可行？(P_c=6 年)

表 4-3 现金流量表 单位：万元

项目 \ 年份	0	1—3	4—8	9
投资	1 800			
营业收入		300	380	400
经营成本		100	120	130

【案例点评】

投资回收期计算见表 4-4。

表 4-4 投资回收期 单位：万元

年 份	净现金流量	累计净现金流量
0	−1 800	−1 800
1	200	−1 600
2	200	−1 400
3	200	−1 200
4	260	−940
5	260	−680
6	260	−420
7	260	−160
8	260	100
9	270	370

由表 4-4 可知

$$P_t = 8 - 1 + \frac{|-160|}{260} = 7.615(年) > 6(年)$$，所以该项目不可行。

特 别 提 示

项目决策面临着未来的不确定性因素的挑战，这种不确定性所带来的风险随着时间的延长而增加，因此离现时愈远，人们所能把握的信息就愈少，为了减少这种风险，就必然希望投资回收期越短越好。

静态投资回收期指标的优点，第一是概念清晰，简单易用；第二，它可反映项目的风险大小。其缺点也很明显，它舍弃了回收期以后的收入与支出数据，故不能全面反映项目在寿命期内的真实效益，难以对不同方案的比较选择做出正确判断。静态投资回收期不是全面衡量建设项目的理想指标，它只能用于粗略评价或者作为辅助指标。

2. 投资收益率

投资收益率又叫投资效果系数，它是指在项目达到设计能力后，其每年的净收益与项目全部投资的比率，是考察项目单位投资赢利能力的指数。

其一般表达式为

$$R = \frac{\mathrm{NB}}{K} \tag{4-3}$$

式中：K——投资总额，全部投资额或投资者的权益投资额；

NB——正常年份的净收益(或平均年收益)，根据不同的分析目的，NB 可以是纯利润，可以是利润税金总额，也可以是年净现金流入等；

R——投资收益率，根据 R 和 NB 的具体含义，它可以表现为各种不同的具体形态。

静态投资效果系数常见的具体形态有以下几种：

$$全部投资收益率=\frac{年利润+折旧与摊销+利息支出}{全部投资额}$$

$$权益投收收益率=\frac{年利润+折旧与摊销}{权益投资额}$$

$$投资利税率=\frac{年利润+税金}{全部投资额}$$

$$投资利润率=\frac{年利润}{权益投资额}$$

用投资收益率评价投资方案的经济效果，需要与基准投资收益率作比较。设基准投资收益率为 R_0，判别准则为

若 $R \geqslant R_0$，则项目可以考虑接受；

若 $R < R_0$，则项目应予以拒绝。

应用实例 4-4

某项目总投资为 750 万元，正常年份的销售收入为 500 万元，年销售税金与附加为 10 万元，年总成本费用为 340 万元，试求投资利润率。若行业基准投资利润率 R_0=15%，判断项目财务可行性。

【案例点评】

该项目年利润总额为

$$500-10-340=150\,(\text{万元})$$

投资利润率为

$$R=150/750=20\%$$
$$R > R_0=15\%$$

故项目可以考虑接受。

投资收益率(投资利润率)指标的优点：计算简便，能够直观地衡量项目的经营成果；可适用于各种投资规模。投资收益率指标的不足在于没有考虑投资收益的时间因素，忽视了资金具有时间价值的重要性；该指标的计算主观随意性太大，计算中对于应该如何计算投资资金占用，如何确定利润，都带来一定的不确定性和人为因素，因此以投资收益率指标作为主要的决策依据不太可靠。

4.1.2 动态评价指标

动态评价指标是一种考虑了资金时间价值的技术经济评价指标。它是将项目研究期内不同时期的现金流量换算成同一时点的价值进行分析比较的依据。这对投资者和决策者合理利用资金、不断提高经济效益具有很重要的意义。动态分析指标一般可分为净现值、净年值、净现值率、内部收益率和动态投资回收期等。

1. 净现值

净现值是指按一定的折现率(基准折现率 i_c)，将各年的净现金流量折现到同一时点(计算基准年，通常是期初)的现值累加值。其表达式为

$$\mathrm{NPV}=\sum_{t=0}^{n}(\mathrm{CI}-\mathrm{CO})_t(1+i_c)^{-t} \tag{4-4}$$

式中：i——基准收益率；

NPV——净现值；

n——计算期。

如果净现值大于零，即 NPV≥0，说明该投资方案的经济效果高于基准收益率水平，该方案在经济上是可行的。净现值越大，投资方案就越优。反之，净现值小于零即 NPV＜0，说明该投资方案的收益率达不到基准投资收益率水平。因此，该投资方案的经济性不好，故为不可行方案。

特别提示

如果净现值小于零，并不代表方案是亏损的，而是表示方案没有达到规定的基准收益率水平。方案的净现值等于零，表示方案正好达到了规定的基准收益率水平；如果方案净现值大于零，则表明方案除能达到规定的基准收益率之外，还能得到超额收益。

应用实例 4-5

某项目的各年现金流量见表 4-5，试用净现值指标判断项目的经济性。(i_c=15%，单位：万元)

表 4-5　某项目各年现金流量表

年份	0	1	2	3	4—19	20
投资支出	40	10				
经营成本			17	17	17	17
收入			25	25	30	50
净现金流量	−40	−10	8	8	13	33

【案例点评】

利用公式，将表中各年净现金流量代入，得

NPV=−40−10×(P/F，15%，1)+8×(P/F，15%，2)+8×(P/F，15%，3)+13×(P/A，15%，16)(P/F，15%，3)+33×(P/F，15%，20)

=−40−10×0.869 6+8×0.756 1+8×0.657 5+13×5.954 2×0.657 5+33×0.061 1

=15.52(万元)

由于 NPV＞0，故此项目在经济效果上是可以接受的。

净现值指标的优点是考虑了资金的时间价值，并全面考虑了项目在整个计算期内的经济状况；经济意义明确，能够直接以货币额表示项目的赢利水平；评价标准容易确定，判断直观；净现值指标的不足之处是必须首先确定一个符合经济现实的基准收益率，而基准收益率的确定往往比较复杂；在互斥方案评价时，净现值必须慎重考虑互斥方案的寿命，如果互斥方案寿命不等，必须构造一个相同的研究期，才能进行各个方案之间的比选；净现值不能反映项目投资中单位投资的使用效率，不能直接说明在项目运营期间各年的经营成果。

看图学知识

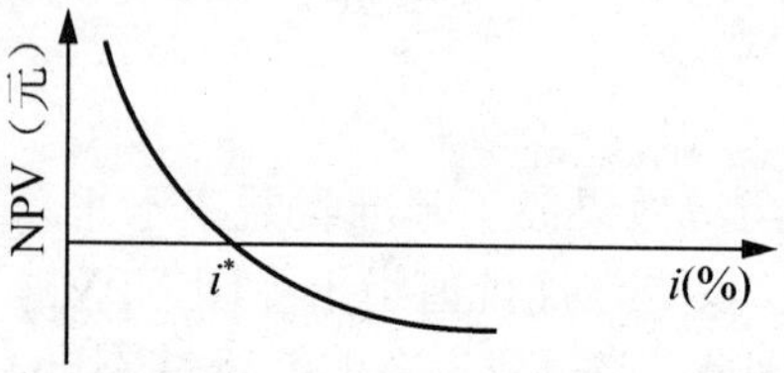

净现值与折现率的关系

如果已知某投资方案各年的净现金流量，则该方案的净现值就完全取决于所选用的折现率，折现率越大，净现值就越小；折现率越小，净现值就越大。随着折现率的逐渐增大，净现值将由大变小，由正变负。

2. 净现值率

净现值率是按基准折现率求得的方案计算期内的净现值与其全部投资现值的比率，它反映了单位投资现值所获得的净现值。净现值不能直接反映资金的利用效率。为了考察资金的利用效率，可采用净现值率作为净现值的补充指标。其表达式为

$$\text{NPVR}=\frac{\text{NPV}}{K_{\text{P}}}=\frac{\text{NPV}}{\sum_{t=0}^{n}K_t(1+i_{\text{c}})^{-t}} \tag{4-5}$$

式中：NPVR——净现值率；

K_{p}——项目总投资现值。

净现值率的判别标准：单一项目方案，若 NPVR≥0，投资方案应予以接受；若 NPVR＜0，投资方案应予以拒绝。对于多方案比选，若净现值率大于或等于零，且最大者为优。

特别提示

净现值率表示单位投资现值所取得的净现值额，也就是单位投资现值所取得的超额净效益。净现值率的最大化，将有利于实现有限投资取得净贡献的最大化。

应用实例 4-6

某企业拟购买一台设备，其购置费用为 35 000 元，使用寿命为 4 年，第 4 年年末的残值为 3 000 元；在使用期内，每年的收入为 19 000 元，经营成本为 6 500 元，若给出标准折现率为 10%，试计算该设备购置方案的净现值率。

【案例点评】

购买设备这项投资的现金流量情况如图 4.2 所示。

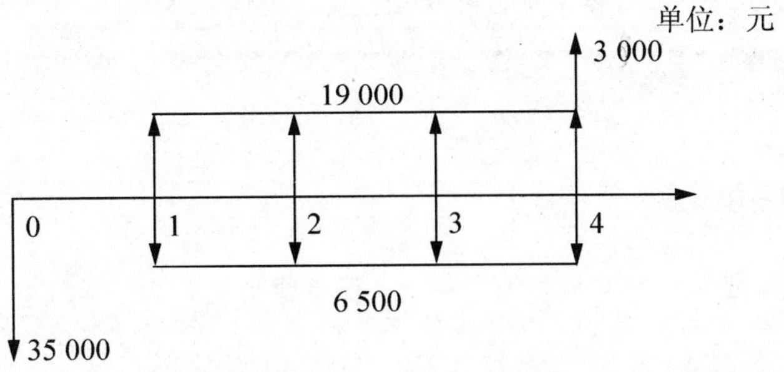

图 4.2 现金流量图

根据公式可计算出其净现值为

NPV=−35 000+(19 000−6 500)×(P/A ，10%，4)+3 000×(P/F ，10%，4)=6 672.75(元)

根据公式可求出其净现值率为

$$\mathrm{NPVR}=\frac{\mathrm{NPV}}{K_{\mathrm{P}}}=\frac{6\,672.75}{35\,000}=0.190\,7$$

3. 净年值

净年值是将方案各个不同时点的净现金流量按基准收益率折算成与其等值的整个寿命期内的等额支付序列年值。它与净现值(NPV)相同之处是：两者都要在给出的基准收益率的基础上进行计算；不同之处是：净现值把投资过程的现金流量折算为基准期的现值，而净年值则是把该现金流量折算为等额年值。净年值的计算表达式为

$$\mathrm{NAV}=\mathrm{NPV}\cdot(A/P,\ i_{\mathrm{c}},\ n)=\left[\sum_{t=0}^{n}(\mathrm{CI}-\mathrm{CO})_t(P/F,\ i_0,\ t)\right](A/P,\ i_0,\ t) \qquad (4\text{-}6)$$

式中：NAV——净年值。

净年值的判别标准：在独立方案或单一方案评价时，NAV≥0，方案可行；NAV＜0，方案应予以拒绝。在多方案比较时，净年值大的方案为优。

应用实例 4-7

根据例 4-6 的数据用净年值指标分析投资的可行性。

【案例点评】

根据公式可求得

$$\begin{aligned}NAV&=-35\,000\times(A/P,\ 10\%,\ 4)+19\,000-6\,500+3\,000\times(A/F,\ 10\%,\ 4)\\&=-35\,000\times0.315\,5+12\,500+3\,000\times0.215\,5\\&=-11\,042.5+12\,500+646.5\\&=2\,104(\text{元})\end{aligned}$$

由于 NAV=2 104＞0，所以该项投资是可行的。

特 别 提 示

净年值表明方案在寿命期内每年获得按基准收益率应得的收益外，所取得的等额超额收益。就项目方案的评价结论而言，净现值与净年值是等效评价指标，但采用净年值比净现值更为简单和易于计算，故净年值指标在经济评价体系中占有相当重要的地位。

应用实例 4-8

根据图 4.3 的现金流量图计算该项目的净年值，基准折现率 i_c=15%。

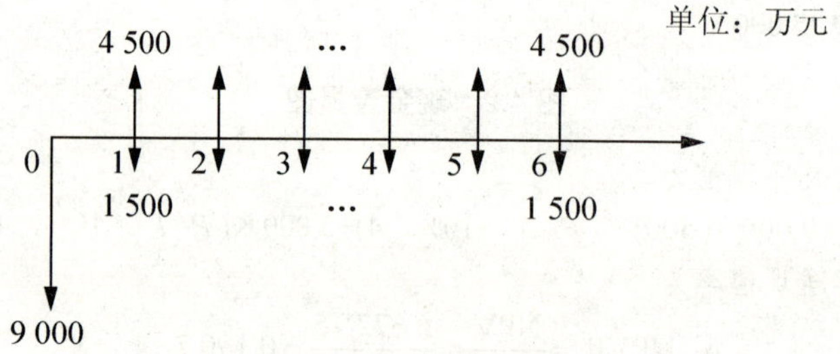

图 4.3 现金流量图

【案例点评】

根据公式得

$$\begin{aligned}NAV&=-9\,000(A/P,\ 15\%,\ 6)+4\,500-1\,500\\&=-9\,000\times0.264+4\,500-1\,500\\&=624(\text{万元})\end{aligned}$$

4. 费用现值、费用年值

在对多个方案比较选优时，如果诸方案产出价值相同，或者诸方案能够满足同样需要但其产出效益难以用价值形态(货币)计量(如环保、教育、保健、国防)时，为简便起见，可省略收入，只计算支出。这就出现了经常使用的两个指标：费用现值和费用年值。

费用现值，就是把不同方案计算期内的年成本按基准收益率换算为基准年的现值，再加上方案的总投资现值。费用年值是将投资方案的投资及费用，按照预定的贴现率折算成等值的年成本。其表达式为

$$PC=\sum_{t=0}^{n}CO_t(1+i_0)^{-t} \tag{4-7}$$

$$AC=\sum_{t=0}^{n}CO_t(1+i_0)^{-t}\times(A/P,\ i_0,\ n)=PC\times(A/P,\ i_0,\ n) \tag{4-8}$$

式中：PC——费用现值或现值成本；

CO_t——年现金流出；

AC——费用现值或现值成本。

费用现值的判别准则：费用现值可用于多方案比选，但各方案必须具备相同的研究周期(寿命不等的方案取寿命最小公倍数为共同的研究期)，费用现值最小的方案为优。

费用年值的判别准则：费用年值可用于多方案比选，费用年值最小的方案是经济性较好的方案。

特别提示

费用现值与费用年值的比较结果是统一的。在费用现值、费用年值的计算过程中，只计算费用，因此费用为正数，所以采用最小化原则进行评价。

应用实例 4-9

某项目有 3 个采暖方案 A、B、C，均能满足同样的取暖需要。其费用数据见表 4-6。在基准折现率 i_0=10%的情况下，试用费用现值和费用年值确定最优方案。

表 4-6　3 个采暖方案的费用数据表　　单位：万元

方案	总投资(0 时点)	年运营费用(1—10 年)	PC	AC
A	200	60	568	92
B	240	50	547	89
C	300	35	515	83

【案例点评】

各方案的费用现值计算如下

$$PC_A=200+60(P/A,\ 10\%,\ 10)=568.64(\text{万元})$$

$$PC_B=240+50(P/A,\ 10\%,\ 10)=547.20(\text{万元})$$

$$PC_C=300+35(P/A,\ 10\%,\ 10)=515.04(\text{万元})$$

通过计算比较，C 方案最优。

各方案的费用年值计算如下

$$AC_A=200(A/P,\ 10\%,\ 10)+60=92(\text{万元})$$

$$AC_B=240(A/P,\ 10\%,\ 10)+50=89(\text{万元})$$

$$AC_C=300(A/P,\ 10\%,\ 10)+35=83(\text{万元})$$

通过计算比较，C 方案最优。

5. 动态投资回收期

动态投资回收期是在考虑资金时间价值条件下，以项目每年的净收益回收项目全部投资所需要的时间。其表达式为

$$\sum_{t=0}^{P_D}(CI-CO)_t(1+i_c)^{-t}=0 \tag{4-9}$$

也可用全部投资的财务现金流量表累计净现金计算求得，其详细计算式为

$$P_D=\begin{pmatrix}\text{累计折现值出}\\ \text{现正值的年数}\end{pmatrix}-1+\frac{\text{上年累计折现值的绝对值}}{\text{当年净现金流量的现值}} \tag{4-10}$$

用动态投资回收期评价投资项目的可行性需要与基准动态投资回收期相比较。设基准动态投资回收期为 P_C，判别准则为

若 $P_D \leqslant P_C$，项目可以被接受，否则应予以拒绝。

应用实例 4-10

某项目有关数据见表 4-7，试计算该项目的动态投资回收期。设 i_c=10%，单位：万元。

表 4-7　某项目有关数据

年序	0	1	2	3	4	5	6
投资	20	500	100				
收入				150	250	250	250

【案例点评】

根据上表计算项目的相关数据见表 4-8。

表 4-8　动态投资回收期计算表　　单位：万元

年序	0	1	2	3	4	5	6
投资	20	500	100				
收入				150	250	250	250
净现金流量	−20	−500	−100	150	250	250	250
净现金流量现值	−20	−454.6	−82.6	112.7	170.8	155.2	141.1
累计净现金流量现值	−20	−474.6	−557.2	−444.5	−273.7	−118.5	22.6

根据表 4-8 的计算，明显，投资回收期应在第 5 年和第 6 年之间。可以采用插值法计算，如下式

$$P_D=\begin{pmatrix}\text{累计折现值出}\\ \text{现正值的年数}\end{pmatrix}-1+\frac{\text{上年累计折现值的绝对值}}{\text{当年净现金流量的现值}}$$

本例，在第 6 年出现正值，所以：$P_D=6-1+\dfrac{|-118.5|}{141.1}=5.84\,(\text{年})$

$P_D < P_C$，项目可以被接受。

特别提示

当动态投资回收期小于等于方案计算期时，即当 $P_D \leqslant P_C$ 时，由动态投资回收期的计算表达式可知，此时 NPV≥0，方案可接受；反之，当 $P_D > P_C$ 时，NPV<0，方案不可接受。

6. 内部收益率

内部收益率也称内含报酬率，它是计算技术项目方案在寿命期内的内部收益的指标，是指项目在计算期内各年净现金流量现值累计(净现值)等于零时的折现率。若以 IRR 表示内部收益率，其表达式为

$$\sum_{t=0}^{n}(\mathrm{CI}-\mathrm{CO})_t(1+\mathrm{IRR})^{-t}=0 \tag{4-11}$$

利用此公式直接求解 IRR 是比较复杂的，因此在实际应用中通常采用“线性插值法”求 IRR 的近似解。线性插值法求解 IRR 的原理如图 4.4 所示，其求解步骤如下。

(1) 计算各年的净现金流量。

(2) 在满足下列两个条件的基础上预先估计两个适当的折现率 i_m，i_n，满足

$$i_m < i_n \text{ 且}(i_n - i_m \leqslant 5\%);$$

$$\mathrm{NPV}(i_m)>0 \text{ 和 } \mathrm{NPV}(i_n)<0。$$

如果预估的 i_m，i_n 不满足这两个条件要重新预估，直至满足条件。

(3) 用线性插值法近似求得内部收益率 IRR。

$$\mathrm{IRR}=i_m+\frac{|\mathrm{NPV}(i_m)|}{|\mathrm{NPV}(i_m)|+|\mathrm{NPV}(i_n)|}\times(i_n-i_m) \tag{4-12}$$

式中：i_m——插值用的低折现率；

i_n——插值用的高折现率；

$\mathrm{NPV}(i_m)$——用 i_m 计算的净现值(正值)；

$\mathrm{NPV}(i_n)$——用 i_n 计算的净现值(负值)。

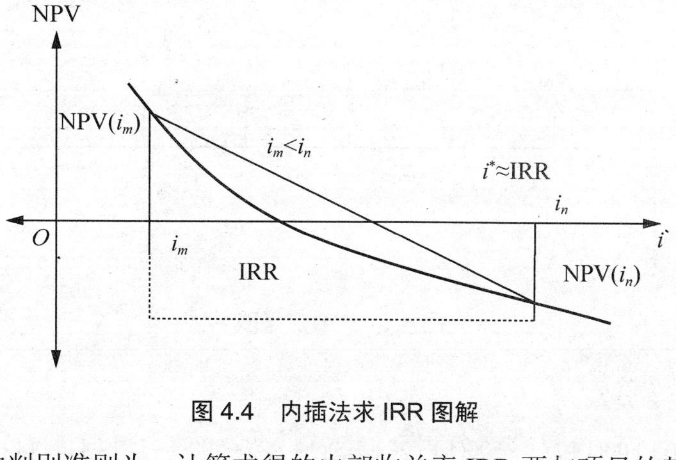

图 4.4 内插法求 IRR 图解

内部收益率的判别准则为：计算求得的内部收益率 IRR 要与项目的基准收益率 i_0 相比较，当 IRR≥i_0 时，则表明项目的收益率已达到或超过基准收益率水平，项目可行；反之，当 IRR<i_0 时，则表明项目不可行。

特别提示

内部收益率 IRR 指标适用于单方案经济评价，在互斥方案评价中，不可以采用 IRR 指标进行比较大小排序确定其优劣，而是采用差额内部收益率进行比较。

知识链接

内部收益率的经济含义可以这样理解：在项目的整个寿命期内按利率 i=IRR 计算，始终存在未能收回的投资，而在寿命期结束时，投资恰好被完全收回。也就是说，在项目寿命期内，项目始终处于“偿付”未被收回的投资的状况。因此，项目的“偿付”能力完全取决于项目内部，故有“内部收益率”之称谓。

内部收益率的经济含义还有另一种表达方式，即它是项目寿命期内没有回收的投资的赢利率。它不是初始投资在整个寿命期内的赢利率，因而它不仅受到项目初始投资规模的影响，而且受项目寿命期内各年净收益大小的影响。

应用实例 4-11

某项目净现金流量见表 4-9。当基准折现率 i_0=10%时，试用内部收益率指标判断该项目在经济效果上是否可以接受。

表 4-9　某项目的净现金流量表　　单位：万元

时点	0	1	2	3	4	5
净现金流量	−2 000	300	500	500	500	1 200

【案例点评】

第一步：绘制现金流量图，如图 4.5 所示。

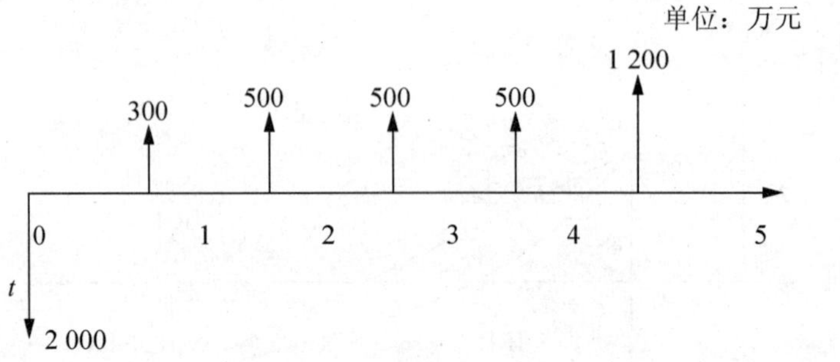

图 4.5　现金流量图

第二步：用内插法求算 IRR。

列出方程：

$$NPV(i)=-2\,000+300(1+i)^{-1}+500(1+i)^{-2}+500(1+i)^{-3}+500(1+i)^{-4}+1\,200(1+i)^{-5}=0$$

$$或NPV(i)=-2\,000+300(1+i)^{-1}+500(P/A,\ i,\ 3)(P/F,\ i,\ 1)+1\,200(1+i)^{-5}=0$$

第一次试算，依经验先取一个收益率，取 i_1=12%，代入方程，求得

NPV(i_1)=−2 000+300×0.892 9+500×2.401 8×0.892 9+1 200×0.567 4=21(万元)>0，由净现值函数曲线的特性知，收益率的取值偏小，应再取大些。

第二次试算，取 i_2=14%，代入方程求得

$$NPV(i_2)=-91(万元)<0$$

可见，内部收益率必然在 12%～14%之间，代入内插法计算式可求得

$$IRR=12\%+21\times(14\%-12\%)\div(21+91)=12.4\%$$

第三步：分析判断方案可行性。

因为，IRR=12.4%＞i_0=10%，所以，该方案是可行的。

内部收益率被普遍认为是项目投资的赢利率，反映了投资的使用效率，概念清晰明确。比起净现值与净年值来，各行各业的经济工作者更喜欢采用内部收益率。

内部收益率指标的另一个优点，就是在计算净现值和净年值时都需事先给定基准折现率，这是一个既困难又易引起争论的问题。而内部收益率不是事先给定的，是内在决定的，即由项目现金流计算出来的。当基准折现率不易确定其准确取值，而只知其大致的取值范围时，使用内部收益率指标就较容易判断项目的取舍，IRR 优越性是显而易见的。

当然，净现值(及净年值)与内部收益率各有自己的长处与不足，实践中应相互补充，配合使用。

4.2　投资方案的关系与分类

4.2.1　投资方案的关系

1. 投资方案的相关性分析

许多工程项目的投资方案之间都存在一定的联系和影响，从经济角度看，如果一个有确定现金流量模式的方案被接受或被拒绝直接影响到另一个具有一定现金流量模式的方案被接受或被拒绝，这两个方案就是经济相关的。

影响方案的经济相关性的因素主要有以下几种。

1) 资金的限制

无论什么样的投资主体，可用于投资的资金不可能是无限的。资金的限制主要是指筹集数量的限制和资本成本的约束。企业从资本市场上得到的资金额是有限的，如果资金总额超过一定限度就会大大增加企业的资本成本，而资本市场供应资金额的有限性限制了部分投资方案的资金有效性，企业必须对各种方案组合选择或择优选择。

2) 资源的限制

企业所能调动的资源是有限的，各种生产要素，如资本、土地(自然资源)、人力资源、企业家才能、技术进步等都是有限制的。由于资源的限制导致不可能实施所有可行的方案。

3) 项目的不可分性

一个项目总是完整地被接受或被拒绝的，不可能将一个完整的项目分成若干来执行。因此，由于资金的有限性，就会使得接受一个大项目方案就必须自动排斥接受若干个小项目方案。

有时，一个项目由若干个相互关联的子项目组成，如果每个子项目的费用和效益相互独立，那么该项目就具有可分性，每个子项目应被视为一个单独项目。

2. 投资方案的相关关系

按方案相互之间的经济关系，可以将方案分为独立型方案、互斥型方案和相关型方案。

1) 独立型方案

独立型方案指方案间互不干扰、在经济上互不相关的方案，即这些方案是彼此独立无关的，选择或放弃其中一个方案，并不影响其他方案的选择。

2) 互斥型方案

所谓互斥型方案是指同一项目内的不同备选方案或不同的投资项目，它们之间相互排斥，可以互相替代，采纳一组方案中的某一个方案，必须放弃其他方案的情况，同一项目不同备选方案之间显然是互斥关系。例如，①项目地址应设在北京、上海还是深圳？②设备是购买进口的，还是购买国产的？在这些问题中，所列的方案只能选择其中之一，其他的都将被淘汰。

工程建设中，互斥方案还可按以下因素进行分类。

(1)按服务寿命长短不同，投资方案可分为以下几种。

① 寿命期相等的互斥方案。

② 寿命期不相等的互斥方案。

③ 寿命期无限长的互斥方案。

在工程建设中永久性工程即可视为无限长寿命的工程，如大型水坝、运河工程等。

(2)按规模不同，投资方案可分为以下几种。

① 相同规模的方案。即参与对比或评价的方案具有相同的产出量或容量，在满足相同功能的数量方面具有一致性和可比性。

② 不同规模的方案。参与评价的方案具有不同的产出量或容量，在满足相同功能的数量方面不具有一致性和可比性。

项目互斥方案比较，是工程经济评价工作的重要组成部分，也是寻求合理决策的必要手段。

3) 相关型方案

在一组备选方案中，若采纳或放弃某一方案，会影响其他方案的现金流量；或者采纳或放弃某一方案会影响其他方案的采纳或放弃；或者采纳某一方案必须以先采纳其他方案为前提等。相关方案可以分为以下几类。

(1) 互补型方案。在多方案中，出现技术经济互补的方案称为互补型方案。根据互补方案之间相互依存的关系，互补方案可能是对称的，可能是不对称的。例如，连铸连轧工艺把过去相对独立的钢坯和钢材生产结合了起来，使生产过程大大地简化，还减少了热耗，降低了成本，这不仅对钢坯生产有利，也对轧钢生产有利。此外还存在着大量不对称的经济互补，例如，建造一座建筑物 A 和增加一个空调系统 B，建筑物 A 本身是有用的，增加空调系统 B 后，使建筑物 A 更有用，但不能说采用方案 B 也包括方案 A。当然这种互补也可以是负的，例如，在一河渡区考虑两个方案，一个是建桥方案(方案 A)，另一个是轮渡方案(方案 B)，两个方案都是收费的，此时可以考虑的方案组是方案 A、方案 B 和 AB 混合方案。在 AB 混合方案中，方案 A 的收入将因方案 B 的存在而受到影响，它们是负互补方案。

经济上互补而又对称的方案可以结合在一起作为一个“综合体”来考虑。经济上互补而不对称的方案，如上述建筑物 A 和空调系统 B，则可把问题转化成有空调的建筑物(方案 AB)和没有空调的建筑物(方案 A)这两个互斥方案的经济比较。

(2) 现金流量相关型方案。即使方案间不完全互斥，也不完全互补，如果若干方案中任一方案的取舍会导致其他方案现金流量的变化，这些方案之间也具有相关性。例如，在某大河上建一座收费公路桥(方案 A)，另一个方案 B 是在桥旧址附近建收费轮渡码头，A、B 方案并不完全排斥，任一方案的实施都会影响另一方案的收入。

(3) 组合-互斥型方案。在若干可采用的独立方案中，如果有资源约束条件(如受资金、劳动力、材料、设备及其他资源拥有量限制)，只能从中选择一部分方案实施时，可以将它们组合为互斥型方案。例如，现有独立方案 A、B、C、D，它们所需的投资分别为 100 万元、60 万元、40 万元、30 万元，当资金总额限量为 100 万元时，除 A 方案具有完全的排他性，而其他方案由于所需金额不大，可以任意组合。这样，可能选择的方案共有：A、B、C、D、B+C、B+D、C+D 7 个组合。当受某种资源约束时，独立方案可以组成多种组合方案，这些组合方案之间是互斥或排他的。一般，将独立方案转化为互斥方案组的主要方法是排列组合。如果 M 代表相互独立的方案数目，则可以组成的相互排斥的组合数目 N 为 2^M-1。

(4) 混合相关型方案。在方案众多的情况下，方案间的相关关系可能包括多种类型，这些方案就称为混合相关型方案。例如，①在一组互斥多方案中，每个互斥方案下又有若干个独立方案。例如，某房地产开发商在城市以出让方式取得一块熟地的使用权，按当地城市规划的规定，该块地只能建居住物业(C 方案)或建商业物业(D 方案)，不能建商居混合物业或工业物业，但对于居住物业和商业物业的具体类型没有严格的规定的，如建住宅可建成豪华套型(C1)、高档套型(C2)、普通套型(C3)，如建商业物业可建餐饮酒楼(D1)、写字楼(D2)、商场(D3)、娱乐休闲服务(D4)。显然，C，D 是互斥方案，C1，C2，C3 是一组独立方案，D1，D2，D3，D4 也是一组独立方案。②在一组独立方案中，每个独立方案下又有若干个互斥方案。例如，某大型零售业公司现欲投资在两个相距较远的 A 城和 B 城各建一座大型仓储式超市，显然 A，B 是独立的。目前在 A 城有 3 个可行地点 A1，A2，A3 供选择，在 B 城有两个可行地点 B1，B2 供选择，则 A1，A2，A3 是互斥关系，B1，B2 也是互斥关系。

在经济效果评价前，分清工程项目方案属于何种类型是非常重要的，因为方案类型不同，其评价方法、选样和判断的尺度就不同，辨别不清就会带来错误的评价结果。

4.2.2 方案之间比较的原则

对于不同的方案进行分析的目的在于通过有效地分配人力、物力和资金，获得最好的经济效益。方案关系不同，评价方法选择不同，因此，依照方案的不同类型选择恰当的评价方法是很重要的。

1. 独立方案比较原则

所谓独立方案的择优是指独立方案的优化组合，即对实现预定目标的若干可供选择的独立方案进行组合，并选择最有利的组合方案。

独立方案择优的特点具体如下。

(1) 独立方案的取舍只取决于方案自身的经济性，即只需要检验它们是否能够通过净现值、净年值或内部收益率指标的评价标准，一组独立方案中各方案之间无需进行相互比较。

(2) 一组独立方案可以接受一个或几个方案，也可以一个都不接受，这取决于与评价标准比较的结果。

独立方案的优化组合会出现两种情况：一是无资金限额下独立方案的优化组合；二是有资金限额下独立方案的优化组合。无资金限额是指项目不受资金的约束，只要看评价指标是否达到某一评价标准。在独立方案的经济评价中，用净现值法、净现值率法、内部收益率法等方法来判断项目可行性所得出的结论是一致的。例如，某一项目 NPV ≥ 0 或 NPVR ≥ 0，或者 IRR ≥ i_0，则该项目就认为是可以接受的。但是，这种情况在现实中一般不存在，更多的情况是方案组合受到资金的约束。在资金一定的情况下，实施的项目收益率不仅要大于基准收益率，而且要在资金约束的范围内，对项目进行优化组合，以便使项目组合的经济效益最大。

2. *互斥方案的比较原则*

对于互斥方案的比较，情况比较复杂，有可能采用不同的指标导致相反的结论，需要根据具体情况选择适当的方法和指标。进行互斥方案比较，必须明确以下 3 个原则。

(1) 可比性原则。两个互斥方案必须具有可比性，包括满足国民经济及市场需要可比、服务年限可比、计算基础资料可比、设计深度相同、经济计算方法相同等方面。

(2) 增量分析原则。对现金流量的差额进行评价，考察追加投资在经济上是否合算，如果增量收益超过增量费用，那么增加投资是值得的。例如，有两个方案 A 和 B，方案 A 比方案 B 投资金额大，方案 A 是否好于方案 B，就要看增加的投资是否满足要求。

(3) 选择正确的评价方法。根据项目方案的具体情况，合理选用恰当的评价指标，往往是以动态指标为主要依据，静态指标作为辅助指标。

4.3 独立型方案的评价

独立型方案是指项目方案的采纳与否只受自身条件的制约(如自身经济效果)，方案之间不具有排斥性。一个国家，一个地区，或一个大企业，一定时期的投资计划有时很多，采纳 A 方案并不要求放弃 B 方案，确定应该采纳哪些投资方案，即是对独立型方案的评价和选择。独立型方案的评价和选择可分资金不受限制和资金有限两种情况。

第一种情况，在资金不受限制的情况下，独立型方案的采纳与否，只取决于方案自身的经济效果如何。这样，只需检验它们是否通过净现值或净年值或内部收益率等指标的评价标准，即只要方案通过了自身的“绝对经济效果检验”，即可以认为它们在经济效果上是可以接受的，否则应予拒绝。

第二种情况，在资金预算总额有限，将可能导致出现并不是所有通过“绝对经济效果检验”的方案都能采用的情况，即可能不得不放弃一些方案。方案评价和选择的最终结果则要求保证在给定资金总额的前提下，取得最好经济效果。一般可以采用独立方案组合互斥化法、效率指标排序法进行分析。

4.3.1 组合-互斥法评价

独立方案组合-互斥法的基本思想是把各个独立方案进行组合，其中每一个组合方案就代表一个相互排斥的方案，这样就可以利用互斥方案的评选方法，选择最佳的方案组合。

独立方案组合-互斥法的基本步骤如下。

(1) 列出全部相互排斥的组合方案。如果有 m 个独立方案，那么组合方案数 $N = 2^m - 1$(不投资除外)。这 N 个组合方案相互排斥。

(2) 在所有组合方案中，除去不满足约束条件的各独立方案组合，并且按投资额大小顺序排列。

(3) 对符合投资要求的所有组合方案按互斥方案的比较方法确定最优的组合方案。

(4) 最优组合方案所包含的独立方案即为该组独立方案的最佳选择。

组合-互斥法评价的优点是遵循了互斥方案的评价方法，先考察互斥方案的绝对经济效益，然后进行相对经济效益比较，因而比较全面。而且在评价中，不论采用价值性指标，还是比率性指标，实质上都在追求组合方案的经济效益最大化。所以，组合-互斥法可以实现资金限量条件下独立方案的目的——总效益最大。

组合-互斥法评价是在各种情况下都能确保实现独立型方案最优选择的更为可靠的方法。下面通过示例来看一下该法的具体分析过程。

应用实例 4-12

某公司有 4 个相互独立的技术改造方案。基准折现率为 10%，其有关参数列于表 4-10 中，假定资金限额为 400 万元，应选择哪些方案？

表 4-10　某公司 4 个技术方案的参数比较　　单位：万元

独立方案	初始投资	净现值 NPV
A	200	180
B	240	192
C	160	112
D	200	130

【案例点评】

解：

(1) 对于 m 个独立的方案，列出全部相互排斥组合方案，共(2^m-1)个。本例原有 4 个项目方案，互斥组合方案共 15 个，见表 4-11。

表 4-11　互斥组合方案参数比较　　单位：万元

组合号	组合方案 ABCD	投资	可行与否	NPV
1	A	200	√	180
2	B	240	√	192
3	C	160	√	112
4	D	200	√	130
5	AB	440	×	372
6	AC	360	√	292
7	AD	400	√	310*
8	BC	400	√	304
9	BD	440	×	322
10	CD	360	√	242
11	ABC	600	×	484

续表

组合号	组合方案 ABCD	投资	可行与否	NPV
12	ABD	640	×	502
13	ACD	560	×	422
14	BCD	600	×	434
15	ABCD	800	×	614

(2) 保留投资额不超过投资限额且净现值或净现值指数大于等于零的组合方案，淘汰其余组合方案。见表 4-10，AB、BD、ABC、ABD、ACD、BCD、ABCD 的组合超过了投资限额，应该淘汰。

(3) 从净现值最大的原则，对保留的方案进行优选。AD 组合的净现值为 310 万元，是资金限额内最优的方案。

4.3.2 净现值指数排序法

净现值指数排序法，就是在计算各方案净现值指数的基础上，将净现值指数大于或等于零的方案按净现值指数大小排序，并依此次序选取项目方案，直至所选取方案的投资总额最大限度地接近或等于投资限额为止。本方法所要达到的目标是在一定的投资限额的约束下使所选项目方案的净现值最大。

净现值指数排序法的主要优点是计算简便、容易理解。对资金有限的独立型方案进行评价和选择，单位投资的净现值越大，在一定投资限额内所能获得的净现值总额就越大。然而，由于投资项目的不可分性，净现值指数排序法不能保证现有资金的充分利用，不能达到净现值最大的目标。只有在各方案投资占预算投资的比例很小，或各方案投资额相差无几，或各入选方案投资累加额与投资预算限额相差无几的情况下，它才可能达到或接近于净现值最大的目标。

采用这种方法，一般能得到投资经济效益较大的方案组合，但不一定是最优的方案组合。其具体做法如下。

(1) 以各方案的净现值率高低为序，逐项计算累计投资额，并与限定投资总额进行比较。

(2) 当截止到某项投资项目(假定为第 j 项)的累计投资额恰好达到限定的投资总额时，则第 1 至第 j 项的项目组合为最优的投资组合。

(3) 若在排序过程中未能直接找到最优组合，必须按下列方法进行必要的修正。

首先，当排序中发现第 j 项的累计投资额首次超过限定投资额，而删除该项后，按顺延的项目计算的累计投资额却小于或等于限定投资额时，可将第 j 项与第$(j+1)$项交换位置，继续计算累计投资额。这种交换可连续进行。

其次，当排序中发现第 j 项的累计投资额首次超过限定投资额，又无法与下一项进行交换，第$(j-1)$项的原始投资大于第 j 项原始投资时，可将第 j 项与第$(j-1)$项交换位置，继续计算累计投资额。这种交换也可连续进行。

最后，若经过反复交换，已不能再进行交换，仍未找到能使累计投资额恰好等于限定投资额的项目组合时，可按最后一次交换后的项目组合作为最优组合。

总之，在主要考虑投资效益的条件下，多方案比较决策的主要依据，就是能否保证在充分利用资金的前提下，获得尽可能多的净现值总量。

应用实例 4-13

某公司有4个相互独立的技术改造方案。基准折现率为10%，其有关参数列于表4-12中，假定资金限额为600万元，应选择哪些方案？

表 4-12　4 个相互独立的技术改造方案的数据比较　　单位：万元

独立方案	初始投资	净现值 NPV	NPVR
A	180	160	0.89
B	240	192	0.8
C	160	112	0.7
D	200	130	0.65

【案例点评】

首先要计算出各方案的净现值率，其结果见表4-12的最后一列。由于每一方案的净现值率均大于零，所以每一方案均是可行的。其次，按净现值率的高低排列各方案。最后，在资金限额范围内，依次从内部收益率最大的方案开始选取，直到资金限额用完为止，则最后的选择结果是方案ABC。

应用实例 4-14

有A、B、C三个独立的方案，其净现金流量情况见表4-13，已知总投资限额为800万元，基准折现率为10%，试做出最佳投资决策。(单位：万元)

表 4-13　3 个独立方案的净现金流量

方案 \ 年份	1	2—10	11
A	−350	62	80
B	−200	39	51
C	−420	76	97

【案例点评】

首先计算3个方案的净现值分别为

$$NPV_A=-350\times(P/F, 10\%, 1)+62\times(P/A, 10\%, 9)\times(P/F, 10\%, 1)+80\times(P/F, 10\%, 11)=34.46(\text{万元})$$

$$NPV_B=-200\times(P/F, 10\%, 1)+39\times(P/A, 10\%, 9)\times(P/F, 10\%, 1)+51\times(P/F, 10\%, 11)=40.24(\text{万元})$$

$$NPV_C=-420\times(P/F, 10\%, 1)+76\times(P/A, 10\%, 9)\times(P/F, 10\%, 1)+97\times(P/F, 10\%, 11)=50.08(\text{万元})$$

各方案投资现值(K_P)分别为

$$K_{PA}=350\times(P/F, 10\%, 1)=318.19(\text{万元})$$

$$K_{PB}=200\times(P/F, 10\%, 1)=181.82(\text{万元})$$

$$K_{PC}=420\times(P/F, 10\%, 1)=381.82(\text{万元})$$

最后，计算A、B、C三个方案的净现值率

$$NPVR_A=\frac{NPV_A}{K_{PA}}=10.83\%$$

$$NPVR_B = \frac{NPV_B}{K_{PB}} = 22.13\%$$

$$NPVR_C = \frac{NPV_C}{K_{PC}} = 13.12\%$$

然后，将各方案按净现值率从大到小依次排序，结果见表 4-14。

表 4-14　各方案按净现值率从大到小排序

方案	净现值率(%)	投资额	累计投资额
B	22.13	200	200
C	13.12	420	620
A	10.83	350	970

根据表 4-14 可知，方案的选择顺序是 B→C→A。由于资金限额为 800 万元，故最佳投资决策方案为 B、C 组合。

4.4　互斥型方案的比较和分析

在互斥方案类型中，经济效果评价包含了两部分内容：一是考察各个方案自身的经济效果，称为绝对效果检验；二是考察哪个方案相对最优，称相对效果检验。通常两种检验缺一不可。互斥方案经济效果评价的特点是要进行方案比选，因此，不论使用何种评价指标，都必须使各方案在使用功能、定额标准、计费范围及价格等方面满足可比性。

下面就针对寿命期相等、寿命期不等、无限寿命 3 种情况讨论互斥方案的经济效果评价。

4.4.1　寿命期相等的互斥方案的分析

寿命期相同的互斥方案以寿命期作为计算期进行评价，符合时间可比性原则。前面所介绍的所有评价方法、指标都可以直接使用。

1. 净现值法与净年值法

净现值法是指通过比较所有已具备财务可行性投资方案的净现值指标的大小来选择最优方案的方法。该法适用于原始投资相同且项目计算期相等的多方案比较决策。净现值法的判别准则就是选择净现值最大的方案为最优方案。

净年值法是指通过比较所有已具备财务可行性投资方案的净年值指标的大小来选择最优方案的方法。净年值法的判别准则就是选择净年值最大的方案为最优方案。

特别提示

净年值=净现值×等额系列资金回收系数，所以采用净年值法与净现值法在寿命期相等的互斥方案评价中是等价的。

应用实例 4-15

现有 A、B、C 三个互斥方案，其寿命期均为 16 年，各方案的净现金流量见表 4-15，试用净现值法选择出最佳方案，已知 i_c=10%。

表 4-15　3 个互斥方案的净现金流量情况　　单位：万元

方案＼年份	建设期		生产期		
	1	2	3	4—15	16
A	−2 024	−2 800	500	1 100	2 100
B	−2 800	−3 000	570	1 310	2 300
C	−1 500	−2 000	300	700	1 300

【案例点评】

其中，A 方案的现金流量如图 4.6 所示，B、C 方案的现金流量图请大家自己画出。

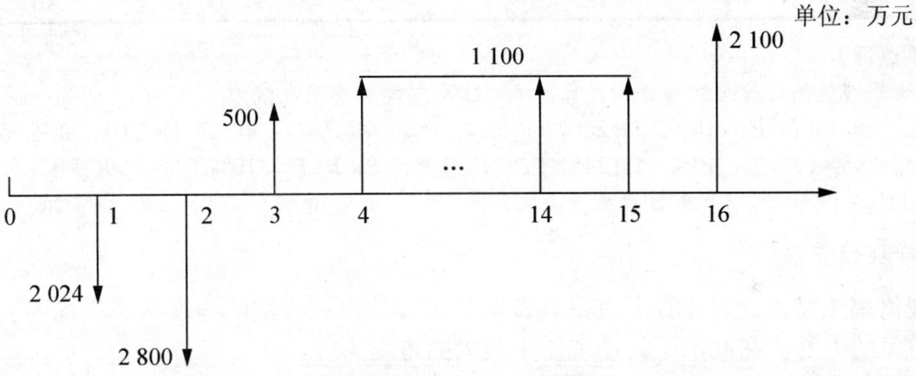

图 4.6　A 方案现金流量图

(1) 净现值法：各方案的净现值计算结果如下。

NPV_A=−2 024×(P/F，10%，1)−2 800×(P/F，10%，2)+500×(P/F，10%，3)+
1 100×(P/A，10%，12)×(P/F，10%，3)+2 100×(P/F，10%，16)=2 309.97(万元)

NPV_B=−2 800×(P/F，10%，1)−3 000×(P/F，10%，2)+570×(P/F，10%，3)+
1 310×(P/A，10%，12)×(P/F，10%，3)+2 300×(P/F，10%，16)=2 610.4(万元)

NPV_C=−1 500×(P/F，10%，1)−2 000×(P/F，10%，2)+300×(P/F，10%，3)+
700×(P/A，10%，12)×(P/F，10%，3)+1 300×(P/F，10%，16)=1 075.37(万元)

计算结果表明，方案 B 的净现值最大，方案 B 是最佳方案。

(2) 净年值法：各方案的净年值计算结果如下。

NAV_A=NPV_A×(A/P，10%，16)=2 309.97×0.127 8=295.21(万元)

NAV_B=NPV_B×(A/P，10%，16)=2 610.4×0.127 8=333.6(万元)

NAV_C=NPV_C×(A/P，10%，16)=1 075.37×0.127 8=137.43(万元)

三方案的净年值进行对比，方案 B 的净年值最大，方案 B 是最佳方案。

2. 费用现值法与费用年值法

在某些项目中，其产出效益相同或很难以货币形式表现(如环保、教育、国防)，可以通过费用评价方案。在此类项目的对比过程中，由于无法估算各个方案的收益情况，只计算各备选方案的费用现值或费用年值并进行对比，以费用现值或费用年值较低的方案为最佳。

应用实例 4-16

某项目有 A、B 两种不同的工艺设计方案，均能满足同样的生产技术需要，其有关费用支出见表 4-16，试用费用现值比较法选择最佳方案，已知 i_c=10%。

表 4-16　A、B 方案有关费用支出　　单位：万元

费用 / 方案	投资(第 1 年末)	年经营成本(2—10 年末)	寿命期(年)
A	600	280	10
B	785	245	10

【案例点评】

根据费用现值的计算公式可分别计算出 A、B 两方案的费用现值为

$PC_A=600\times(P/F，10\%，1)+280\times(P/A，10\%，9)(P/F，10\%，1)=2\,011.40$(万元)

$PC_B=785\times(P/F，10\%，1)+245\times(P/A，10\%，9)(P/F，10\%，1)=1\,996.34$(万元)

由于 $PC_A>PC_B$，所以方案 B 为最佳方案。

3. 净现值率法

净现值率法是指通过比较所有已具备财务可行性投资方案的净现值率指标的大小来选择最优方案的方法。在此法下，净现值率最大的方案为优。

在投资额相同的互斥方案比较决策中，采用净现值率法会与净现值法得到完全相同的结论；但投资额不相同时，情况就不同了。投资额大的项目往往净现值要高于投资额低的项目，但是净现值率却不一定高。

应用实例 4-17

A 项目与 B 项目为互斥方案，它们的项目计算期相同。A 项目原始投资的现值为 150 万元，净现值为 29.97 万元；B 项目原始投资的现值为 100 万元，净现值为 24 万元。

要求：(1) 分别计算两个项目的净现值率指标(结果保留两位小数)；

(2) 讨论能否运用净现值法或净现值率法在 A 项目和 B 项目之间做出比较决策。

【案例点评】

解：(1) 计算净现值率：

A 项目的净现值率$=29.97\div150\approx0.20$

B 项目的净现值率$=24\div100=0.24$

(2) 在净现值法下：

因为 29.97>24，所以 A 项目优于 B 项目。

在按照净现值率法下:

因为 0.24>0.20，所以 B 项目优于 A 项目。

由于两个项目的原始投资额不相同，导致两种方法的决策结论相互矛盾，似乎无法据此做出相应的比较决策。但前者再投资报酬率的基点是相对合理的资金成本，而后者再投资报酬率是基于一个相对较高的内含报酬(高于净现值法的资金成本)。考虑到两者在再投资报酬假设上的区别，净现值率法将更具合理性。

4. 差额投资内部收益率法

互斥方案的比选，实质上是分析投资大的方案所增加的投资能否用其增量收益来补偿，也即对增量的现金流量的经济合理性做出判断。因此，可以通过计算增量净现金流量的内部收益率即差额内部收益率来比选方案，这样就能够保证方案比选结论的正确性。

差额投资内部收益率法是指在两个原始投资额不同方案的差量净现金流量(记作 NCF)的基础上，计算出差额内部收益率(记作 ΔIRR)，并据与行业基准折现率进行比较，进而判断方案孰优孰劣的方法。该法适用于两个原始投资不相同，但项目计算期相同的多方案比较决策。当差额内部收益率指标大于或等于基准收益率或设定折现率时，原始投资额大的方案较优；反之，则投资少的方案为优。

该法经常被用于更新改造项目的投资决策中，当该项目的差额内部收益率指标大于或等于基准折现率或设定折现率时，应当进行更新改造；反之，就不应当进行此项更新改造。

差额内部收益率的计算公式为

$$\sum_{t=0}^{n}[(CI-CO)_2-(CI-CO)_1](1+\Delta IRR)^{-t}=0 \tag{4-13}$$

差额投资内部收益率 ΔIRR 的计算过程和计算技巧同内部收益率IRR完全一样，只是所依据的是差量净现金流量 ΔNCF。

特别提示

在互斥方案评价中，不能直接对投资内部收益率进行大小排序。

采用差额内部收益率指标对互斥方案进行比选的基本步骤如下。

(1) 计算各备选方案的 IRR。

(2) 将 IRR≥i_c 的方案按投资额由小到大依次排列。

(3) 计算排在最前面的两个方案的差额内部收益率 ΔIRR，若 $\Delta IRR \geqslant i_c$，则说明投资大的方案优于投资小的方案，保留投资大的方案；反之，则保留投资小的方案。

(4) 将保留的较优方案依次与相邻方案逐一比较，直至全部方案比较完毕，则最后保留的方案就是最优方案。

应用实例 4-18

A 项目原始投资的现值为 150 万元，1—10 年的净现金流量为 29.29 万元；B 项目的原始投资额为 100 万元，1—10 年的净现金流量为 20.18 万元。行业基准折现率为 10%。

要求：(1) 计算差量净现金流量 ΔNCF；

(2) 计算差额内部收益率 ΔIRR；

(3) 用差额投资内部收益率法做出比较投资决策。

【案例点评】

解：(1) 差量净现金流量为

$$\Delta NCF_0=-150-(-100)=-50(万元)$$
$$\Delta NCF_{1-10}=29.29-20.18=9.11(万元)$$

根据此差量净现金流量画出现金流量图，如图 4.7 所示。

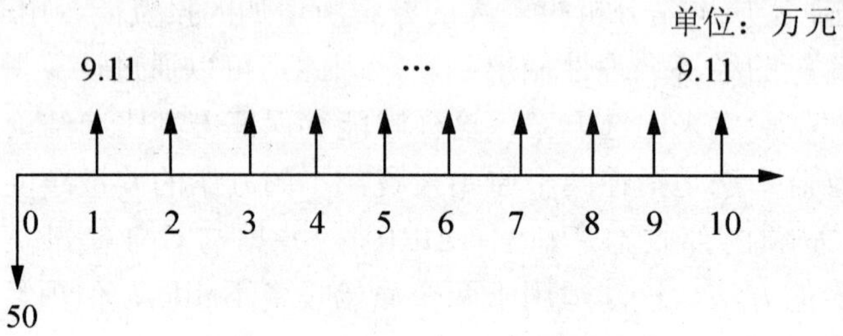

图 4.7　差量净现金流量图

(2) 差额内部收益率 ΔIRR 为

$$(P/A，\Delta IRR，10)=(50/9.11，\Delta IRR，10)=5.488\,5$$

因为$(P/A，12\%，10)=5.650\,2>5.488\,5$，$(P/A，14\%，10)=5.216\,1<5.488\,5$。

所以 $12\%<\Delta IRR<14\%$，应用线性内插法：

$$\Delta IRR=12\%+5.650\,2-5.488\,5\div5.650\,2-5.216\,1\times(14\%-12\%)\approx12.74\%$$

(3) 用差额投资内部收益率法决策：

因为 $\Delta IRR=12.74\%>i_c=10\%$，所以应当投资 A 项目。

4.4.2　寿命期不相等的互斥方案的分析

寿命期不等的互斥方案比较主要采用现值法和年值法。

1. 年值法

年值法是进行寿命期不相等的互斥方案分析的最适宜的方法，由于寿命不等的互斥方案在时间上不具备可比性，因此为使方案有可比性，通常宜采用年值法。

年值法分为净年值法和费用年值法。净年值法的判别准则为净年值大于或等于零且净年值最大的方案是最优可行方案。费用年值法的判别准则为费用年值最小的方案是最优可行方案。

应用实例 4-19

试对表 4-17 中 3 项寿命不等的互斥投资方案做出取舍决策。基准收益率 $i_c=15\%$。

表 4-17　3 种寿命不等的互斥投资方案　　单位：万元

方案	A	B	C
初始投资	6 000	7 000	9 000

续表

残值	0	200	300
年度支出	1 000	1 000	1 500
年度收入	3 000	4 000	4 500
寿命(年)	3	4	6

【案例点评】

解：

$$NAV_A = -6\,000(A/P, 15\%, 3) - 1\,000 + 3\,000 = -627.88\ (\text{万元})$$

$$NAV_B = -7\,000(A/P, 15\%, 4) - 1\,000 + 4\,000 + 200(A/F, 15\%, 4) = 588.164\ (\text{万元})$$

$$NAV_C = -9\,000(A/P, 15\%, 6) + 4\,500 - 1\,500 + 300(A/F, 15\%, 6) = 656.11\ (\text{万元})$$

由于 $NAV_C > NAV_B > NAV_A$ 故方案 C 最优。

2. 现值法

若采用现值法(净现值或费用现值)，则需对各备选方案的寿命期作统一处理(即设定一个共同的分析期)，使方案满足可比性的要求。处理的方法通常有两种。

(1) 最小公倍数法(重复方案法)。取各备选方案寿命期的最小公倍数作为方案比选时共同的分析期，即将寿命期短于最小公倍数的方案按原方案重复实施，直到其寿命期等于最小公倍数为止。

应用实例 4-20

某公司为了提高工作效率，欲购办公室自动化设备一台，现有两种购买方案，其经济指标见表 4-18。设折现率 i_0=6%，试用净现值法对方案做出选择。

表 4-18　两方案经济指标表　　单位：万元

设备	一次购置费	均匀年效益	使用年限
A	1 500	500	4 年
B	4 000	900	6 年

【案例点评】

解：两设备寿命期的最小公倍数是 12 年，在此期间 A 方案第一个周期的现金流量重复了 3 次，B 方案重复了 2 次，因而 A、B 两方案的现金流量如图 4.8 所示。若采用净现值法进行互斥方案选择，则必须将 12 年间全部的现金流量折算成现值加以比较。设 A、B 两方案 12 年间的净现值分别为 $NPV_A(12)$和 $NPV_B(12)$，则计算如下

$$NPV_A(12) = -1\,500 + (-1\,500)(P/F, 6\%, 4) + (-1\,500)(P/F, 6\%, 8) + 500(P/A, 6\%, 12) = 563.5(\text{万元})$$

$$NPV_B(12) = -4\,000 + (-4\,000)(P/F, 6\%, 6) + 900(P/A, 6\%, 12) = 725.6(\text{万元})$$

$NPV_B > NPV_A$，因而应选择净现值最大的方案，即 B 方案为优。

单位：元

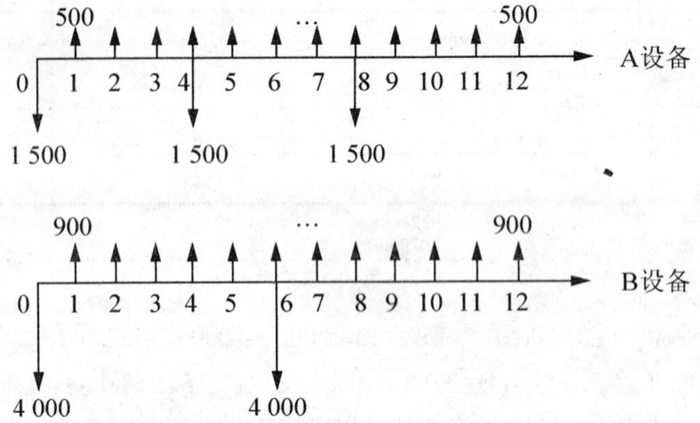

图4.8　A、B设备寿命期均为12年的现金流量图

利用最小公倍数法有效地解决了寿命不等的方案之间净现值的可比性问题，但是这种方法所依赖的方案可重复实施的假定不是在任何情况下都适用的。对于某些不可再生资源的开发项目，在进行计算期不等的互斥方案比选时，方案可重复实施的假设不再成立，这种情况下就不能用最小公倍数法确定计算期。有的时候最小公倍数法求得的计算期过长，甚至远远超过所需的项目寿命期或计算期的上限，这就降低了计算方案经济效果指标的可靠性和真实性，故也不再适用最小公倍数法。

(2) 分析期法。上述计算虽然可以进行方案的选择，但计算过程繁杂。该例的最小公倍数12年是个较小的值，假如有寿命期分别为7年、9年、11年3个方案，则采用上述方法就要计算到最小公倍数7×9×11=693年为止，显然对方案的选择是不便的。但是，当采用上面提到的年值法就无须考虑至最小公倍数为止的年限，只需计算第一个寿命周期的年值就可以选择方案了。这时候采用分析期法更简便、合适。

分析期法是根据对未来市场状况和技术发展前景的预测直接选取一个合适的分析期，假定寿命期短于此分析期的方案重复实施，并对各方案在分析期末的资产余值进行估价，到分析期结束时回收资产余值。在各选方案寿命期比较接近的情况下，一般取最短的方案寿命期作为分析期。分析期的确定一般以互斥方案中年限最短或最长方案的计算期作为互斥方案的共同分析期(也可取所希望的计算期为共同研究期)。通过比选方案在该分析期内的净现值来对方案进行比选，以净现值最大的方案为最佳方案。

应用实例4-21

已知两方案A、B的具体情况见表4-19中数据，试用净现值指标进行方案比较。设 $i_c=10\%$。

表4-19　方案A、B的数据比较

方案	方案A	方案B
投资(万元)	3 500	5 000
年收益(万元)	1 900	2 500
年支出值(万元)	645	1 383
估计寿命(年)	4	8

【案例点评】

解：分析期法。取年限最短的方案计算期作为共同的分析期。

$$NPV_A = -3\,500 + 1\,255(P/A, 10\%, 4) = 478.10(\text{万元})$$

$$NPV_B = [-5\,000(A/P, 10\%, 8) + 1\,117](P/A, 10\%, 4) = 569.77(\text{万元})$$

$NPV_A < NPV_B$，所以应选择 B 方案。

这两种计算方法的结果是完全相同的。由于采用第一个寿命周期净年值的方法简捷，因而，当遇到寿命期不同的互斥方案选择时，应首选净年值法。

4.4.3 寿命期无限长的互斥方案的分析

在实践中，经常会遇到具有很长服务期(寿命大于 50 年)的工程方案，例如桥梁、铁路、运河、机场等。一般言之，经济分析对遥远未来的现金流量是不敏感的。例如，当利率为 6%时，30 年后的 10 000 元，现值仅为 1 741 元；利率为 8%时，50 年后的 10 000 元，现值仅为 213 元。因此，对于服务寿命很长的工程方案，可以近似地当做具有无限服务寿命期来处理。

1. 净现值法

按无限期计算出的现值，一般称为“资金成本或资本化成本”。资本比成本的公式为

$$P = \frac{A}{i} \tag{4-14}$$

证明：$P = A(P/A, i, n) = A \cdot \left[\frac{(1+i)^n - 1}{i(1+i)^n}\right]$

当 $n \to \infty$ 时，$P = \frac{A}{i}$

利用净现值法对无限寿命的互斥方案进行经济效果评价时，其判别准则为 $NPV_i \geqslant 0$ 且 $\max(NPV_i)$所对应的方案为最优方案。

应用实例 4-22

某河上建大桥，有 A、B 两处选点方案见表 4-20，若基准折现率 $i_c = 10\%$，试比较何者为优。

表 4-20 某大桥选点方案比较 单位：万元

方案	A	B
一次投资	3 080	2 230
年收入	500	350
大修	300(每 10 年一次)	100(每 5 年一次)

【案例点评】

解：

$$NPV_A = -3\,080 + \frac{500 - 300(A/F, 10\%, 10)}{10\%} = 1\,428.6\,(\text{万元})$$

$$NPV_B = -2\,230 + \frac{350 - 100(A/F, 10\%, 5)}{10\%} = 1\,207.3\ (万元)$$

由于 $NPV_A > NPV_B > 0$，故方案 A 为较优方案。

本章导入案例分析

通过对上述内容的学习，分析导入案例，案例中的两个方案的使用年限均为 90 年，将其视为无限寿命期的项目，分别计算两方案的费用现值。

(1) 混凝土看台方案：$PC = 350\,000 + \frac{2\,500}{8\%} = 381\,250\ (元)$

(2) 木质看台方案：

$$PC = 250\,000 + \frac{10\,000 \times (A/F, 8\%, 3) + 40\,000 \times (A/F, 8\%, 15) + 100\,000 \times (A/F, 8\%, 30)}{8\%} = 290\,852(元)$$

由此可以判断，在土堤上修建木质看台方案优于修建混凝土看台方案，应该选择在土堤上修建木质看台方案。

2. 年值法

无限期的年值可以下面公式为依据计算

$$A = P \cdot i \tag{4-15}$$

对无限期互斥方案进行净年值比较的判别准则为净年值大于或等于零且净年值最大的方案是最优方案。

对于仅有或仅需计算费用现金流量的互斥方案，可以比照净年值法，用费用年值法进行比选。判别准则是费用年值最小的方案为优。

应用实例 4-23

两种疏导灌溉渠道的技术方案，一种是用挖泥机清除渠底淤泥；另一种在渠底铺设永久性混凝土板，数据见表 4-21。利率为 5%，试比较两种方案的优劣。

表 4-21　两种疏导灌溉渠道方案的数据　　单位：元

方案 A	费用	方案 B	费用
购买挖泥设备(寿命 10 年)	65 000	河底混凝土板(无寿命期限)	650 000
挖泥设备残值	7 000	年维护费用	1 000
年经营费	34 000	混凝土板维修(5 年一次)	10 000

【案例点评】

解：采用费用年金法比较。

$$AC_A = 65\,000 \times (A/P, 5\%, 10) - 7\,000 \times (A/F, 5\%, 10) + 34\,000 = 41\,861(元)$$

$$AC_B = 650\,000 \times 5\% + 10\,000 \times (A/F, 5\%, 5) + 1\,000 = 35\,346(元)$$

由于 $AC_B < AC_A$，故方案 B 优于方案 A。

本章小结

(1) 按是否考虑资金的时间价值，经济效果评价指标分为静态评价指标和动态评价指标。静态评价指标包括静态投资回收期、静态投资效果系数；动态评价指标包括净现值、净年值、净现值率、内部收益率和动态投资回收期等。

(2) 按方案相互之间的经济关系，可以将方案分为独立方案、互斥方案和混合方案。

(3) 投资方案类型是一般分为单一方案(又称独立型方案)和多方案两类。而多方案又分为互斥型、互补型、现金流量相关型、组合-互斥型和混合相关型 5 种类型。

(4) 独立方案的评价一般可以采用独立方案互斥化法、效率指标排序法进行分析。

(5) 互斥方案的评价分为寿命期相等、寿命期不等、无限寿命 3 种情况进行评价。对于寿命期相等的互斥方案，可采用净现值、净年值、差额内部收益率、年等额净回收额法；对于寿命期不等的互斥方案，主要采用净现值法和净年值法。其中若采用现值法(净现值或费用现值)，则需对各备选方案的寿命期作统一处理(即设定一个共同的分析期)，使方案满足可比性的要求。处理的方法通常有两种：最小公倍数法(重复方案法)和分析期法；对于寿命期无限长的互斥方案，可采用净现值法、净年值法，当采用净现值法时，$P=\dfrac{A}{i}$；当采用净年值法时，$A=P\cdot i$。

复习思考题

一、不定项选择题

1．动态评价指标包括(　　)。

A．财务内部收益率　　B．财务净现值率
C．借款偿还期　　D．财务净现值
E．偿债备付率

2．某投资方案的基准收益率为 10%，内部收益率为 15%，则该方案(　　)。

A．无法判断是否可行　　B．可行
C．净现值小于零　　D．不可行
E．净现值大于零

3．当项目的净现值等于零时，则(　　)。

A．说明项目没有收益，故不可行　　B．此时的贴现率即为其内部收益率
C．动态投资还本期等于其寿命期　　D．增大贴现率即可使净现值为正

4．寿命期不等的互斥方案比较，可(　　)。

A．直接计算净现值　　B．直接计算方案的年值
C．用最小公倍数法计算净现值　　D．用 $P=A/i$ 计算其净现值

5．寿命期不等的互斥方案比较，最简单的方法是直接计算两方案的(　　)。

A．净现值　　B．年值
C．动态投资回收期　　D．差额投资内部收益率

6．对 A、B 方案作净现值函数图如下，则(　　)是正确的。

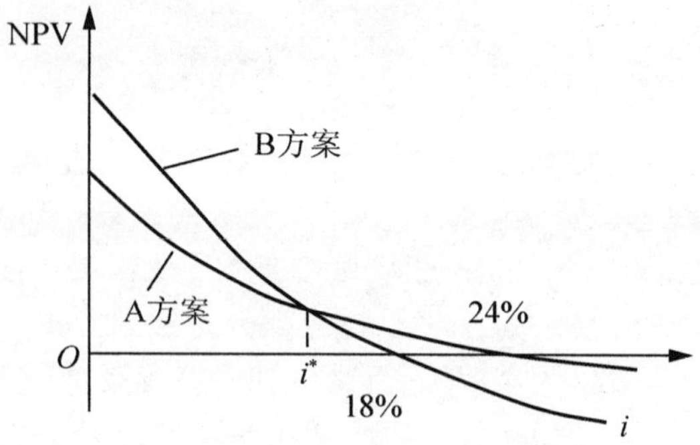

A．$NPV_A(i^*)=NPV_B(i^*)$

B．i^*就是 A、B 两方案的差额内部收益率

C．ΔIRRA－B=6%

D．IRRA=24%

7．同一净现金流量系列的净现值随折现率 i 的增大而(　　)。

A．增大　　B．减少

C．不变　　D．在一定范围内波动

8．方案 A 初始投资 20 000 元，年收益 5 500 元；方案 B 初始投资为 10 000 元，年收益 3 000 元，则差额投资回收期为(　　)。

A．4.3 年　　B．4.0 年　　C．3.64 年　　D．3.33 年

9．某建设项目的现金流量为常规现金流量，当基准收益率为 8%时，净现值为 400 万元。若基准收益率变为 10%，该项目的 NPV(　　)。

A．不确定　　B．等于 400 万元　　C．小于 400 万元　　D. 大于 400 万元

10．某建设项目固定资产投资为 5 000 万元，流动资金为 450 万元，项目投产期年利润总额为 900 万元，达到设计生产能力的正常年份年利润总额为 1 200 万元，则该项目正常年份的投资利润率为(　　)。

A．24%　　B．22%　　C．18%　　D．17%

二、简答题

1．简述动态投资回收期、静态投资回收期的定义、定义式、经济含义和其适用范围。

2．简述净现值、净年值的定义、定义式、经济含义和特点。

3．简述内部收益率的定义、定义式、经济含义和特点。

4．简述差额内部收益率的定义、定义式、经济含义和特点。

5．投资方案有哪几种类型？试举例说明。

6．简述方案间的不同关系及相应的评价方法。

7．在进行方案比较分析时，哪些评价指标需取相同的分析期，哪些指标则不用？

8．为什么用 NPV、NPVR、IRR 等指标进行方案比较时会出现排序结论差异？当出现这种差异时应如何选择方案？

三、计算题

1．某水库建设费用为 4 050 万元，运行维修费用为每年 50 万元，年收益分别为：发

电 100 万元，供水 90 万元，养鱼 70 万元，旅游 40 万元，假设基准收益率为 5%，使用寿命为 30 年，试计算项目净现值，并判断方案的经济可行性。

2．某新建项目的预期净现金流量见表 4-22。

表 4-22 预期净现金流量图 单位：万元

年份	0	1	2	3	4	5	6	7
净现金流量	−1 000	−500	300	400	500	500	500	500

若基准投资回收期为 5 年，试计算其静态投资回收期及净现值，并判断其经济上的可行性。(i_c=10%)

3．为保证某种产品的产量达到某一水平，有 3 个建厂方案：方案 I 是建一条自动化生产线，需一次性投资 500 万元，年经营成本 50 万元；方案Ⅱ是建一条半自动化生产线，需一次性投资 350 万元，年经营成本 60 万元；方案Ⅲ是建一条机械化生产线，需一次性投资 200 万元，年经营成本 85 万元。设 3 个方案的寿命期均为 20 年。如所在部门的基准投资收益率 i_c=10%，试选择最优方案。

4．A、B 两个独立方案，净现金流量见表 4-23。(i_c=10%)

表 4-23 A、B 方案的净现金流量 单元：万元

年份	0	1—10 年
A 方案	−100	22
B 方案	−60	15

(1) 用 NPV 法评价。

(2) 用 IRR 法评价。

5．互斥方案 A、B 各年费用见表 4-24，试评价之。(i_c=15%)

表 4-24 A、B 方案各年费用 单元：万元

年份	0	1	2—20
A 方案	200	300	100
B 方案	200	150	120

6．某矿欲获得一项专利技术，现有两种可能的方案：①在 12 年中(此为该专利技术的有效期)每年年末支付 30 万元的专利使用费；②现在支付 200 万元将专利权一次买进。试问，在贴现率为 8%的条件下哪种方案有利？若贴现率改为 12%呢？

7．4 种同功能的可行设备 A、B、C、D(互斥关系)，使用期均为 10 年，残值不计。其初始投资和年经营费见表 4-25，试用费用现值法选优。(贴现率为 10%)

表 4-25 初始投资和年经营费 单元：万元

设备方案	A	B	C	D
初始投资	3 000	3 800	4 500	5 000
年经营费	1 800	1 770	1 470	1 320

8．有 6 个相互独立的方案，各方案的投资额和年净收益见表 4-26。若资金总限额为 30 万元，各方案的寿命年限均为 10 年。问：当贴现率为 12%时，应如何决策？

表 4-26　各方案的投资额和年净收益　　单元：万元

方案	初始投资	年净收益
A	5.0	1.71
B	7.0	2.28
C	4.0	1.50
D	7.5	1.67
E	9.0	2.35
F	8.5	1.59

9．某项目有 3 个采暖方案 A、B、C，均能满足同样的需要，其费用数据见表 4-27。在基准折现率为 10%的情况下，试用费用现值和费用年值确定最优方案。

表 4-27　3 个方案的费用数据　　单元：万元

方案	总投资(第 0 年末)	年运营费用(第 1 年到第 10 年)
A	200	60
B	240	50
C	300	35

10．某项目有 3 个投资方案，见表 4-28，基准折现率为 10%，用差额内部收益率选择最佳方案。

表 4-28　各方案的具体数据

方案	A	B	C
投资(万元)	2 000	3 000	4 000
年收益(万元)	580	780	920
寿命(年)	10	10	10

11．有 3 个独立型方案，其初始投资分别为 240 万元、385 万元和 420 万元；年净收益分别为 50 万元、75 万元和 82 万元。计算期为 10 年，基准折现率为 10%，若投资限额为 700 万元，用互斥方案组合法求最优方案组合。

【综合实训】

案例：某市造纸厂靠近市区，企业发展遇到困难。为增大生产能力和解决污染问题，拟迁往郊县。为此，需新增投资 5 000 万元。搬迁后，部分设备可继续利用，预计项目计算期为 12 年。对此厂内意见并不一致，不少人考虑到职工上班和生活问题，主张不搬迁。若原地继续生产，必须投资 2 000 万元建设治污设施；同时为再生产 12 年，还要投入 500 万元进行设备大修理和更换几台旧设备。两种方案的比较见表 4-29。

表 4-29　两种方案的数据比较

	年份	1	2	3	4—12
A 方案	净收益	0	0	2 500	3 200
	旧资产		2 000		
	新增投资	5 000			
	净现金流量	−5 000	−2 000	2 500	3 200

续表

	年份	1	2	3	4—12
B 方案	净收益	0	2 400	2 200	3 200
	旧资产	3 000			
	新增投资	2 000	500		
	净现金流量	−5 000	1 900	2 200	3 200

【实训目标】

通过本部分的实践，使学生加深对项目投资的现金流量的评估方法、投资项目决策的投资回收期、净现值和内含报酬率等指标的应用和影响投资项目各因素的分析，投资项目决策的基本程序和方法的理解和认识，进一步熟悉和掌握项目投资的目的。

【实训要求】

1．能够根据案例描述绘制现金流量图。

2．针对两个方案的现金流量，应用投资回收期、净现值、内含报酬率、差额内部收益率等指标对项目进行投资决策。

3．能写出内容完整、目标明确、步骤严密、数据计算准确的投资项目决策书。

4．能通过对市场的调查分析，选择适合的企业，根据投资规模、经营管理措施等因素，帮助企业进行投资决策。

第5章

风险与不确定性分析

学习目标

知识目标	技能目标
(1) 了解不确定性分析的原因和意义	(1) 熟练掌握分析不确定性因素的方法
(2) 掌握盈亏平衡分析方法	(2) 熟练运用盈亏平衡分析解决实际问题
(3) 掌握敏感性分析方法和步骤	(3) 能熟练掌握敏感性分析，解决实际问题
(4) 熟悉概率分析方法	(4) 灵活运用概率分析解决实际问题

知识结构

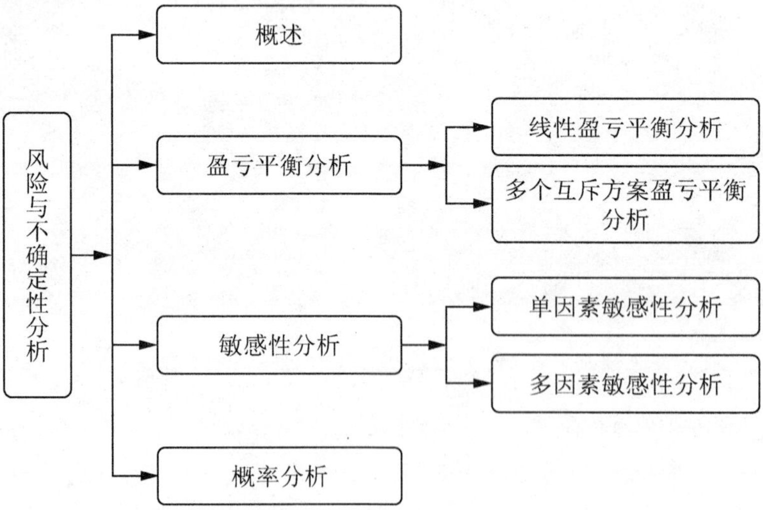

导入案例

项目是否投资，投资要采取何种方案，投资的项目要有多大规模才可以赢利？投资过程中有许多影响因素，这些都可能导致项目投资达不到预期的效果。如生产某种产品有 3 种工艺方案，方案 1：年固定成本 800 万元，单位产品变动成本为 10 元；方案 2：年固定成本 500 万元，单位产品变动成本为 20 元；方案 3：年固定成本 300 万元，单位产品变动成本为 30 元。分析 3 种不同的方案适用的生产规模。

5.1 概　　述

5.1.1 不确定性分析的含义

投资项目实际执行过程中，某些因素的变动可能导致项目经济效益指标偏离原来的预测值，甚至可能发生较大的变化。这些因素是否会出现，出现的可能性有多大，都是不确定的，这就是项目的不确定性。为了估计不确定因素的变化对投资项目经济效益影响的程度，运用一定的方法对影响投资效益的不确定性因素进行计算分析，这就是不确定性分析。实际上不确定性分析是要计算和分析对投资项目有重大影响的不确定因素对项目赢利水平的影响程度，估算出对经济评价指标有重大影响的敏感因素变化范围及其出现在此范围内的几率。

5.1.2 产生不确定性的原因

投资项目及其经济评价的不确定性取决于很多原因，主要有以下几方面。

(1) 物价变动。物价变动有多种情况，投入物价格上升会使项目造价增大，投资额增加；项目投产后投入物价格上升会使生产成本上升，从而减少赢利；而产出物价格上升则会增加销售收入，提高赢利水平。这些是影响经济效益的最基本因素，因而构成了项目评价中一个重要的不确定因素。

(2) 工艺技术的更改。在项目的执行和投产过程中，若发生这些变化会对企业的经济效率和经营成本产生影响，从而引起投资效益指标的变化。

(3) 生产能力的变化。生产能力的变化是指由于原材料供应中能源和动力的保证程度、运输的配套情况、技术的掌握程度、管理水平的高低等原因使项目生产能力达不到设计标准，或者是由于市场的变化，使产品销售量减少，从而使生产能力下降。生产能力下降会使项目的规模效益下降，减少赢利甚至亏损。

(4) 建设期、投产期及投资费用的变化。建设工期延长会增加项目贷款利息，提高建设成本，推迟投产期也将引起投资费用的变化，导致项目的投资规模、经营成本和销售收入等项目经济指标的变化。

(5) 项目经济寿命的变动。项目经济寿命是指项目在经济上的最佳使用年限。项目经济评价中的许多指标是以项目经济寿命为基础的，对项目经济寿命的不确定性分析是项目评价的重要组成部分。

(6) 汇率的变更。在利用外资的项目中，汇率的变动对投资效益指标有重要影响，在评价中需认真分析。

(7) 国内外政府政策和制度的变化。在外资项目中，国内外政府政策和制度对项目的影响较大，这些政策也包括外国政府对我国的经济贸易政策的变化，国内政策包括产业政策、税收政策、企业经营制度的改革等。

5.1.3 不确定性分析的意义

对投资项目进行不确定性分析具有重要的意义，概括起来有以下几点。

(1) 明确不确定因素对投资效益指标的影响范围，了解项目投资效益变动的大小。影响投资效益的不确定性因素对效益指标的影响是不一样的。通过不确定性分析，可以确定各种因素及其作用力度的大小对投资效益指标影响的范围，从而了解项目总体效益变动的大小。

(2) 确定项目评价结论的有效范围。在明确不确定因素的变动及其作用的大小对投资效益指标的影响和项目总体效益变动的大小以后，就可以确定项目评价结论的有效范围，以便项目决策者和执行人员充分了解不确定因素变动的作用界限，尽量避免不利因素的出现。

(3) 提高评价结论的可靠性。通过不确定性分析，依据不确定因素变动对项目投资效益影响的大小和指标变动范围，可以进一步调整项目的评价结论，以提高评价结论的可靠性。

(4) 寻找在效益指标达到临界点时，变量因素允许变化的极限值。由于不确定因素的影响，使得项目效益指标在某一范围内变动，当这些效益指标的变化达到使项目从可行至不可行的本质变化时，称此效益指标达到了临界点，与这一临界点相应的不确定因素的变化值就是这一变量允许变化的极限值。知道这一极限值，有利于投资者在项目的执行和经营过程中，尽量把握住这种因素的变动幅度，避免项目经济效益的下降。

不确定性分析的方法很多，其中最常用的是盈亏平衡分析、敏感性分析、概率分析。

5.2 盈亏平衡分析

5.2.1 盈亏平衡点及其概念

盈亏平衡点又称零利润点、保本点、盈亏临界点。通常是指项目当年的收入等于全部成本时的产量。

盈亏平衡分析是根据项目正常年份的产量、成本、销售收入、税金、销售利润等数据，计算分析产量、成本、利润3者之间的平衡关系，确定盈亏平衡点。以盈亏平衡点为界限，当销售收入高于盈亏平衡点时企业赢利；反之，企业就亏损。在盈亏平衡点上，企业既无赢利，又无亏损。在不确定性分析中，投资者需要明确这一平衡点处于何种水平上，据以判断项目的可行性。

特别提示

盈亏平衡点可以用销售量来表示，即盈亏平衡点的销售量；也可以用销售额来表示，即盈亏平衡点的销售额。盈亏平衡分析的前提是将成本划分为固定成本和变动成本，产品品种单一，并假设产量与销售量相等。由于它根据现行的财税制度和价格进行分析计算，故一般只在财务评价中使用。

5.2.2 线性盈亏平衡分析

线性盈亏平衡分析除了应具备盈亏平衡分析共有的条件外，还应满足下列条件。

(1) 单位产品变动成本相对固定，不随着产量的变化而发生变动，生产总成本是产量的线性函数。

(2) 设定销售价格不变，使销售收入是销售量的线性函数。

(3) 只按单一产品计算，若有多种产品，则应换算为单一产品计算。

线性盈亏平衡分析通常采用图解法和代数法。

1. 图解法

图解法也称图表法，是使用图表的形式来表达盈亏平衡的方法。这种图表称为盈亏平衡图，如图 5.1 所示。通过绘制盈亏平衡图来分析产量、成本和盈利的关系，找出盈亏平衡点。

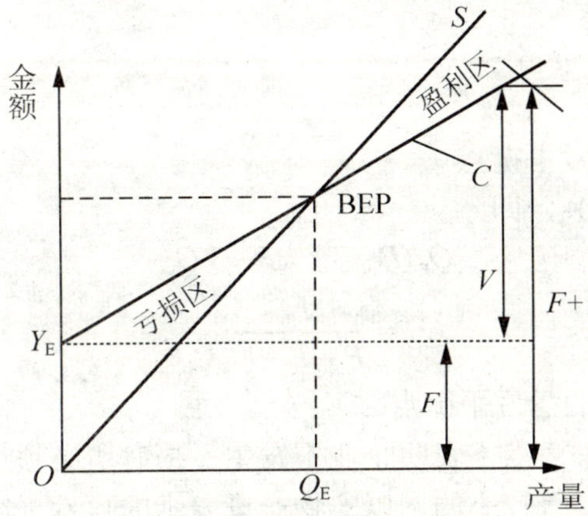

图 5.1 线性盈亏平衡分析图

S——销售收入线；C——销售成本线；BEP——盈亏平衡点；

F——固定成本；V——变动成本；F+V——总成本

盈亏平衡图中的纵轴是收入或成本线，横轴表示产量。由于前提的约束，纵横两轴延伸的距离与各自所表示的数值都是等比例的，在此基础上，可按下列步骤进行。

(1) 根据项目所测算的固定成本数据，在成本线上找出相应的点，由于它是固定不变的，所以该线的延伸应与横轴平行。

(2) 变动成本是随产销量的变动而呈线性变化的，所以它是一条直的斜线，其起点与固定成本线的起点一致，其终点则根据设计年产量计算的变动成本，在相应的横轴和纵轴上找到相应的点。纵轴的点应考虑在固定成本的基础上叠加，以表示总成本的变动情况，找到两点后，然后将这两点连接起来。

(3) 销售收入的起点从零开始，然后根据年产销量和总收入，在横轴与纵轴的交叉点上找到终点，并将这两点用直线连接起来。

在盈亏平衡图上，成本线和收入线之间的交叉点就是盈亏平衡点，该点所对应的横轴的点表示盈亏平衡时的产销量，其所对应纵轴的点表示盈亏平衡时的收入和成本。在盈亏平衡点上，收入等于成本，不亏也不盈。

在盈亏平衡点以左，销售收入不能抵偿成本支出，两线之间的垂直距离表示亏损额。

在盈亏平衡点以右，销售收入大于成本支出，两线之间的垂直距离表示盈利额。

2. 代数法

代数法是以代数方程式来表达产品销售的数量、成本、利润的数量关系，然后再据以确定盈亏平衡点的方法。

产品销售的数量、成本、利润之间的关系可用下式表示：

$$Y_1=Q(P-T) \tag{5-1}$$

$$Y_2=F+VQ \tag{5-2}$$

式中：Y_1——产品销售收入；

Y_2——产品生产总成本；

Q——产量(销量)；

F——固定成本总额；

V——单位产品变动成本；

P——单位产品销售价格；

T——单位产品税金。

1) 以产销量表示的盈亏平衡点

因为在平衡点上，$Y_1=Y_2$，即

$$Q_E(P-T)=F+VQ_E$$

所以

$$Q_E=\frac{F}{P-T-V} \tag{5-3}$$

式中：Q_E为以产销量表示的盈亏平衡点。

以产销量表示的盈亏平衡点，表明企业不发生亏损时所必须达到的最低限度的产品产销量。一个拟建项目如果具有较小的、以实物产量表示的盈亏平衡点，说明该项目只要达到较低的产量即可保本，也表明该项目可以经受产品生产规模变动的较大风险。

2) 以销售收入表示的盈亏平衡点

$$Y_E=P\times\frac{F}{P-T-V} \tag{5-4}$$

3) 以生产能力利用率表示的盈亏平衡点

$$L_E=\frac{Q_E}{Q}\times100\%=\frac{F}{Q(P-T-V)}\times100\% \tag{5-5}$$

式中：L_E——盈亏平衡点的生产能力利用率；

Q——设计年生产量，即项目达到设计能力时的正常年份的生产能力。

4) 以产品单价表示的盈亏平衡点

已知盈亏平衡时，销售收入等于销售成本，即

$$Q\times P(1-t)=Q\times V+F \tag{5-6}$$

式中：t为税率。

盈亏平衡时的产品单价P_E为

$$P_E=\frac{QV+F}{Q(1-t)} \tag{5-7}$$

式中：QV为变动成本总额。

应用实例 5-1

某项目设计生产能力为年产 50 万件产品，根据资料分析，估计单位产品价格为 100 元，单位产品可变成本为 80 元，固定成本为 300 万元，试用产量、生产能力利用率、销售额、单位产品价格分别表示项目的盈亏平衡点。已知该产品销售税金及附加的合并税率为 5%。

【案例点评】首先计算产量，再计算其他各项指标。

解：

$$Q_E = \frac{300\times 10\,000}{100-80-100\times 5\%} = 200\,000\ (\text{万件})$$

$$L_E = \frac{300\times 10\,000}{(100-80-100\times 5\%)\times 500\,000}\times 100\% = 40\%$$

$$Y_E = \frac{100\times 300\times 10\,000}{100-80-100\times 5\%} = 2\,000\ (\text{万元})$$

$$P_E = \frac{Q\times 80+300\times 10\,000}{Q(1-5\%)} = 90.53(\text{元/件})$$

计算结果表明，只要达到年产销量 20 万件，销售额 2 000 万元，生产能力利用率为 40%，或按设计年产量销售时，产品售价达 90.53 元/件，该项目即可保本。

5.2.3 多个互斥方案盈亏平衡分析

在需要对若干个互斥方案进行比选的情况下，如果是某一个共有的不确定因素影响这些方案的取舍，可以采用下面介绍的盈亏平衡分析方法帮助决策。

设两个互斥方案的经济效果都受某不确定因素 x 的影响，我们可以把 x 看做一个变量，把两个方案的经济效果指标都表示为 x 的函数：

$$E_1 = f_1(x) \qquad E_2 = f_2(x)$$

式中：E_1 和 E_2 分别为方案 1 与方案 2 的经济效果指标。

当两个方案的经济效果相同时，有

$$f_1(x) = f_2(x)$$

解出使这个方程式成立的 x 值，即为方案 1 与方案 2 的盈亏平衡点，也就是决定这两个方案孰优孰劣的临界点。结合对不确定因素 x 未来取值范围的预测，就可以做出相应的决策。

本章导入案例分析

结合本章的导入案例，我们分析 3 种不同的工艺方案适用的生产规模各是多少。

【案例点评】各方案年总成本均可表示为产量 Q 的函数：

$$C_1 = C_{f1} + C_{v1}Q = 800 + 10Q$$

$$C_2 = C_{f2} + C_{v2}Q = 500 + 20Q$$

$$C_3 = C_{f3} + C_{v3}Q = 300 + 30Q$$

各方案的年总成本函数曲线如图 5.2 所示。可以看出，3 个方案的年总成本函数曲线两两相交于

L、M、N三点，各个交点所对应的产量就是相应的两个方案的盈亏平衡点。在本例中，Q_M是方案2与方案3的盈亏平衡点，Q_N是方案1与方案2的盈亏平衡点。显然，当$Q<Q_M$时，方案3的年总成本最低；当$Q_M<Q<Q_N$时，方案2的年总成本最低；当$Q>Q_N$时，方案1的年总成本最低。

当$Q=Q_M$时，$C_2=C_3$，即

$$C_{f2}+C_{v2}Q_M=C_{f3}+C_{v3}Q_M$$

$$Q_M=\frac{C_{f2}-C_{f3}}{C_{v3}-C_{v2}}=\frac{500-300}{30-20}=20\text{(万件)}$$

当$Q=Q_N$时，$C_1=C_2$，即

$$C_{f1}+C_{v1}Q_N=C_{f2}+C_{v2}Q_N$$

$$Q_N=\frac{C_{f1}-C_{f2}}{C_{v2}-C_{v1}}=\frac{800-500}{20-10}=30\text{(万件)}$$

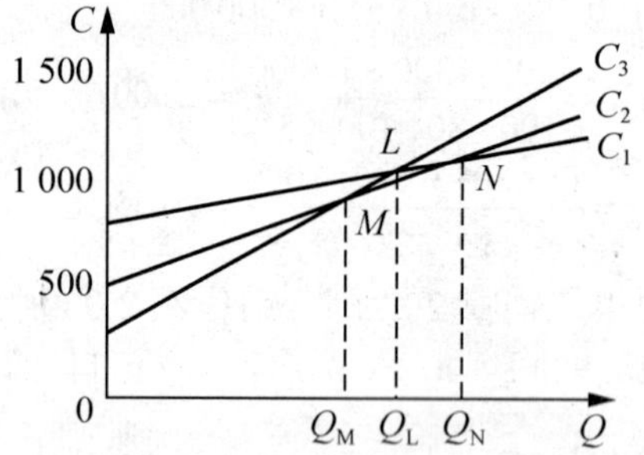

图5.2　各方案的年成本曲线

由此可知，当预期产量低于20万件时，应采用方案3；当预期产量在20万件至30万件之间时，应采用方案2；当预期产量高于30万件时，应采用方案1。

应用实例5-2

某建设项目需要安装一条自动化生产线，现在有3种方案可供选择。A方案：从国外引进全套生产线，年固定成本为1 350万元，单位产品可变成本为1 800元；B方案：仅从国外引进主机，国内组装生产线，年固定成本为950万元，单位产品可变成本为2 000元；C方案：采用国内生产线，年固定成本为680万元，单位产品可变成本为2 300元。假设生产线的生产能力相同，试分析各种方案适用的生产规模。

【案例点评】各方案的总成本(TC)均是产量Q的函数，即

$$TC_A=1350+0.18Q$$

$$TC_B=950+0.2Q$$

$$TC_C=680+0.23Q$$

因此以Q为变量，做出3个方案的总成本线(TC线)，如图5.3所示。

可以根据盈亏平衡点的定义来分别计算出Q_1、Q_2和Q_3。

当产量水平为Q_1时，

$$TC_B=TC_C\quad 950+0.2Q_1=680+0.23Q_1$$

可解得$Q_1=0.9$(万件)。

当产量水平为Q_2时，

$$TC_A=TC_C\quad 1350+0.18Q_2=680+0.23Q_2$$

可解得$Q_2=1.34$(万件)。

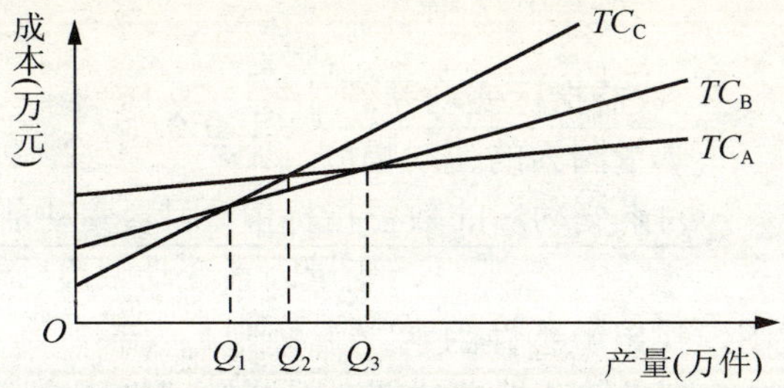

图 5.3 3 个方案的总成本线

当产量水平为 Q_3 时，

$$TC_A = TC_B \quad 1\,350 + 0.18Q_3 = 950 + 0.2Q_3$$

可解得 $Q_3 = 2.0$ (万件)。

由上面的计算结果和图 5.3 可知，当产量水平低于 0.9 万件时，以 C 方案为最经济，当产量水平在 0.9 万件～2 万件时，以 B 方案为最佳，而当产量水平高于 2 万件时，又以方案 A 最为合理。

5.3 敏感性分析

5.3.1 敏感性分析的概念

一个投资方案的各基本变量因素的敏感性是指该因素稍有变化即可引起某一个或几个经济指标的明显变化，以致会改变原来的决策。所谓敏感性分析，是通过测定一个或多个敏感性因素的变化所导致的评价指标的变化幅度，了解各种因素的变化对实现预期目标的影响程度，从而对外部条件发生不利变化时的投资方案的承受能力做出判断。敏感性分析是经济决策中常用的一种不确定性分析方法。根据不确定性因素每次变动数目的多少，敏感性分析可以分为单因素敏感性分析和多因素敏感性分析。

5.3.2 敏感性分析的步骤和方法

1. 步骤

1) 确定敏感性分析的研究对象

敏感性分析是研究不确定因素对投资项目效益指标影响的分析。因此，它的研究对象是众多的投资效果指标。在对具体项目进行分析时，应根据项目所处的不同阶段和指标的重要程度选取不同的研究对象。如项目建议书阶段，通常选择投资收益率和投资回收率作为分析对象；在项目可行性分析阶段，一般选用净现值和内部收益率指标作为分析对象。

2) 选择需要分析的不确定因素

影响项目经济效益指标的不确定因素很多，不可能对每一个因素都作敏感性分析。因此，在进行敏感性分析时，只可分析那些对项目经济效益指标有较大影响的，并且在项目整个寿命期内最有可能发生变化的影响因素。这些因素通常有：总投资、产品价格、总成本等。

3) 计算分析变量因素的变化对经济指标的影响，计算变化率

设定某个不确定因素的可能变化幅度，其他因素不变，计算经济效益指标的变动结果，计算出变化率。每一个因素做上述测定后，计算出因素变动以及相应指标变动的结果。变

量因素变化率的公式为

$$\text{变化率}=\frac{\text{效益指标变动差额}}{\text{变量因素的变动幅度}}\times 100\%$$
$$=\frac{\text{因素变动后的效益指标值}-\text{因素变动前的效益指标值}}{\text{变量因素变动幅度}}\times 100\%$$

4) 绘制敏感性曲线图，找出敏感性因素

将第3步计算的结果绘制成敏感性曲线图，寻找敏感性因素。确定敏感性因素可采用相对测定法进行测定，即在测算变量因素的变动对经济指标的影响时，将各个不确定因素的变化率取用一数值，再来计算经济效果指标的影响大小，按其大小进行排列，对经济效果指标影响最大的因素即为敏感性因素。

5) 明确敏感性因素变化的最大极限值

可能发生最大变化的终极点称为最大极限值，该值所引起的效益变化可能超过项目的临界值。求解出因素变化的最大极限值和最大允许极限值，不但能很快找出敏感性因素，而且还便于在项目进行过程中密切注视该因素的变化。

2. 方法

1) 单因素敏感性分析

每次只考虑一个因素的变动，而让其他因素保持不变时所进行的敏感性分析，叫做单因素敏感性分析。单因素敏感性分析还应求出导致项目由可行变为不可行的不确定因素变化的临界值。临界值可以通过敏感性分析图求得。具体做法是：将不确定因素变化率作为横坐标，以某个评价指标，如内部收益率为纵坐标作图，由每种不确定因素的变化可得到内部收益率随之变化的曲线。每条曲线与基准收益率的交点称为该不确定因素的临界点，该点对应的横坐标即为不确定因素变化的临界点。

应用实例5-3

某小型电动汽车的投资方案，用于确定性经济分析的现金流量见表5-1，所采用的数据是根据未来最可能出现的情况而预测估算的。由于对未来影响经济环境的某些因素把握不大，投资额、经营成本和销售收入均有可能在±20%的范围内变动。设定基准折现率10%，不考虑所得税，试就3个不确定性因素作敏感性分析。

表5-1　小型电动汽车项目现金流量表　　单位：万元

年份	0	1	2—10	11
投资	150 000			
销售收入			19 800	19 800
经营成本			15 200	15 200
期末资产残值				2 000
净现金流量	−150 000		4 600	6 600

【案例点评】

设投资额为K，年销售收入为B，年经营成本为C，期末残值为L，选择净现值指标评价方案的经济效果。

(1) 确定性分析。

$$\begin{aligned}NPV &= -K+(B-C)(P/A,10\%,10)(P/F,10\%,1)+\\&\quad L(P/F,10\%,11)\\&=-150\,000+4\,600(P/A,10\%,10)(P/F,10\%,1)+\\&\quad 2\,000(P/F,10\%,11)\\&=11\,394(\text{万元})\end{aligned}$$

(2) 设定投资额变动的百分比为 x，分析投资额变动对方案净现值影响的计算公式为

$$NPV=-K(1+x)+(B-C)(P/A,10\%,10)(P/F,10\%,1)+L(P/F,10\%,11)$$

(3) 设定经营成本变动的百分比为 y，分析成本变动对方案净现值影响的计算公式为

$$NPV=-K+[B-C(1+y)](P/A,10\%,10)(P/F,10\%,1)+L(P/F,10\%,11)$$

(4) 设定销售收入变动的百分比为 z，分析销售收入变动对方案净现值影响的计算公式为

$$NPV=-K+[B(1-z)-C](P/A,10\%,10)(P/F,10\%,1)+L(P/F,10\%,11)$$

(5) 相对效果分析。

分别对 x、y、z 取不同的值，计算出各不确定因素在不同变动幅度下方案的 NPV，结果见表 5-2。

表 5-2　各不确定因素在不同变动幅度下方案的 NPV

变动率 参数/万元	−20%	−15%	−10%	−5%	0	5%	10%	15%	20%
投资额	14 394	13 644	12 894	12 144	11 394	10 644	9 894	9 144	8 394
经营成本	28 374	24 129	19 844	15 639	11 394	7 149	2 904	−1 341	−5 586
销售收入	−10 725	−5 195	335	5 864	11 394	16 924	22 453	27 983	33 513

(6) 绘制敏感性分析图(图 5.4)。

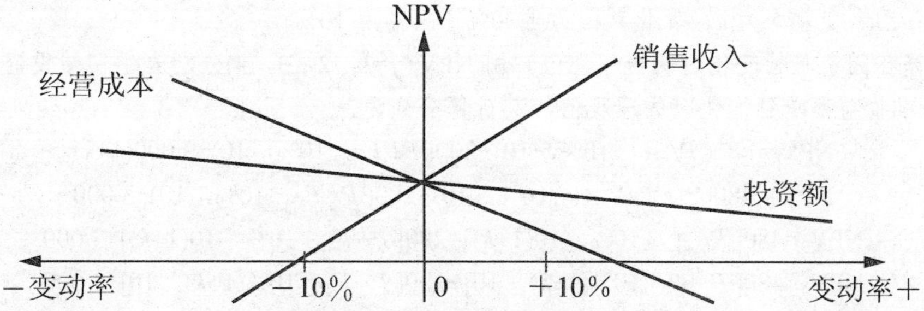

图 5.4　敏感性分析图

(7) 绝对效果分析。

取 NPV=0，计算得：x=76.0%，y=13.4%，z=−10.3%。

如果经营成本与销售收入不变，投资额增长 76.0%；如果投资额与销售收入不变，经营成本增长 13.4%；如果投资额与经营成本不变，销售收入低于预期值 10.3%，方案才变得不可接受。因此，销售收入变动对净现值影响最大，经营成本的变动次之，投资额变动的影响很小。

(8) 综合评价。

对于方案来说，产品价格与经营成本都是敏感因素。在做出决策前，应该对产品价格和经营成本及其可能变动的范围做出更为精确的预测估算。如果产品价格低于原来预测值 10.3%以上或经营成本高于原预测值 13.4%以上的可能性较大，则意味着这笔投资有较大的风险。另外，经营成本的

变动对方案经济效果有较大影响这一分析结论还说明，如果实施本方案，严格控制经营成本将是提高项目经营效益的重要途径。至于投资额，显然不是本方案的敏感因素，即使增加 20%甚至更多一些也不会影响决策的结论。

2) 多因素敏感性分析

多因素敏感性分析是指在假定其他不确定性因素不变条件下，计算分析两种或两种以上不确定性因素同时发生变动，对项目经济效益值的影响程度，确定敏感性因素及其极限值。多因素敏感性分析一般是在单因素敏感性分析基础上进行的，单因素敏感性分析的方法简单，但其不足之处在于忽略了因素之间的相关性。实际上，一个因素的变动往往也伴随着其他因素的变动，多因素敏感性分析考虑了这种相关性，因而能反映几个因素同时变动对项目产生的综合影响。

应用实例 5-4

设某投资方案的初始投资为 3 000 万元，年净收益 480 万元，寿命期 10 年，基准收益率 10%，期末残值 200 万元。

(1) 试对主要参数初始投资、年净收益、寿命期和基准收益率单独变化时的净现值进行单因素敏感性分析。

(2) 对此案例进行多因素敏感性分析。

【案例点评】

1) 单因素敏感性分析

(1) 确定方案经济评价指标——净现值。

(2) 设各因素变化率为 k，变化范围为±30%，间隔为 10%。

(3) 计算各因素单独变化时所得净现值。用 $NPV_j(j=1，2，3，4)$分别表示初始投资、年净收益、寿命期和基准收益率单独变化时的净现值，其计算公式为

$$NPV_1=480(P/A，10\%，10)+200(P/F，10\%，10)-3\,000(1+k)$$

$$NPV_2=480(1+k)(P/A，10\%，10)+200(P/F，10\%，10)-3\,000$$

$$NPV_3=480[P/A，10\%，10(1+k)]+200[P/F，10\%，10(1+k)]-3\,000$$

$$NPV_4=480[P/A，10\%(1+k)，10]+200[P/F，10\%(1+k)，10]-3\,000$$

计算结果见表 5-3。

表 5-3　各因素单独变化时所得净现值

变化率 参数/万元	−30%	−20%	−10%	0	10%	20%	30%
初始投资	927	627	327	27	−273	−573	−873
年净收益	−858	−563	−268	27	321	616	911
寿命期	−560	−346	−151	27	170	334	468
基准收益率	479	313	170	27	−98	−224	−436

根据表中的数据，画出敏感性分析图(图 5.5)。用横坐标表示参数变化率 k，纵坐标表示净现值。

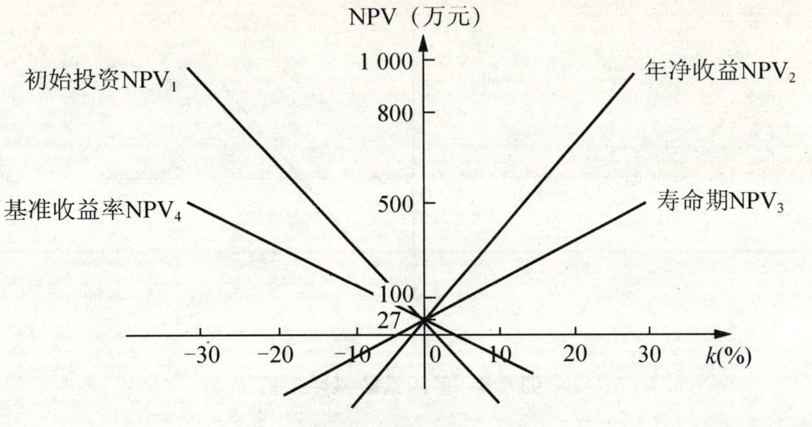

图 5.5　敏感性分析图

(4) 确定敏感性因素，对方案的风险情况做出判断。在敏感性分析图上找出各敏感性曲线与横轴的交点，这一点上的参数值就是使净现值等于零的临界值。

初始投资的敏感曲线与横轴交点约为 0.98%，此时初始投资为

$$K=3\,000\times(1+0.98\%)=3\,029(\text{万元})$$

即初始投资增加到 3 029 万元时，净现值降至零，说明初始投资必须控制在 3 029 万元以下，方案才是可行的。

年净收益与横轴交点约为−1%，使方案可行的年净收益为

$$M\geqslant 480\times(1-1\%)=475(\text{万元})$$

寿命期与横轴交点约为−5%，使方案可行的寿命期为

$$n\geqslant 10\times(1-5\%)=9.5(\text{年})$$

基准收益率与横轴交点约为 4.8%，使方案可行的基准收益率为

$$i\leqslant 10\%\times(1+4.8\%)=10.48\%$$

对比各因素的临界变化率 k_j 及敏感曲线的形状，可知临界变化率绝对值较小则敏感曲线较陡，相应参数的变化对净现值的影响较大。

2) 多因素敏感性分析

在以上计算中，我们得到 4 个主要因素的临界变化率分别是：初始投资 0.98%，年净收益−1%，寿命期−5%，基准收益率 4.8%。其中，最为敏感的两个因素是年净收益和初始投资，因此对这两个因素做多因素敏感性分析。

设初始投资变化率为 x，年净收益变化率为 y，有

$$NPV=480(1+y)(P/A，10\%，10)+200(P/F，10\%，10)-3\,000(1+x)=26.51-3\,000x+2\,949.41y$$

令 NPV=0，有

$$y=1.02x-0.01$$

在坐标系上画出一直线，如图 5.6 所示。

临界线 NPV=0 在 x 轴和 y 轴上截得的点分别是(0.98%，0)和(0，−1%)，0.98%和−1%正是单因素变化时初始投资和年净收益的临界变化率。因此，如果先进行了单因素敏感性分析，对呈线性变化的因素进行双因素分析就可以简化，只要将两个因素的临界变化率找到，连接这两点而成的直线即为双因素临界线。

由图 5.6 可知，临界线把平面分成两个部分，左上平面为年净收益增加、初始投资减小，应是方案的可行区域；右下平面为年净收益减小、初始投资增加，是方案的不可行区域。所以，为了保证方案在经济上可接受，应设法防止右下平面区域的变化组合情况出现。

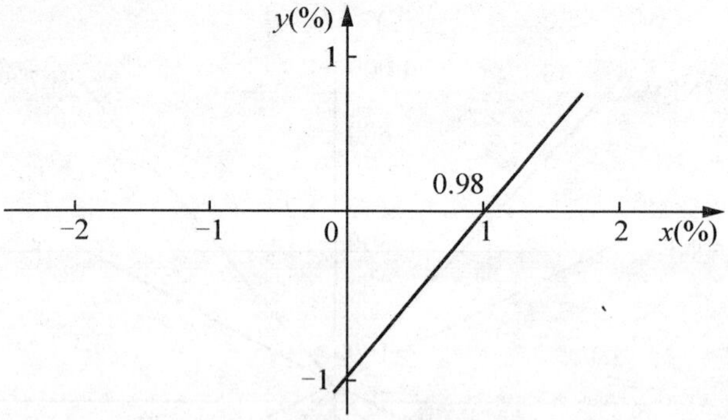

图 5.6　多因素敏感性分析

特别提示

敏感性分析的优点：①一定程度上对不确定因素的变动对投资效果的影响作了定量描述；②了解了不确定因素的风险程度；③集中重点控制管理敏感因素局限性。缺点：不能说明不确定因素发生的可能性大小。

5.4　概 率 分 析

5.4.1　概率分析的定义

在投资过程中，某些参数(基本变量)发生变化时，投资过程中的某些特性也随之发生变化。当特性变化服从统计规律时，参数是一种随机变量，服从某种概率分布，在这种情况下，我们就要采用概率分析方法，对其进行不确定性分析。项目评估中的概率分析是指运用概率方法研究计算各种不确定因素和风险因素的变动情况，确定它们的概率分布、期望值以及标准偏差，进而估计出对项目经济效益影响程度的一种定量分析方法。

进行概率分析具体的方法主要有期望值法、效用函数法和模拟分析法等。其中期望值法在项目评估中应用最为普遍，本节内容只对其做简单介绍。

特别提示

概率分析常用于对若干重要的大中型项目的评估和决策之中。

5.4.2　概率分析中的几个基本概念

1. 随机现象

投资过程中某一参数(变量)的变化是不确定的，这一参数在何时变化至何种程度，其结果是无法事先把握的。因此，这一参数的变动，是一种随机现象。比如，原材料或产品的价格，在项目寿命期内的变动时间及幅度是不确定的，难以事先预言或掌握，因而原材料或产品价格的变动是一种随机现象。

2. 随机事件

我们把每一种随机现象连同其结果，称为一次随机事件。如产品的价格在某一时期内多次变动及其变动的结果是可以描述的，这个几乎可以确定的变动结果就是一次随机事件。

3. 随机变量

表示某一随机事件变动结果及程度的变量称为随机变量。如产品价格增长了 10%，是表示产品价格变动的结果或程度，因而是一个随机变量。但是，由于产品价格的变动幅度不确定，是随着偶然因素的变动而变动的，故产品价格的变动结果是可以由若干个随机变量来表示的。随机变量可分为离散型随机变量和连续型随机变量。

4. 概率

出现某种随机事件的次数与各种可能出现随机事件的次数总和之比，称为某一随机事件的概率。通常用 $P(X)$表示随机事件可能出现的概率。

5. 概率分布

所有随机变量可能出现的概率取值的分布情况，称为概率分布。概率分析实际上是要分析和研究随机变量的概率分布情况，并据以测得期望值与标准偏差。

6. 期望值

期望值也称数学期望值，它是随机事件的各种变量与相应概率的加权平均值。期望值就是代表了不确定因素在实际中最可能出现的值。离散型随机变量及连续型随机变量期望值的计算公式是不一样的。离散型随机变量是指发生的可能变化为有限次数，并且每次发生的概率值为确定的随机变量。它的期望值计算公式为

$$E(X)=\sum_{i=1}^{n}X_iP_i \tag{5-8}$$

式中：$E(X)$——随机变量 X 的期望值；

i——随机变量的序数，i=1，2，…，n；

X——随机变量值；

P_i——对应于 X_i 的概率值。

连续型随机变量是指事件发生的可能变化在有限的区间内可以有无限次数，其概率总和为 1 的随机变量。它的期望值计算公式为

$$E(X)=\int_{-\infty}^{+\infty}f(x)\mathrm{d}x \tag{5-9}$$

式中：$f(x)$——随机变量的变化函数。

特别提示

期望值法是通过计算项目净现值的期望值和净现值大于或等于零时的累计概率，来比较方案优劣、确定项目可行性和风险程度的方法。

7. 标准偏差(均方差)

标准偏差就是能够表示数学期望值与实际值的偏差程度的一个概念，有时也叫均方差。随机变量 X 的标准偏差 δ 可定义为

$$\delta = \pm\sqrt{\sum_{i=1}^{n} P_i[X_i - E(X)]^2} \tag{5-10}$$

标准偏差指标越小，说明实际发生的可能情况与期望值越接近，期望值的稳定性也越高，项目风险就小，反之亦然。因此，一个好的项目应该具有较高的期望值和较小的标准偏差。

8. 变异系数

仅用标准偏差来衡量项目的风险具有局限性，因为它仅是一个绝对值指标，如果项目的投资额很大，具有不同方案的期望值也很大，作为绝对指标的标准偏差一定很大。为此，要采用变异系数来估算方案的相对风险，其公式为

$$U = \frac{\delta}{E(X)} \tag{5-11}$$

式中：U——变异系数，U越小，项目的相对风险就越小，反之亦然。

5.4.3 概率分析的应用

运用概率分析方法可以计算项目净现值的期望值及净现值大于或等于零的累计概率。

1. 净现值的期望值计算

应用实例 5-5

某项目年产量200万件，建设期为2年，经营期10年，在不确定因素的影响下，其投资、销售价格的经营成本可能发生的变化见表5-4、表5-5、表5-6。

表5-4 投资的变动

年份	1		2	
可能发生情况	i	ii	i	ii
数值/万元	1 000	1 100	2 000	2 200
概率	0.8	0.2	0.7	0.3

表5-5 销售价格

年份	3—12		
可能发生情况	i	ii	iii
数值/(元/件)	4	6	7
概率	0.4	0.4	0.2

表5-6 经营成本

年份	3—12		
可能发生情况	i	ii	iii
数值/万元	180	200	220
概率	0.3	0.4	0.3

【案例点评】

(1) 计算各年净现金流量的期望值。

第 1 年：−1 000×0.8−1 100×0.2=−1 020(万元)

第 2 年：−2 000×0.7−2 200×0.3=−2 060(万元)

第 3—12 年：

$$200\times(4\times0.4+6\times0.4+7\times0.2)-(180\times0.3+200\times0.4+220\times0.3)=880(\text{万元})$$

(2) 求净现值 NPV 的期望值 E(NPV)。(按折现率 10%计算)

$$E(\text{NPV})=-1\,020\times0.909-2\,060\times0.826+880\times5.078=1\,839.9(\text{万元})$$

2. 净现值大于等于零的累计概率的计算

应用实例 5-6

某项目需投资 20 万元，建设期 1 年。根据预测，项目生产期的年收入(各年相同)为 5 万元、10 万元和 12.5 万元的概率分别为 0.3，0.5 和 0.2。在每一收入水平下生产期 2 年、3 年、4 年和 5 年的概率分别为 0.2，0.2，0.5 和 0.1，按概率 10%计算，试对项目净现值的期望值进行累计概率分析。

【案例点评】

以年收入 10 万元，生产期 4 年的事件为例，计算各期可能发生事件的概率和净现值。

事件发生的概率为 0.5×0.5=0.25

净现值$=-200\,000\times(1+10\%)^{-1}+100\,000\times[(1+10\%)^{-2}+(1+10\%)^{-3}+(1+10\%)^{-4}+(1+10\%)^{-5}]$

=106 342(万元)

$$\text{加权净现值}=106\,342\times0.25=26\,586(\text{元})$$

按上述办法将不同情况分别计算，并把结果列于表 5-7，再将表 5-7 中的加权净现值从小到大排列，并计算出累计概率，计算结果详见表 5-8。

表 5-7　净现值、加权净现值计算表

发生的可能性	净现值／元	加权净现值／元
0.06	−102 950	−6 177
0.06	−66 800	−4 008
0.15	−37 750	−5 662.5
0.03	−9 550	−286.5
0.10	−24 100	−2 410
0.10	44 200	4 420
0.25	106 342	26 586
0.05	162 700	8 135
0.04	15 325	613
0.04	100 700	4 028
0.10	178 325	17 832.5
0.02	248 823	497 605
合计 1.00	—	—

表 5-8 净现值累计概率表

净现值 / 元	累计概率
−6 177	0.06
−5 662.5	0.21
−4 008	0.27
−2 410	0.37
−286.5	0.40
613	0.44
4 028	0.48
4 420	0.58
4 976.5	0.60
8 135	0.65
17 832.5	0.75
26 586	1.00

$$P(\text{NPV}\geqslant 0)=1-P(\text{NPV}<0)=1-0.4=0.6$$

所以，这个项目的净现值的期望值为 48 047 元，净现值大于或等于零的概率为 0.6。

本章小结

投资经济活动中，为了提高经济评价的准确度和可信度，避免和减少投资决策的失误，有必要对投资方案作不确定性分析，为投资决策提供客观、科学的依据。

不确定性分析是为了估计不确定因素的变化对投资项目经济效益影响的程度，运用一定的方法对影响投资效益的不确定性因素进行计算分析。不确定性分析的方法很多，其中最常用的是盈亏平衡分析、敏感性分析、概率分析。盈亏平衡分析是根据项目正常年份的产量、成本、销售收入、税金、销售利润等数据，计算分析产量、成本、利润 3 者之间的平衡关系，确定盈亏平衡点，它只用于财务评价。

敏感性分析是通过测定一个或多个敏感性因素的变化所导致的评价指标的变化幅度，了解各种因素的变化对实现预期目标的影响程度，从而对外部条件发生不利变化时的投资方案的承受能力做出判断。它是经济决策中常用的一种不确定性分析方法。项目评估中的概率分析是指运用概率方法研究计算各种不确定因素和风险因素的变动情况，确定它们的概率分布、期望值以及标准偏差，进而估计出对项目经济效益影响程度的一种定量分析方法。敏感性分析和概率分析可同时用于财务评价和国民经济评价。

复习思考题

一、单项选择题

1. 技术方案评价中的敏感性分析各种不确定因素发生变化时，对经济效果评价指标的影响，并计算敏感度系数和临界点，找出(　　)。

A．敏感因素　　B．风险因素　　C．影响因素　　D．不确定性因素

2．固定成本是指在一定的产量范围内不受生产数量变化影响的成本费用，下列不属于固定成本的费用是(　　)。

A．福利费　　B．折旧费　　C．材料费　　D．修理费

3．某技术方案有一笔长期借款，每年付息 80 万元，到期一次还本。技术方案年折旧费为 120 万元，该技术方案正常生产年份的原材料费用为 1 000 万元，管理人员工资福利费 100 万元。则上述构成固定成本的费用额为(　　)。

A．300 万元/年　　B．1 200 万元/年

C．1 220 万元/年　　D．1 300 万元/年

4．可变成本是随产品产量的增减而成正比例变化的各项成本。下列不属于可变成本费用的是(　　)。

A．原材料消耗　　B．燃料动力费　　C．计件工资　　D．管理人员工资

5．在基本的量本利图中，横坐标为产销量，纵坐标为金额。在一定时期内，产品价格不变时，销售收入随产销数量增加而增加，呈线性函数关系；当单位产品的变动成本不变时，总成本也呈线性变化。销售收入线与总成本线的交点是盈亏平衡点，也称(　　)。

A．盈利点　　B．临界点　　C．亏损点　　D．保本点

6．根据基本的量本利图可知，当企业在小于 Q_0 的产销量下组织生产，则技术方案亏损；在大于 Q_0 的产销量下组织生产，则技术方案赢利。单位产品售价为 p，年固定成本为 C_F，单位变动成本为 C_V，单位产品销售税金为 T_V，则以产销量表示的盈亏平衡点 BEP(Q)=(　　)。

A．$\dfrac{C_F}{p-C_V-T_V}$　　B．$\dfrac{p(C_F+C_V)}{T_V}$　　C．$\dfrac{C_F+C_V-T_V}{p}$　　D．$\dfrac{C_V}{p(C_F-T_V)}$

7．当技术方案年设计生产能力为 15 万台，年固定成本为 1 500 万元，产品单台销售价格为 800 元，单台产品可变成本为 500 元，单台产品销售税金及附加为 80 元，该技术方案盈亏平衡点的产销量 BEP(Q)为(　　)。

A．58 010 台　　B．60 000 台　　C．60 100 台　　D．68 181 台

8．某技术方案年设计生产能力为 20 万台，产品单台销售为 1 600 元，生产人员基本工资 1 600 万元/年，设备折旧费 850 万元/年，管理费 750 万元/年，原材料费 16 000 万元/年，包装费 1 400 万元/年，生产用电费 800 万元/年，单台产品销售税金及附加为 200 元，则该技术方案的盈亏平衡点的产销量为(　　)。

A．20 000 台　　B．46 300 台　　C．65 306 台　　D．80 000 台

9．某技术方案年设计生产能力为 10 万台，年固定成本为 1 200 万元，产品单台销售价格为 900 元，单台产品可变成本为 560 元，单台产品营业税金及附加为 120 元，则该技术方案的盈亏平衡生产能力利用率为(　　)。

A．53.50%　　B．54.55%　　C．65.20%　　D．74.50%

二、多项选择题

1．技术方案不确定性因素产生的原因有(　　)。

A．所依据的基本数据不足或统计偏差

B．决策者水平的局限

C．生产工艺或技术的更新

D．预测方法的局限和不准确

2．下列关于盈亏平衡分析的说法正确的有(　　)。

A．盈亏平衡点越小，项目投产后赢利的可能性越大，抗风险能力越强

B．当企业在小于盈亏平衡点的产量下组织生产时，企业赢利

C．盈亏平衡分析只适用于技术方案的经济效果评价

D．生产能力利用率大于盈亏平衡点的利用率时，企业即可赢利

E．盈亏平衡分析不能反映产生技术方案风险的根源

3．盈亏平衡分析方法中根据成本费用与产量关系可将总成本费用分解为(　　)。

A．生产成本　　B．可变成本

C．固定成本　　D．直接成本

E．半可变(或半固定)成本

4．将量本利模型的关系反映在直角坐标系中，构成量本利图。下列关于量本利图的说法正确的是(　　)。

A．销售收入线与总成本线的交点是盈亏平衡点

B．在盈亏平衡点的基础上，满足设计生产能力增加产销量，将出现亏损

C．产品总成本是固定总成本和变动总成本之和

D．盈亏平衡点的位置越高，适应市场变化的能力越强

E．盈亏平衡点的位置越高，项目投产后赢利的可能性越小

5．敏感度系数提供了各个不确定因素变动率与评价指标变动率之间的比例，正确表述敏感度系数的说法是(　　)。

A．敏感度系数的绝对值越小，表明评价指标对于不确定性因素越敏感

B．敏感度系数的绝对值越大，表明评价指标对于不确定性因素越敏感

C．敏感度系数大于零，评价指标与不确定性因素同方向变化

D．敏感度系数小于零，评价指标与不确定性因素同方向变化

E．敏感度系数越大，表明评价指标对于不确定性因素越敏感

6．在单因素敏感性分析时，常选择的不确定性因素主要是(　　)。

A．内部收益率　　B．技术方案总投资

C．产品价格　　D．经营成本

E．产销量

三、计算题

1．设某电视机生产项目设计年产电视机50 000台，每台售价4 000元，销售税率15%。该项目投产后年固定费用总额3 100万元，单位产品变动费用为1 740元，设产量等于销量，试对项目进行盈亏平衡分析。

2．某产品有两种生产方案，方案A初始投资为70万元，预期年净收益15万元；方案B初始投资170万元，预期年净收益35万元。该项目产品的市场寿命具有较大的不确定性，如果给定基准折现率为15%，不考虑期末资产残值，试就项目寿命期分析两方案的临界点。

第6章

设备更新经济分析

学习目标

知识目标	技能目标
(1) 了解设备更新的意义、原则和程序 (2) 了解设备磨损的不同类型和补偿方式 (3) 了解经济寿命的确定 (4) 了解设备更新的特点、原则 (5) 了解设备更新方案的选择 (6) 了解租赁的类型及优势 (7) 了解设备租赁的经济型分析	(1) 熟悉设备更新对于企业的重要意义 (2) 通过经济分析判断设备更新的最佳时机 (3) 学会不同条件下设备磨损补偿方式的选择 (4) 运用设备更新方案比选的基本原理选择最佳方案 (5) 熟悉设备租赁不同方式的选择 (6) 通过经济分析判断方案的优劣

知识结构

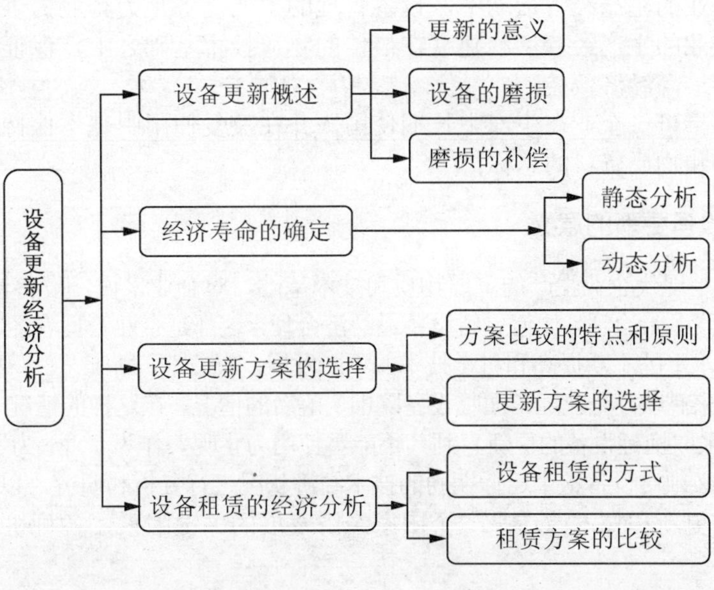

导入案例

设备管理关乎企业效益

商品经济的实践向人们揭示的客观规律是：一个企业的兴衰在市场，市场的关键是产品，产品的关键是设备和人。“设备管理”既是研究设备本身物质运动和价值运动的系统工程，也是研究设备与人组成的复合系统工程。充分发挥系统功能，对工业企业经营活动有至关重要的作用，大量事实能充分证明这一论点。

山东青岛有两个啤酒厂。甲厂1995年投产以来，经济效益一直不佳，但从2000年开始起飞，以平均每年640万元的经济效益递增。2005年年初兼并了几个亏损企业，成立了集团公司，当年利税5 500万元，充分发挥了骨干企业的作用，取得了显著的社会效益和经济效益。是什么原因使甲厂发生巨变呢？是设备和设备管理工作。2000年前，甲厂的两条啤酒灌装线都是国产第一代试制产品，一条故障停机率高达30%，另一条设计制造不成熟，安装4年总开机时间不到4个月，根本不能使用。灌装线酒损耗高达20%左右，造成该企业有酒灌不出，只能夏季低价卖散酒。本来市场很好，啤酒供不应求，但甲厂却是好市场、低效益。该厂总结经验，吸取教训，于2000年在国内购买性能好的单机，选配了两条灌装线，投产后每线稳定班产35吨，酒损控制在2%左右，故障停机率小于1%，为甲厂的高产、优质、低消耗提供了可靠的保障，奠定了经济腾飞的基础。在这一巨变中，全厂职工深刻认识到了设备前期管理工作的重要性，尝到了设备管理的甘甜。

乙厂2001年投产，投产初期几年效益很好，报纸、电台经常报道，知名度很高，在人们的心目中认为乙厂比甲厂产品好、活力强，是个很有前途和希望的好企业。但好景不长，几年后设备老化，加上新引进的一条灌装线因地基和安装不符合要求而不能充分发挥效能，导致乙厂每况愈下，连续亏损，2005年终于被甲厂兼并。兼并后从设备管理入手，进行调整、修理，2008年该厂不仅扭亏，而且创利税1 911万元。

以上两个企业经济上的兴衰，与设备管理的好坏紧密关联。这些具体事实，有力地说明了设备管理对工业企业兴衰的巨大制约作用。

(资料来源：中国机械设备网)

6.1 概　　述

在企业的生产经营活动中，设备管理的主要任务是为企业提供优良而又经济的技术装备，使企业的生产经营活动建立在最佳的物质技术基础之上，保证生产经营顺利进行，使企业获得最高经济效益。

设备指可供企业在生产中长期使用，并在反复使用中基本保持原有实物形态和功能的劳动资料和物质资料的总称。

6.1.1 设备更新的意义

设备是现代企业生产的重要物质和技术基础，对企业来说，设备使用多少年最合理，什么时间更新设备最合适，如何更新设备最经济合理，这都是企业管理者经常遇到的经济问题。随着社会需求水平的不断提高和科学技术的不断发展，新技术、新工艺、新材料不断出现，设备的更新速度越来越快，企业经常面临设备陈旧、落后的情况。在这样的情况下，是决定购买最新式设备，还是采取拖延设备的更新直到其不能再使用为止呢？作为企业，为了促进技术发展和提高经济效益，必须对设备整个运行期间的技术经济状况进行分析和研究，以做出正确的决策。

设备更新和技术改造是一个国家经济发展的关键因素，各种机器设备的质量和技术水平也是衡量一个国家工业化水平的重要标志。从发达国家经济发展的经验，尤其是近几十年日本的经济发展可以看出，积极采用新技术、新设备可使一个国家的经济力量突飞猛进。在我国，还有一些大型企业，基本上是 20 世纪中叶建成的，由于不重视技术改造和设备更新，导致企业长期陷于高耗费、低质量和产品落后的状况，这都严重阻碍了我国经济的发展。老企业的设备更新和技术改造，在我国是一项十分重要而又迫切的任务。

(1) 设备更新改造是促进科学技术和生产发展的重要因素。设备是工业生产的物质基础，落后的技术装备必将限制科学和生产的高速发展。科学技术的进步促使生产设备不断改进和提高，生产设备是科学技术发展的结晶。随着科学技术的迅速发展，新技术、新材料、新工艺、新设备不断涌现，沿用陈旧工艺的老设备在产品质量、数量等方面已缺乏竞争能力。因此要依靠更新设备来实现高产、优质、低成本，取得较好的经济效益。

(2) 设备更新改造是产品更新换代、提高劳动生产率、获得最佳经济效益的有效途径。设备更新改造，技术水平提高以后，可使生产率和产品质量大幅度提高，并使产品成本和工人劳动强度降低。同时为适应新产品高性能的要求，必须采用高性能的设备。

(3) 设备更新改造是扩大再生产、节约能源的根本措施。中国能源有效利用率比先进国家低 20%左右。设备效率低、能耗高，更新设备可以显著地节约能源，同时为满足市场日益增长的需要，扩大短线对路产品的生产能力，必须采用更为先进的高效率、高精度设备，提高产品产量、质量和降低成本。

(4) 设备更新改造是搞好环境保护及改善劳动条件的主要方法。生产中常见的跑、冒、漏、噪声、排放物等会对环境造成污染，使工人劳动强度加大，劳动条件恶劣。大多数这方面的问题可通过改造或更新设备得到解决。

6.1.2 设备更新的原则

设备是企业生产的重要物质条件，企业为了进行生产，必须花费一定的投资，用以购置各种机器设备。从广义上讲，设备更新应包括：设备修理、设备重置、设备更新和现代化改装。从狭义上讲，设备的更新是指设备在使用过程中，由于有形磨损和无形磨损的作用，致使其功能受到一定的影响，有所降低，因而需要以结构更加先进、技术更加完善、生产效益更高的设备去替代原有的设备。

设备更新经济分析就是不同方案的比选，其基本原理和评价方法与互斥型方案比选相同。但在设备更新方案比选时，应遵循如下原则。

1. 不考虑沉没成本

在进行方案比选时，原设备的价值应按目前实际价值计算，而不考虑其沉没成本。例如，某设备 3 年前购置时的原始成本是 30 万元，目前的账面价值是 18 万元，现在的净残值仅为 8 万元。在进行设备更新分析时，3 年前的原始成本 30 万元是过去发生的，与现在的决策无关，因此是沉没成本。目前该设备的价值等于净残值 8 万元。

2. 客观正确地描述新旧设备的现金流量

应该站在一个客观的立场上，遵循供求均衡的原则来考虑原设备目前的价值(或净残值)。只有这样，才能客观地、正确地描述新、旧设备的现金流量。例如，两台新、旧设备进行比较时，不能把卖旧设备的收入作为新设备的现金流入，而应把旧设备这笔收入作为购买旧设备的费用。

3. 以剩余经济寿命为基准的逐年滚动比较

即在确定最佳更新时机时，应首先计算现有设备的剩余经济寿命和新设备的经济寿命，然后利用逐年滚动计算方法进行比较。

6.1.3 设备更新的程序

科学的更新应在全面系统了解企业现有设备的性能、服务年限、残值以及现在市场上同类设备的价格、技术进步等情况后，根据企业自身的经济实力和行业内其他企业的设备使用情况，分轻、重、缓、急，有重点地进行设备更新。

1. 设备更新经济性分析一般需要解决的问题

(1) 设备的磨损通过大修理进行补偿在经济上是否合理。
(2) 对企业来说，设备使用多少年最经济合理。
(3) 什么时间更新设备最合适。
(4) 用什么方式更新设备最经济合理。

无论解决哪个问题，设备更新的经济性分析都是一个对多个互斥方案进行比较选择优化方案的过程。

2. 设备更新一般应遵循的程序

(1) 确定目标：确定分析的具体设备。
(2) 收集资料：收集设备磨损程度、费用、价值等资料。
(3) 计算经济寿命，确定最佳更新时间。
(4) 列出所有可能的更新方式。
(5) 选择最佳更新方式。
(6) 实施。

这一过程如图 6.1 所示。

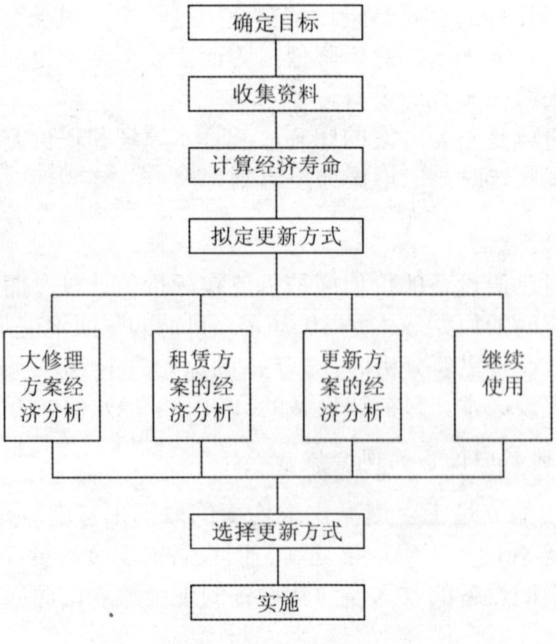

图 6.1 设备更新分析程序

经典企业

中国工程机械行业巨人：中联重科股份有限公司

中联重科股份有限公司创立于 1992 年，主要从事建筑工程、能源工程、环境工程、交通工程等基础设施建设所需重大高新技术装备的研发制造，是一家持续创新的全球化企业。公司于 2000 年在深交所上市，2010 在香港联交所上市。目前，公司注册资本 77.06 亿元，员工 3 万余人。2011 年，公司下属各经营单位实现销售收入近 850 亿元，利税过 120 亿元，在全球工程机械行业排名第 7 位。

中联重科成立 20 年来，年均复合增长率超过 65%，为全球增长最为迅速的工程机械企业。公司生产具有完全自主知识产权的 13 大类别、86 个产品系列，近 800 多个品种的主导产品，为全球产品链最齐备的工程机械企业。公司的两大业务板块混凝土机械和起重机械均位居全球前两位。

2012 年 9 月 28 日中联重科迎来了 20 周岁的生日。作为中国工程机械科技化、标准化、国际化的开拓者，中联重科在发展的每一个阶段，都成为中国工程机械企业发展的成功典范。

(资料来源：中国机械设备网)

6.2 设备的磨损及寿命期

设备购置后，无论是使用还是闲置，它的使用价值和自身价值都会发生变化，这些都会导致设备的更新。

6.2.1 磨损

1. 设备磨损及其分类

设备在使用或闲置中，不可避免地会发生实物形态的变化及技术技能的下降，这就是设备的磨损。磨损分为有形磨损和无形磨损。设备磨损是有形磨损和无形磨损共同作用的结果。

1) 设备的有形磨损

机械设备在使用或闲置过程中，都会发生实体的磨损，这种磨损称为有形磨损。有形磨损分为如下两种。

(1) 第 1 种有形磨损。设备在运转过程中，在外力的作用下零部件会发生摩擦、振动和疲劳等现象，致使设备的实体产生磨损。发生第 1 种有形磨损，可使设备零部件受损、精度降低。当这种有形磨损达到一定程度时、整个设备的功能就会下降、导致废品率上升、甚至难以继续正常工作等。

(2) 第 2 种有形磨损。设备在闲置过程中，由于自然力的作用及管理保养不善而产生的磨损，如机械生锈、金属腐蚀、橡胶或塑料老化等。

有形磨损都会造成设备的使用价值降低，设备的运行费用和维修费用增加。

2) 设备的无形磨损

无形磨损是由于科学技术进步而不断出现的性能更加完善、生产效率更高的设备使原有设备的价值降低；或者是生产同样结构设备的价值不断降低而使原有设备贬值。

(1) 第 1 种无形磨损。设备的技术结构和性能并没有变化，但由于技术进步，社会劳动生产率水平的提高，相同结构设备的再生产价值降低，致使原设备相对贬值。

(2) 第 2 种无形磨损。由于科学技术的进步，不断创新出性能更完善、效率更高的设备，使原有设备相对陈旧落后，其经济效益相对降低而发生贬值。

有形磨损与无形磨损的比较见表 6-1。

表 6-1　有形磨损和无形磨损的比较

磨损类型		产生原因	设备实体是否变化	后果	表现方式
有形磨损	第 1 种	外力作用	是	设备的功能下降，甚至难以继续正常工作	零部件损坏
	第 2 种	自然力的作用或管理保养不善	是	设备的功能下降，设备的运行费用和维修费用增加	机械生锈、金属腐蚀、橡胶或塑料老化
无形磨损	第 1 种	技术进步	否	原设备功能不变，相对贬值	市场上同类设备价格下降
	第 2 种	技术进步	否	原设备功能不变，但相对陈旧落后	市场上出现了性能更好的设备

2. 设备磨损的补偿方式

设备发生磨损后，需要进行补偿，以恢复设备的生产能力。由于机器设备遭受磨损的形式不同，补偿磨损的方式也不一样。设备有形磨损的局部补偿是修理，无形磨损的局部补偿是现代化改装。修理是更换部分已磨损的零部件和调整设备，以恢复设备的生产功能和效率为主；现代化改造是对设备的结构做局部的改进和技术上的革新，如增添新的、必需的零部件，以增加设备的生产功能和效率为主。有形磨损和无形磨损的完全补偿则是设备更新，设备更新是对整个设备进行更换。设备更新又包括设备购置和设备租赁两种方式。

应用实例 6-1

RCM(以可靠性为中心的维修)

RCM(Reliability Centered Maintenance) 是欧美通过对设备磨损曲线和设备故障诊断技术进行了进一步的研究后发展出来的一种维修体系。RCM 强调对设备的异常工况进行早期诊断和早期治疗，以设备状态为基准安排各种方式的计划维修，以达到最高的设备可利用率和最低的维修费用。其维修体系的发展大约经历了事后维修、预防性维修和预测性维修。RCM 在美国融合了更多的维修方式和诊断方法，正在发展成为 RCM2，尤其是对设备可靠性要求极高的发电厂和化工行业。

RCM 的目标是达到总体成本的平衡点，使得可靠性投资所得到的回报为最高，它通过一组系统工作过程来达到这个目标。

美国波音飞机制造公司对飞机和发动机等复杂设备进行了长期的抽样研究，发现设备磨损曲线有多种方式，且随着设备复杂程度的提高，设备故障发生的随机性愈来愈大，MTBF 的准确度和对计划的指导意义发生了改变。以 MTBF 为基准的预防性维修方式在某些场合下被以 P-F 间隔为基准的预测性维修方式所替代。P-F 间隔是指从我们能够预测发现设备故障的时刻到设备完全失效时刻之间的时间间隔。

(资料来源：第一工程机械网)

6.2.2 设备寿命期

设备的寿命在不同需要情况下有不同的内涵和意义。

1. 设备寿命的概念

设备寿命从不同角度可划分为折旧寿命、物理寿命、技术寿命和经济寿命。

(1) 设备的折旧寿命是指按现行会计制度规定的折旧方法和原则，将设备的原值通过折旧的形式转入产品成本，直到提取的折旧费与设备的原值相等的全部时间。它与提取折旧的方法有关。

(2) 设备的自然寿命又称物质寿命。它是指设备从投入使用开始，直到因物质磨损而不能继续使用、报废为止所经历的全部时间。它主要是由设备的有形磨损所决定的。

搞好设备维修和保养可延长设备的物质寿命，但不能从根本上避免设备的磨损。任何一台设备磨损到一定程度时，都必须进行更新。因为随着设备使用时间的延长，设备不断老化，维修所支出的费用也逐渐增加，从而出现恶性使用阶段，即经济上不合理的使用阶段。因此，设备的自然寿命不能成为设备更新的估算依据。

(3) 设备的技术寿命是指一台设备能在市场上维持其自身价值而不显陈旧落后的全部时间。设备的技术寿命也指在一种会使原设备由于技术性无形磨损而报废的新设备出现之前的这一段时间。由于科学技术迅速发展，一方面，对产品的质量和精度的要求越来越高；另一方面，也不断涌现出技术上更先进、性能更完美的机械设备，这就使得原有设备虽还能继续使用，但已不能保证产品的精度、质量和技术要求而被淘汰。由此可见，技术寿命主要是由设备的无形磨损所决定的，它一般比自然寿命要短，而且科学技术进步越快，技术寿命越短。所以，在估算设备寿命时，必须考虑设备技术寿命期限的变化特点及其使用的制约或影响。

(4) 设备的经济寿命是指设备从投入使用开始，到因继续使用在经济上不合理而被更新所经历的时间。它是由维护费用的提高和使用价值的降低决定的。设备使用年限越长，每年所分摊的设备购置费越少。但是随着设备使用年限的增加，一方面需要更多的维修费维持原有功能；另一方面机器设备的操作成本及原材料、能源耗费也会增加，年运行时间、生产效率、质量将下降。因此，年分摊购置费的降低会被年度运行成本的增加或收益的下降所抵消。

2. 设备寿命期限的影响因素

影响设备寿命的因素较多，其中主要有：①设备的技术构成；②设备成本；③生产产品类型；④操作水平；⑤维护质量。

6.2.3 经济寿命期的计算

从图 6.2 可以看出，在 A 点上年度费用最小，设备的经济寿命就是 A 年。

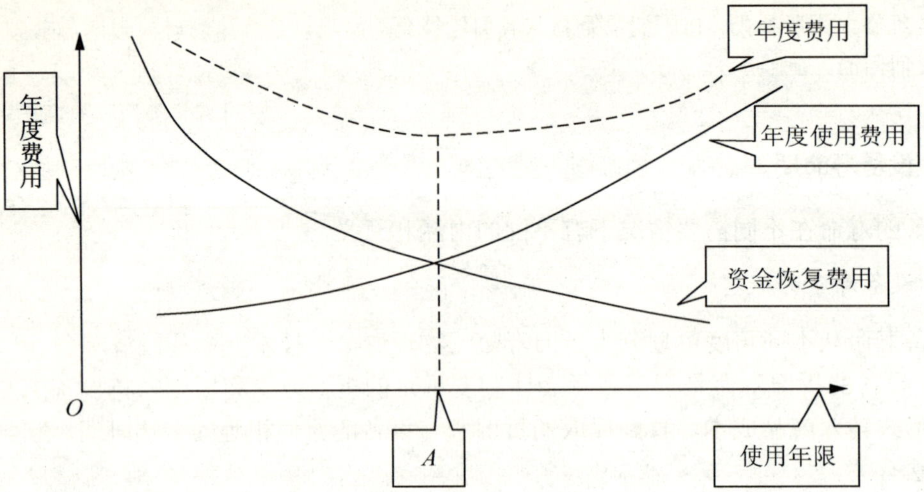

图 6.2　年度费用曲线

1. 设备年度费用的计算

设备的年度费用，一般来说包括两部分：资金恢复费用和年度使用费用。资金恢复费用是指设备的原始费用扣除设备更新时的预计净残值后分摊到设备使用各年上的费用，即每年所分摊的设备购置费和净残值。

1) 资金恢复费用的计算

设 P 代表原始费用，F 代表预计净残值，n 代表使用年限，i 代表利率(折现率)，则设备的资金恢复费用可用下列两式表示。

(1) 静态模式下(不考虑资金的时间价值)：

$$资金的恢复费用=(P-F)/n$$

(2) 动态模式下(考虑资金的时间价值)：

$$资金恢复费用=P(A/P, i, n)-F(A/F, i, n)$$

从资金恢复费用的表达式可以看出，设备的资金恢复费用随着服务年限的增长而逐渐变小。

2) 年度使用费用的计算

设备的年度使用费用由年运行费(人工、材料、动力、燃油等消耗)和维修费组成。如果以 C 代表年度费用，O 代表年运行费，M 代表年维修费，当不考虑货币的时间价值时有

$$C=(P-F)/n+O+M$$

式中：$(P-F)/n$ 是设备的资金恢复费用，而 $O+M$ 是设备的年度使用费用，它随着设备使用年限的增长而变大。

从上面知道，设备更新的最佳时间取决于设备的经济寿命，而设备经济寿命的长短主要取决于年度费用的变化，当设备的 P、F、n 一定时，资金恢复费用基本上也为一定，年度费用的变化主要取决于年度使用费的变化。年度使用费的变化通常分为 3 种情况：固定不变的，不规则的，不断增加的。

通常，设备在使用过程中逐渐磨损，其性能和工作效率逐年变化。为了恢复其正常功

能，必须进行维护和修理，而且维护和修理的费用随着设备使用年限的增加是逐年增加的，所以年度使用费是逐年增加的。由于年度使用费的逐年上升，在设备的使用年限中才存在一个年度费用最小的年份，才能计算出设备的经济寿命。

在这里，我们主要讨论年度使用费不断增加的情况。

2. 设备经济寿命的计算

确定设备经济寿命的方法仍然从静态模式和动态模式两方面进行。

1) 静态模式下设备经济寿命的确定方法

静态模式下，设备经济寿命的确定方法是指在不考虑资金时间价值的基础上计算设备的经济寿命。

假设残值为零，如果设备的使用费呈线性增长，即每年增加一个固定额，则其经济寿命的计算式为

$$n=\sqrt{2P/q}$$

式中：q——使用费的逐年增加额；

P——设备的原始费用。

应用实例 6-2

一套设备的原始费用为 1 000 元，使用费用第一年为 300 元，以后每年增加 100 元，假设不论使用多久，其残值都是零，不计算利息，问经济寿命是几年？

【案例点评】

从已知可以看出，残值为零，设备的使用费每年增加一个固定额，所以可以用公式直接求出。

解：将上述已知条件代入公式可求得设备的经济寿命为

$$n=\sqrt{2P/q}=\sqrt{2\times1000/100}=4.47(\text{年})$$

上述案例只是一个特例，如果残值不为零，或者设备的使用费不是呈线性增长，其年度费用不能用公式来表示，一般用列表法来求解经济寿命。

2) 动态模式下设备经济寿命的确定方法

动态模式下，设备经济寿命的确定方法就是在考虑资金的时间价值情况下，设备的年度使用费依然是不断增长的，但逐年的增长额是不规则的，且年末估计残值也是变化的，则其年度费用不能用公式来表示。一般根据企业的记录或者对实际情况进行预测，然后用列表法来求解经济寿命。

应用实例 6-3

某设备目前实际价值为 30 000 元，有关统计资料见表 6-2，假设利率为 6%。试求该设备在动态模式下的经济寿命。

表 6-2　某设备各年使用费及残值表　　单位：元

使用年数	1	2	3	4	5	6	7
使用费用	5 000	6 000	7 000	9 000	11 500	14 000	17 000
年末残值	15 000	7 500	3 750	1 875	1 000	1 000	1 000

【案例点评】

在表 6-2 中，设备的使用费用逐年增加，残值逐年减少，这是大多数企业设备使用的一般规律，计算过程及结果见表 6-3。

从表中第 10 列可以看出，年度费用最小为 14 405.2 元，即设备使用 6 年最为经济。

表 6-3　考虑时间因素设备经济寿命的计算表　　单位：元

使用年限	年度使用费	现值系数	年度使用费现值	累计使用费现值	资金恢复系数	等值的年度使用费	年末残值	资金恢复费用	年度费用
(1)	(2)	(3)	(4)=(2)×(3)	(5)=Σ(4)	(6)	(7)=(6)×(5)	(8)	(9)=[30 000−(8)]×(6)+(8)×i_c	(10)
1	5 000	0.943 4	4 717	4 717	1.060 0	5 000	15 000	16 800	218 000
2	6 000	0.890 0	5 340	10 057	0.545 4	5 485.1	7 500	12 721.5	18 206.6
3	7 000	0.839 6	5 877.2	15 834.2	0.374 1	5 961.0	3 750	10 045.1	16 006.1
4	9 000	0.792 1	7 128.9	23 063.1	0.288 6	6 656.0	1 875	8 229.4	14 885.4
5	11 500	0.747 3	8 594	31 657.1	0.237 4	7 515.4	1 000	6 944.6	14 460.0
6	14 000	0.705 0	9 870	41 527.1	0.203 4	8 446.6	1 000	5 958.6	14 405.2
7	17 000	0.665 1	11 306.7	52 833.8	0.179 1	9 462.5	1 000	5 253.9	14 716.4

6.3　设备原型更新和技术更新的经济分析

设备更新是指对正在使用的设备进行更换。对企业来说，设备更新决策是很重要的，如果由于机器暂时的故障就将现有的设备进行草率处理，或者片面追求现代化，在企业资金紧张的情况下购买最新式设备，可能造成企业流动资本的严重不足，使企业陷入经营危机。相反，当竞争对手积极利用现代化设备降低成本和提高产品质量时，企业还在依靠低效率的设备进行生产，企业最终也必将为此付出代价，甚至可能导致破产。因此，应该怎样更新和什么时候更新，选择合理的更新方案是十分重要的。企业在进行设备更新时，应首先系统、全面地了解现有设备的性能、服务年限、磨损程度、技术进步等情况，然后有重点、有区别的对待。

对于新、旧设备而言，其在费用方面具有不同的特点，新设备的特点是原始费用高，但运行和维修费用低，而旧设备恰恰相反。某台设备是否更新，何时更新，选用何种设备更新，既要考虑技术发展的需要，又要考虑经济效益。这就需要对设备更新进行方案的比较和选优。设备更新方案比选的基本原理和评价方法与互斥性投资方案比选相同。但在实际比选时，它还具有以下两个特点。

(1) 通常，我们假定设备产生的收益相同，因而在进行方案比较时只对其费用进行比较。

(2) 由于不同的设备方案的使用寿命不同，因此，通常都采用年度费用进行比较，即采用年费用比较法。

设备更新有两种情况。

(1) 有形磨损造成的设备更新即原型更新。

(2) 由于技术进步造成的设备更新即技术更新。

在下面我们分别进行详细分析。

6.3.1 设备原型更新的经济分析

某些设备在其整个使用期内并不会过时，即在一定时期内还没有更先进的设备出现。在这种情况下，设备在使用过程中避免不了有形磨损的作用，结果引起设备的维修费用，特别是大修理费用以及其他运行费用的不断增加，这时立即进行原型设备替换，能保证在经济上合算，这就是原型更新问题。原型设备的更新通常由设备的经济寿命决定，即当设备运行到设备的经济寿命时，即进行更新。

设备原型更新的经济分析首先要计算设备的经济寿命，以经济寿命来决定设备是否需要更新，它适用于长期生产同一类型产品的企业进行周期性重复更换的设备。在比较方案时应注意经济寿命计算中的两种特殊情况。

(1) 如果一台设备在整个使用期间，其年度使用费和残值固定不变，这时，其使用的年限越长，年度费用越低。也就是说，它的经济寿命等于它的服务寿命。

(2) 如果一台设备目前的估计残值和未来的估计残值相等，而年度使用费逐年增加，最短的寿命(一般为 1 年)就是它的经济寿命。

应用实例 6-4

某企业的一台旧设备，目前可以转让，价格为 25 000 元，下一年将贬值 10 000 元。以后每年贬值 5 000 元。由于性能退化，它今年的使用费为 80 000 元，预计今后每年将增加 10 000 元。它将在 4 年后报废，残值为零。现有一台新型的同类设备，它可以完成现有设备的工作，购置费为 160 000 元，年平均使用费为 60 000 元，经济寿命为 7 年，期末残值为 15 000 元，并预计该设备在 7 年内不会有大的改进。

设 i_c=12%，问是否需要更新现有设备？如果需要，应该在什么时间更新？

【案例点评】

确定新设备的年平均费用为

$$AC_{新}=(160\,000-15\,000)(A/P,12\%,7)+15\,000\times12\%+60\,000=93\,572(元)$$

确定旧设备的年平均费用为

$$AC_{旧}=25\,000(A/P,12\%,4)+80\,000+10\,000(A/G,12\%,4)=101\,819(元)$$

显然，旧设备的年费高于新设备的年费，那么旧设备需要更新。但如果做出马上就应更新的决策，可能是错误的。这需要对此作进一步的分析。

如果旧设备再保留使用一年，则第一年的年费为

$$AC_{旧}^{1}=(25\,000-15\,000)(A/P,12\%,1)+15\,000\times12\%+80\,000=93\,000(元)$$

93 000 元<93 572 元，所以旧设备在第一年应该继续保留使用。

如果旧设备再保留使用到第二年，则第二年的年度费用为

$$AC_{旧}^{2}=(15\,000-10\,000)(A/P，12\%，1)+10\,000\times12\%+90\,000=96\,800(元)$$

显然，如果保留使用到第二年，第二年的年费高于新设备的年平均费用，则旧设备在第二年使用之前就应该更新。

因此，现有设备应该再保留使用一年，一年之后更新为新设备。

6.3.2 设备技术更新的经济分析

在技术不断进步的条件下，由于无形磨损的作用，很可能在设备尚未使用到其经济寿命期，就已经出现了价格很低的同型设备或工作效率更高和经济效益更好的新型同类设备，这时就要分析继续使用原设备和购置新设备的两种方案，进行选择，确定设备是否更新。

应用案例 6-5

某企业 5 年前购置一设备，价值 75 万元，购置时预期使用寿命为 15 年，残值为零。该设备进行直线折旧，目前已提折旧 25 万元，账面净值为 50 万元。利用这一设备，企业每年消耗的生产成本为 70 万元，产生的销售额为 100 万元。现在市场上推出一种新设备，价值 120 万元(含运输、安装、调试等所有费用)，使用寿命 10 年，预计 10 年后残值为 20 万元。该设备由于技术先进，效率较高，预期可使产品销售量由原来每年 100 万元增加到每年 110 万元(假设产品产量增加，同时增加的产量又均可在市场上售出)，同时可使生产成本(指原材料消耗、劳动力工资等)由每年 70 万元下降到每年 50 万元。如果现在将旧设备出售，估计售价为 10 万元。

问折现率为 10%时，该企业是否应用新设备替换旧设备?

【案例点评】

问题的解决是两个方案的比选。

方案 1：不做更新，继续使用原设备。

方案 2：更新原设备，购置新设备。

根据方案比较的特点和原则，原设备的投资及第 5 年年末的账面余额均为沉没成本，评价时不应计入，原设备若在第 5 年年末出售所得 10 万元，即为原设备继续使用的投资。因此方案 1 又可叙述为：以 10 万元的价格购入设备，使用 10 年，年度运行成本 70 万元，期末无残值。两方案的净现金流量情况如图 6.3 和图 6.4 所示。

单位：万元

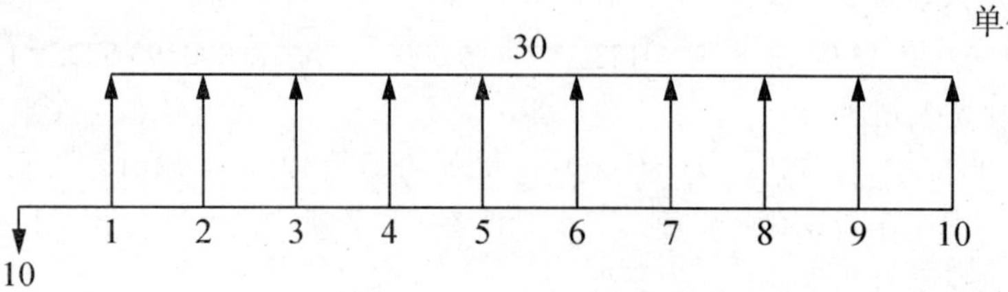

图 6.3 方案 1 的净现金流量

单位：万元

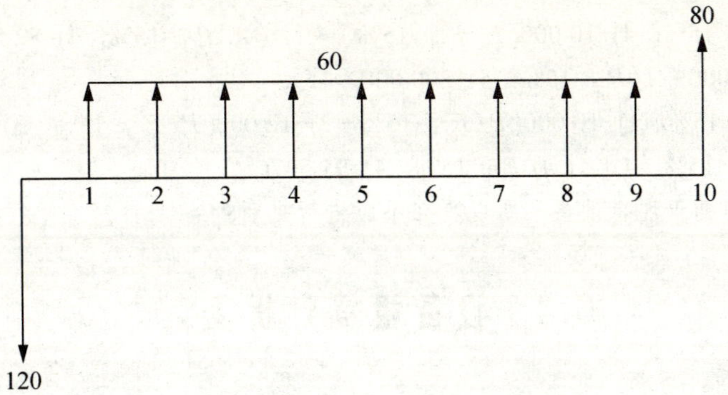

图 6.4 方案 2 的净现金流量

方案的净现值为

$$NPV_1=-10+30(P/A,10\%,10)=174.35(\text{万元})$$

$$NPV_2=-120+60(P/A,10\%,10)+20(P/F,10\%,10)=256.41(\text{万元})$$

结论：$NPV_2>NPV_1$，因此应该选择方案 2，即更新原设备，购置新设备。

对现有设备来说，任何一项与该设备有关的构造和运行的新发展及改进都会导致提前更新。人们可能会因为新设备的购置费用较大，而会趋向保留现有设备，然而新设备的使用会提高产品质量，从而带来收入的增加以及运营费用、维修费用的减少。设备更新的关键是，新设备与现有设备相比的节约额可能比新设备投入的购置费用的价值要大。

应用实例 6-6

某单位 3 年前以 40 万元的价格购买了一台设备，它一直运行正常。但现在市场上出现了一种改进的新型号，售价为 35 万元，并且其运营费用低于现有设备。现有设备和新型设备的残值及运营费用见表 6-4。旧设备还可以使用 4 年，新设备的经济寿命为 6 年。

假设 $i_c=15\%$，问是否需要用新型设备更新现有设备？

表 6-4 新旧设备残值及运营费用表　　单元：元

年份	现有设备		新型设备	
	运营费用	残值	运营费用	残值
0		120 000		350 000
1	34 000	70 000	2 000	300 000
2	39 000	40 000	10 000	270 000
3	46 000	25 000	12 000	240 000
4	56 000	10 000	15 000	200 000
5			20 000	170 000
6			26 000	150 000

【案例点评】

因为现有设备还可以使用 4 年，所以对于新型设备来说，只要考虑前 4 年的情况。现有设备的 40 万元的购置费是沉没成本，只考虑 12 万元的现行市场价格。

$AC_{旧}$=[120 000+34 000(P/F，15%，1)+39 000(P/F，15%，2)+46 000(P/F，15%，3)+56 000(P/F，15%，4)−10 000(P/F，15%，4)]×(A/P，15%，4)=82 524(元)

$AC_{新}$=(350 000−200 000)(A/P，15%，4)+200 000×15%+[2 000(P/F，15%，1)+10 000(P/F，15%，2)+12 000(P/F，15%，3)+15 000(P/F，15%，4)]×(A/P，15%，4)=91 567(元)

新型设备的年度费用高于现有设备，所以现在不应进行更新。

6.4 设备租赁分析

6.4.1 概念

1. 设备租赁的定义

设备租赁是随着企业资产所有权和使用权的分离应运而生的设备使用形式，它是指设备使用者(承租人)按照合同规定向设备所有者(出租人)租借设备，并按期支付一定的租金而取得设备使用权的经济活动。它是设备投资的一种方式。

对于承租人来说，设备租赁与设备购买相比的优越性在于：①可以节省设备投资，在资金不足和借款受到限制的情况下，也能使用设备；②可加快设备更新，避免技术落后的风险；③可避免通货膨胀的冲击，减少投资风险；④可获得良好的技术服务，提高设备的利用率，从而获得更多的收益。

其不足之处则在于：①在租赁期间承租人对租用设备无所有权，只有使用权，故承租人无权随意对设备进行改造，不能处置设备，也不能用于担保或抵押贷款；②设备租赁的总费用比购置设备费用高；③租赁合同规定严格，毁约要赔偿损失，罚款较多等。

2. 设备租赁的形式

设备租赁一般有融资租赁和经营租赁两种方式。

1) 融资租赁

融资租赁又称财务租赁，是一种融资和融物相结合的方式，它是指出租方和承租方共同承担确定时期的租让和付费义务，不得任意终止和取消租赁合同。这种租赁方式是以融资和对设备的长期使用为前提的。设备由承租方选定，设备的性能、维修保养和老化都由承租方承担，对于承租人来说，融资租入的设备属于固定资产，可以计提折旧计入企业成本，而租赁费一般不能直接计入成本，应由企业税后支付。但租赁费中的利息和手续费(按租赁合同规定，手续费可包括在租赁费中，或者一次性支付)可在支付时计入企业成本。这种租赁方式主要解决企业大型的贵重的设备和长期资产的需要。

2) 经营租赁

经营租赁，是一种传统的设备租赁方式．出租者除向承租者提供租赁物外，还承担租赁设备的保养、维修、老化、贬值以及不再续租的风险。这种租赁方式带有临时性，因而租金较高。承租者一般用这种方式租赁技术更新较快、租期较短的设备，承租设备的使用期也短于设备的寿命期，并且经营性租赁设备的租赁费计入企业成本，可减少企业所得税。临时使用的设备(如车辆、计算机、仪器等设备)通常采用这种方式。

由于租赁具有把融资和融物结合起来的特点，这使得租赁能够提供及时而灵活的资金融通方式，是企业家取得设备进行生产经营的一种重要手段。

融资租赁的租赁期相当于设备的寿命期。在经营租赁中，租赁双方的任何一方可以随时以一定方式在通知对方后的规定期限内取消或中止租约。

6.4.2 设备租赁经济分析

企业在决定进行设备投资之前，必须充分考虑影响设备购置与租赁方案的主要因素，才能获得最佳的经济效益。

1. 影响设备购置和租赁的主要因素

影响设备购置和租赁的主要因素包括如下。

①项目的寿命期；②设备的价格；③企业是需要长期占有设备，还是短期需要这种设备；④设备的经济寿命；⑤设备技术过时风险的大小；⑥租赁期长短；⑦设备租金额；⑧租金的支付方式；⑨租赁机构的信用度、经济实力以及与承租人的配合情况。

2. 设备租赁经济分析

设备租赁经济分析的步骤如下。

(1) 根据企业生产经营目标和技术状况，提出设备更新的投资建议。

(2) 拟定若干设备投资、更新方案，包括购买方案、租赁方案。

(3) 定性分析筛选方案，包括分析企业财务能力，分析设备技术风险、使用、维修等特点。

(4) 定量分析并优选方案，结合其他因素，做出租赁还是购买的投资决策。

设备租赁的经济性分析是对设备租赁和设备购置进行经济比选，也是互斥方案选优问题，其方法与设备更新方案选择无实质上的差别。故可运用费用现值法、费用年值法、NPV法等进行选优。

经营性租入设备的净现金流量为

净现金流量=销售收入-经营成本-租赁费-销售税金及附加-(销售收入-经营成本-租赁费-销售税金及附加)×所得税税率

融资性租入设备的净现金流量为

净现金流量=销售收入-经营成本-租赁费-销售税金及附加-(销售收入-经营成本-折旧费-租赁费中的手续费和利息-销售税金及附加)×所得税税率

在相同条件下，购置设备方案的净现金流量为

净现金流量=销售收入-经营成本-设备购置费-销售税金及附加-(销售收入-经营成本-折旧费-利息-销售税金及附加)×所得税税率

设备寿命相同时可以采用净现值法，设备寿命不同时可以采用年值法。无论采用净现值法，还是年值法，均以收益效果较大或成本较少的方案为宜。

在假设所得到设备的收入相同的条件下，最简单的方法是将租赁成本和购买成本进行比较。根据互斥方案比选的差量原则，只需比较它们之间的差异部分。从上面两式可以看出，只需比较两者净现金流量的差异部分，亦即比较以下内容。

经营性设备租赁：所得税税率×租赁费-租赁费

融资性设备租赁：所得税税率×(折旧费-租赁费中的手续费和利息)-租赁费

设备购置：所得税税率×(折旧+利息)-设备购置费-贷款利息

应用实例 6-7

企业需要某种设备，其购置费为 100 000 元。如果借款购买，则每年需按 10%的借款利率等额支付本利和，借款期和设备使用期均为 5 年，期末设备残值为 3 000 元。这种设备也可以采用经营租赁方式租入，每年租赁费为 30 000 元。企业所得税税率为 25%，采用直线法提取折旧，基准贴现率为 10%。试分析企业是采用购置方案，还是租赁方案？

【案例点评】

(1) 企业若采用购置方案：

① 计算年折旧费。

$$年折旧费=(100\,000-3\,000)/5=19\,400(元)$$

② 计算年借款利息。

各年支付的本利和按下式计算，则各年的还本付息见表 6-5。

$$A=100\,000(A/P，10\%，5)=100\,000\times0.263\,8=26\,380(元)$$

表 6-5 各年剩余本金和还本付息金额 单位：元

年份	剩余本金	还款金额	其中支付利息
1	100 000	26 380	10 000
2	83 620	26 380	8 362
3	65 602	26 380	6 560
4	45 782	26 380	4 578
5	23 980	26 380	2 398

③ 计算设备购置方案的现值。

当借款购买时，企业可以将所支付的利息及折旧从成本中扣除而免税，并且可以回收残值。因此，借款购买设备的成本现值需扣除折旧和支付利息的免税金额。

$$\begin{aligned}PC=&100\,000-19\,400\times0.25(P/A，10\%，5)-10\,000\times0.25(P/F，10\%，1)-\\&8\,362\times0.25(P/F，10\%，2)-6\,560\times0.25(P/F，10\%，3)-\\&4\,578\times0.25(P/F，10\%，4)-2\,398\times0.25(P/F，10\%，5)-\\&3\,000(P/F，10\%，5)=73\,368.3(元)\end{aligned}$$

(2) 计算设备租赁方案的现值。

当租赁设备时，承租人可以将租金计入成本而免税。故计算设备租赁方案的成本现值时需扣除租金免税金额。

$$\begin{aligned}PC&=30\,000(P/A，10\%，5)-30\,000\times0.25(P/A，10\%，5)\\&=30\,000\times3.791-7\,500\times3.791=85\,297.5(元)\end{aligned}$$

所以从企业角度出发，应该选择购买设备的方案。

特别提示

由于每个企业都要根据利润大小缴纳所得税，按财务制度规定，经营性租赁设备的租金允许计入成本；购买设备每年计提的折旧费也允许计入成本；若用借款购买设备，其每年支付的利息也可以计入成本。在其他费用保持不变的情况下，计入成本越多，则利润总额越少，企业交纳的所得税也越少。因此，在充分考虑各种方式的税收优惠影响下，应该选择税后收益更大或税后成本更小的方案。

应用实例 6-8

某企业需要某种设备，可以考虑用自有资金购买，购置费为 10 000 元，也可以融资租赁，年租赁费 1 600 元(其中利息部分 200 元)，此设备的寿命为 10 年，期末无残值。当设备投入使用后，可带来年销售收入 6 000 元，销售税金及附加为 600 元，年经营成本为 1 200 元，采用直线法提取折旧，所得税税率为 25%，基准收益率为 10%。要求比较购置方案和租赁方案。

【案例点评】

(1) 企业如果购置该设备。

年折旧额=10 000／10=1 000(元)

年净利润=(6 000−1 200−600−1 000)×(1−25%)=2 400(元)

年净现金流量=2 400+1 000=3 400(元)

净现值=−10 000+3 400(P/A，10%，10)=10 893(元)

(2) 企业如果租赁该设备。

年折旧额=10 000／10=1 000(元)

年净利润=(6 000−1 200−600−1 000−200)×(1−25%)=2 250(元)

年净现金流量=2 250+1 000−(1 600−200)=1 850(元)

净现值=1 850(P/A，10%，10)=11 368.25(元)

从计算结果可知，租赁方案的净现值高于购置方案的净现值，故租赁方案优于购置方案。

应用实例 6-9

中国首场工程机械二手设备无底价拍卖会成功举办

2012 年 11 月 18 日，由易极环中(北京)拍卖有限公司举办的中国首场工程机械二手设备无底价拍卖会在河北徐水成功落下帷幕。此次拍卖开创了国内工程机械界无底价拍卖之先河，并创造了 3 个国内第一，分别是：

(1) 易极环中(北京)拍卖有限公司为中国第一家工程机械无底价拍卖公司。

(2) 易极徐水拍卖场是中国第一家工程机械永久性拍卖场。

(3) 易极拍卖举办了中国第一场工程机械无底价拍卖会。

二手设备由于折旧少，投资回报高，回本时间短的特点广受国内有实力的企业及个人欢迎，目前国内的二手工程机械设备主要通过个人交易、二手交易市场、厂家及代理商有底价拍卖的方式处理，定价权主要集中在卖方手上，卖方往往根据账面资产盈亏状况来决定产品的价格，客户的议价权不足。而无底价拍卖的模式在国外已经有了成熟的模式并取得了良好的效果，易极将坚持推广无底价拍卖方式，即通过不设定最低成交价，由竞拍客户出价，价格最高者得的方式进行设备处理。此次拍卖吸引了来自全国各地的500位客户踊跃参加，客户在全场竞相举牌，最终实现31件设备全部成交，总成交价格为1 140多万元，在目前的低迷环境下实现如此成绩，提振了市场信心。

(资料来源：第一工程机械网)

本章小结

设备更新问题在工程经济中一直是一个涉及面较广的论题。本章所论述的设备更新的经济分析是指设备在使用过程中，由于有形磨损和无形磨损的作用，致使其功能受到一定的影响，因而需要以结构更加先进、技术更加完善、生产效益更高的设备去替代原有的设备。

设备的更新源于设备的磨损，磨损的形式以及如何进行补偿是设备更新分析首先应该了解的；继而要掌握设备经济寿命的概念、不同模式下设备经济寿命的求解以及设备经济寿命的确定对设备更新分析有何作用。

设备更新的经济分析中不同方案比选的基本原理和评价方法与互斥性方案比选相同，但在实际比选时，还应注意设备更新方案比较的特点和原则。

本章中从设备原型更新和新型更新两方面进行阐述。原型设备更新是简单更新，主要是解决设备的损坏问题，不具有更新技术的性质。新型设备更新是以结构更先进、技术更完善、效率更高、性能更好、能源和原材料消耗更少的新型设备来替换那些技术上陈旧、在经济上不宜继续使用的旧设备。通常所说的设备更新主要是指新型设备更新。

到底是购买设备合算，还是租赁设备合算，取决于两种方案之间的经济上的比较，其比较的原则和方法与一般互斥性方案的比较并无实质性的差别。

复习思考题

一、名词解释

1．有形磨损　　2．无形磨损
3．设备经济寿命　　4．融资租赁

二、单项选择题

1．设备更新方案比较的特点之一是不考虑(　　)。
A．沉没成本　　B．使用成本
C．设备残值　　D．设备的经济寿命

2．企业的设备更新既是一个经济问题，也是一个重要的决策问题。在做设备更新方案比较时，对原设备价值的考虑是按(　　)。
A．设备原值　　B．资产净值　　C．市场实际价值　　D．低于市场价值

3．设备从开始使用到其年度费用最小的使用年限为(　　)。
A．经济寿命　　B．物理寿命　　C．折旧寿命　　D．技术寿命

4．无形磨损的局部补偿形式是(　　)。
A．保养　　B．修理　　C．更新　　D．现代化改装

5. 下列关于设备寿命的说法，正确的是(　　)。
   A. 设备的自然寿命可以作为设备更新的依据
   B. 科学进步越快，设备的技术寿命越长
   C. 技术寿命主要由设备的有形磨损所决定
   D. 技术寿命一般比自然寿命要短

三、多项选择题

1. 更新是对整个设备进行更换，属于完全补偿，适用于设备的磨损形式包括(　　)。
   A. 可消除性的有形磨损　　B. 第一种无形磨损
   C. 不可消除性的有形磨损　　D. 无形磨损
   E. 第二种无形磨损
2. 下列关于设备磨损及磨损补偿的说法，正确的是(　　)。
   A. 设备在闲置过程中不会发生磨损
   B. 更新是对整个设备进行更换，属于完全补偿
   C. 有形磨损和无形磨损都会引起机器设备原始价值的贬值
   D. 无形磨损是技术进步的结果，同类设备再生产价值降低，致使原设备贬值
   E. 物理磨损使得设备的运行费用和维修费用增加，效率低下
3. 设备发生了可消除的有形磨损，其补偿方式有(　　)。
   A. 大修　　B. 更新　　C. 现代化改装
   D. 提取折旧　　E. 技术改造
4. 设备的年度费用，一般来讲包括(　　)。
   A. 折旧费　　B. 沉没成本　　C. 年度使用费
   D. 年度资金恢复费用　　E. 原始总投资
5. 下列关于设备的租赁与购买说法正确的是(　　)。
   A. 购买方案与租赁方案税后的净现金流量的年值比较，年值大者为优
   B. 购买方案的现金流量中，折旧是现金流入的一项
   C. 购买方案优于租赁方案的条件是年计提折旧大于年租赁费
   D. 购买方案中，折旧额越大，所交的税越少
   E. 由于租赁方案的花费较大，因而一般情况下，购买方案优于租赁方案

四、简答题

1. 设备磨损有哪些主要形式？
2. 设备更新方案比较的原则有哪些？
3. 设备租赁与设备购置比较有什么优势？

五、计算题

某企业现在使用的设备是 4 年前花费 15 000 元购买的，此设备还可以用 6 年，它今年的运营费为 14 500 元，预计今后每年将增加 400 元。

现在市场上出现了一种新设备，价格为 10 000 元，它第一年的运营费为 1 000 元，以后每年将增加 1 000 元，设备的使用寿命为 10 年。这两套设备是专用设备，其任何时候的残值都为零。

如果基准收益率为 12%，问要不要更新现有设备？

第 7 章

建设项目的经济评价

学习目标

知识目标	技能目标
(1) 掌握固定资产投资估算、流动资金估算、销售收入估算、成本费用估算 (2) 了解财务管理中财务分析的相关内容，重点理解财务赢利能力与偿债能力分析 (3) 了解基本报表的形式、内容 (4) 了解会计中效益与费用的比较与运用 (5) 了解国民经济评价指标的计算与运用	(1) 能够运用财务评价的投资、收益估算方法开展财务评价 (2) 能够对新建项目进行财务评价及能力分析 (3) 掌握财务评价报表的编制方法 (4) 区分国民经济评价与财务评价的异同点 (5) 能够运用国民经济评价指标开展项目经济评价

知识结构

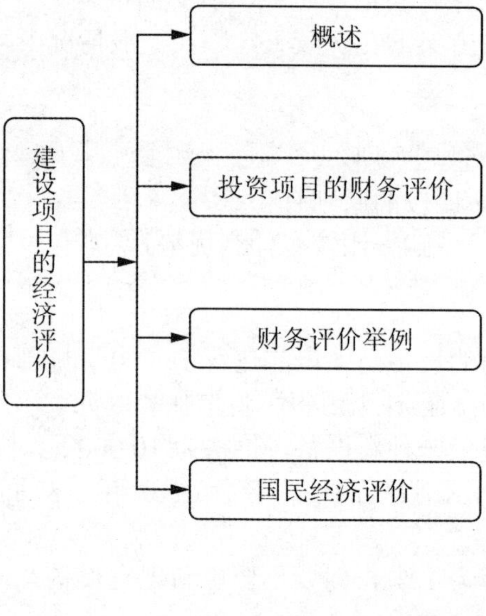

导入案例

“灵宝苹果潼关梨，新郑大枣甜似蜜”，新郑是大枣的故乡，是郑州市的主要红枣产区。近年来，郑州地区的红枣产量不断增加，红枣产业体系已基本形成，消费者对红枣的需求量也在逐年上升。

郑州某食品有限公司充分利用新郑红枣资源的优势，致力于红枣加工、红枣冷藏保鲜储存，极大地促进郑州市乃至整个河南省红枣产业化的发展。该公司最近开发了一个新的红枣生产项目，自筹资金投入 1 300 万元，利用郑州地区的红枣资源，采用公司先进的红枣加工技术，新建健康红枣加工生产线，年产健康红枣 1 000t。公司要求的最低收益率为 12%。

该项目产品市场广阔、红枣资源丰富、基础设施配套、产品方案及规模合理、生产工艺成熟、资金筹措有保证。项目建成后，通过对红枣进行深加工，有利于促进农产品转化增值，提高农业竞争力，有利于农业增收，增加农民收入，促进农村经济发展，提高农业经济效益。同时，能够充分利用当地丰富的红枣资源优势，进一步提高红枣加工的现代化水平，全面提高人民的生活质量和水平，有效推动农业产业化进程。对增加就业机会、繁荣城乡市场等具有十分重要的作用。

试对该项目进行财务评价。

7.1 概述

建设项目的经济评价包括财务评价和国民经济评价，财务评价和国民经济评价共同构成了完整的工程项目的经济评价体系。

建设项目的经济评价是项目前期工作的重要内容，对于加强固定资产投资宏观调控，提高投资决策的科学化水平，引导和促进各类资源合理配置，优化投资结构，减少和规避投资风险，充分发挥投资效益具有重要作用。在合理配置社会资源的前提下，从国家经济整体利益出发，遵守费用与效益统一划分的原则，用影子价格、影子汇率和社会折现率来计算项目给国民经济带来的净增量效益，分析项目的经济效率、效果和对社会的影响，以此来评价项目在宏观经济上的可行性。

建设项目财务评价是根据国家现行的财税制度和价格体系，从建设项目角度出发，分析、计算项目直接发生的财务效益和费用，编制有关报表，计算有关指标，评价项目的赢利和偿债能力、综合平衡情况能力等财务状况，据此判断项目的财务可行性。财务评价是工程经济的核心内容，它既是工程经济学原理的应用，又是其理论的深化，同时也为国民经济评价提供调整计算的基础。

7.2 投资项目的财务评价

7.2.1 财务评价的目的和内容

1. 财务评价的目的

(1) 衡量竞争性建设项目的赢利能力和清偿能力。

(2) 权衡非赢利项目或微利项目的经济优惠措施。

(3) 合营项目谈判签约的重要依据。

(4) 项目资金规划的重要依据。

2. 财务评价的内容

1) 赢利能力分析

主要是考察项目投资的赢利水平，它直接关系到项目投产后能否生存和发展，是评价项目的财务上可行性程度的基本标志。赢利能力的大小是企业进行投资活动的原动力，也是企业进行投资决策时考虑的首要因素。在财务评价中，应当考察拟建项目建成投产后是否有赢利，赢利能力有多大，赢利能力是否足以使项目可行。

2) 偿债能力分析

拟建项目的偿债能力主要是指项目偿还建设项目投资借款和清偿其他债务的能力。它直接关系到企业面临的财务风险和企业财务信用程度。偿债能力的大小是企业进行筹资决策的重要依据。

3) 不确定性分析

项目的赢利能力分析和偿债能力分析时所用的工程经济要素数据一般是预测和估计的，具有一定的不确定性，因此分析这些不确定因素对经济评价指标的影响，估计项目可能存在的风险，考察项目财务评价的可靠性，这就是项目的不确定分析。

3. 财务评价的基本步骤

(1) 进行财务评价基础数据与参数的确定、估算与分析，编制财务评价的辅助报表。根据项目市场研究和技术分析的结果、国家的现行财税制度，进行一系列财务数据的估算，并在此基础上编制辅助报表。辅助报表包括：建设投资估算表、流动资金估算表、固定资产折旧估算表、无形资产及递延资产摊销估算表、资金使用计划与资金筹措表、销售收入、销售税金及附加表、总成本估算表等。

(2) 编制财务评价的基本报表。将分析和估算所得的数据进行汇总，编制财务评价的基本报表，包括：现金流量表、利润表、资金来源与运用表、资产负债表。

(3) 计算财务评价的各项指标，进行财务分析，判别项目的财务可行性。包括赢利能力的指标计算分析、偿债能力指标计算分析、不确定性分析，将计算出的指标与国家有关部门公布的基础值，或与经验标准、历史标准、目标标准等加以比较，并从项目的角度提出项目可行与否的结论。

7.2.2 主要数据的确定、估算和分析

1. 财务评价基准参数的选取

1) 内部收益率的判别基准

内部收益率包括项目财务内部收益率、项目资本金内部收益率以及投资各方的内部收益率或最低可接受收益率。

(1) 项目财务内部收益率的判别基准。项目财务内部收益率的判别基准是财务基准收益率，可采用行业或公司统一发布执行的基准数据，也可以由评价者自行设定。近年来，采用项目的加权平均资金成本为基础来确定财务基准收益率的做法已成趋势。

(2) 项目资本金内部收益率的判别基准。项目资本金内部收益率的判别基准是最低可接受收益率。它的确定主要取决于当时的资本收益水平以及项目所有资本金投资者对权益资金收益的综合要求，涉及资金机会成本的概念以及投资者对风险的态度。

(3) 投资各方的内部收益率的判别基准。投资各方的内部收益率的判别基准是投资各方对投资收益水平的最低期望值，也可以称为最低可接受收益率。它取决于投资者的决策理念、资本实力和对风险的承受能力。

2) 项目静态投资回收期的判别基准

项目投资回收期的判别基准是基准静态回收期，其取值可以根据行业水平或投资者的具体要求而定。

2. 建设项目投资估算

投资估算是在对项目的建设规模、产品方案、工艺技术及设备方案、工程方案及项目实施进度等进行研究并基本确定的基础上，估算项目所需资金总额并测算建设期分年资金使用计划。按照现行项目投资管理规定，工程建设项目投资的估算包括固定资产投资估算和流动资金的估算。

1) 固定资产投资概略估算的方法

对于项目建议书阶段固定资产投资，可采用一些简便方法估算。主要有以下几种。

(1) 设备系数法。以拟建项目的设备费为基数，根据已建成的同类项目或装置的建筑安装费和其他工程费用等占设备价值的百分比，求出相应的建筑安装及其他有关费用，其总和即为项目或装置的投资。公式如下

$$C = E(1 + f_1P_1 + f_2P_2 + f_3P_3 + \cdots) + I \tag{7-1}$$

式中：C——拟建项目或装置的投资额；

E——根据拟建项目或装置的设备清单按当时当地价格计算的设备费(包括运杂费)的总和；

P_1、P_2、P_3——分别为已建项目中建筑安装及其他工程费用占设备费百分比；

f_1、f_2、f_3——分别为由于时间因素引起的定额、价格、费用标准等变化的综合调整系数；

I——拟建项目的其他费用。

(2) 主体专业系数法。以拟建项目中的最主要、投资比重较大并与生产能力直接相关的工艺设备的投资(包括运杂费及安装费)为基数，根据同类型的已建项目的有关统计资料，计算出拟建项目的各专业工程(总图、土建、暖通、给排水、管道、电气及电信、自控及其他工程费用等)占工艺设备投资的百分比，据以求出各专业工程的投资，然后把各部分投资费用(包括工艺设备费)相加求和，即为项目的总费用。其计算公式为

$$C = E(1 + f_1P_1' + f_2P_2' + f_3P_3' + \cdots) + I \tag{7-2}$$

式中：P_1'、P_2'、P_3'——已建项目中各专业工程费用占工艺设备费用的百分比；其余符号含义同上式。

(3) 朗格系数法。该法以设备费为基础，乘以适当系数来推算项目的建设费用。其计算公式为

$$D = C(1 + \sum K_i) \cdot K_c \tag{7-3}$$

式中：D——总建设费用；

C——主要设备费用；

K_i——管线、仪表、建筑物等项费用的估算系数；

K_c——管理费、合同费、应急费等项费用的总估算系数。

总建设费与设备费用之比为朗格系数 KL，即

$$\mathrm{KL}=(1+\sum K_i)\cdot K_c \tag{7-4}$$

这种方法比较简单，但没有考虑设备规格、材质的差异，所以精确度不高。

(4) 生产能力指数法。这种方法根据已建成的、性质类似的建设项目或生产装置的投资额和生产能力及拟建项目或生产装置的生产能力估算项目的投资额。计算公式为

$$C_2=C_1\cdot\left(\frac{A_2}{A_1}\right)^n\cdot f \tag{7-5}$$

式中：C_2、C_1——分别为拟建项目或装置和已建项目的投资额；

A_1、A_2——分别为已建类似项目或装置和拟建项目的生产能力；

f——不同时期、不同地点的定额、单价、费用变更等的综合调整系数；

n——生产能力指数，$0\leqslant n\leqslant 1$。

若已建类似项目或装置的规模和拟建项目或装置的规模相差不大，生产规模比值在0.5～2，则指数 n 的取值近似为1。

若已建类似项目或装置与拟建项目或装置的规模相差不大于50倍，且拟建项目的扩大仅靠增大设备规模来达到时，则 n 取值为0.6～0.7；若是靠增加相同规格设备的数量达到时，n 的取值在0.8～0.9。

采用这种方法，计算简单、速度快，但要求类似工程的资料可靠，条件基本相同，否则误差就会增大。

(5) 指标估算法。对于房屋、建筑物等投资的估算，经常采用指标估算法，即根据各种具体的投资估算指标，进行单位工程投资的估算。投资估算指标的形式较多，根据这些投资估算指标，乘以所需的面积、体积、容量等，就可以求出相应的土建工程、给排水工程、照明工程、采暖工程、变配电工程等各单位工程的投资。在此基础上，可汇总成每一单项的投资。另外再估算工程建设其他费用及预备费，即求得建设项目总投资。

特别提示

采用这种方法时，一方面要注意，若套用的指标与具体工程之间的标准或条件有差异时，应加以必要的局部换算或调整；另一方面要注意，使用的指标单位应密切结合每个单位工程的特点，能正确反映其设计参数，切勿盲目地单纯套用一种单位指标。

2) 固定资产投资详细估算方法

详见第2章。

3) 流动资金的估算

流动资金的估算方法有两种：一是扩大指标估算法，即按照流动资金占某种费用基数的比率来估算流动资金。一般常用的费用基数有销售收入、经营成本、总成本费用和固定资产投资等，究竟采用何种基数依行业习惯而定。所采用的比率根据经验确定，或依行业或部门给定的参考值确定。也有的行业习惯按单位产量占用流动资金额估算流动资金。扩大指标估算法简便易行，适用于项目初选阶段。二是分项详细估算法，这是通常采用的流动资金估算方法。

需要分项详细估算流动资金时，可采用下列公式：

流动资金=流动资产−流动负债

流动资产=现金+应收和预付账款+存货

流动负债=应付账款+预付账款

流动资金本年增加额=本年流动资金-上年流动资金

流动资产和流动负债各项构成估算公式如下：

(1) 现金的估算。

$$现金=\frac{年工资及福利费+年其他费用}{现金周转次数}$$

年其他费用=制造费用+管理费用+销售费用

以上 3 项费用中包含工资及福利费、折旧费、维简费、摊销费、修理费和利息支出。

$$周转次数=\frac{360}{最低需要周转天数}$$

(2) 应收(预付)账款的估算。

$$应收账款=\frac{年经营成本}{应收账款周转次数}$$

(3) 存货的估算。

存货包括各种外购原材料、燃料、包装物、低值易耗品、在产品、外购商品、协作件、自制半成品和产成品等。项目中的存货一般仅考虑外购原材料、燃料，在产品、产成品，也可考虑备品备件。

存货=外购原材料+外购燃料+在产品+产成品

外购原材料、燃料是指为保证正常生产需要的原材料、燃料、包装物、备品备件等占用资金较多的投入物，需按品种类别逐项分别估算。计算公式为

$$外购原材料、燃料=\frac{全年外购原材料、燃料}{原材料、燃料周转次数}$$

$$在产品=\frac{年外购原材料、燃料和动力费用+年工资福利费+年修理费+年其他制造费}{在产品周转次数}$$

$$产成品=\frac{年经营成本}{周转次数}$$

(4) 流动负债估算。流动负债是指在一年或者超过一年的一个营业周期内，需要偿还的各种债务。在可行性研究中，流动负债估算只考虑应付(预收)账款的估算。

$$应付账款=\frac{年外购原材料、燃料动力和商品备件费用}{应付账款周转次数}$$

(5) 铺底流动资金的估算。流动资金一般应在投产前开始筹措。根据国家现行规定要求，新建、扩建和技术改造项目，必须将项目建成投产后所需的 30% 铺底流动资金列入投资计划，铺底流动资金不落实的，国家不予批准立项，银行不予贷款。铺底流动资金的计算公式为

铺底流动资金=流动资金×30%

铺底流动资金是计算项目资本金的重要依据，也是国家控制项目投资规模的重要指标。根据国家现行规定，国家控制投资规模的项目总投资包括固定资产投资和铺底流动资金，并以此为基数计算项目资本金比例。计算公式为

项目总投资=固定资产投资+铺底流动资金

固定资产投资=固定资产投资静态部分+固定资产投资动态部分

对于概算调整和后评价项目，固定资产投资动态部分还应包括建设期因汇率变动而产生的汇兑损益以及国家批准新开征的其他税费。

项目资本金最低需要量=项目总投资×国家规定的最低资本金比例

4) 投资估算表及其他相关财务报表的编制

(1) 固定资产投资估算表的编制。该表包括工程费用、工程建设其他费用、预备费用、固定资产投资方向调节税、建设期利息。分别对上述内容估算或计算后即可编制此表。

(2) 固定资产折旧费估算表的编制。该表包括各项固定资产的原值、分年度折旧额与净值以及期末余值等内容。编制该表首先要依据固定资产投资估算表确定各项固定资产原值，再依据项目的生产期和有关规定确定折旧方法、折旧年限与折旧率，进而计算各年的折旧费和净值，最后汇总得到项目总固定资产的年折旧费和净值。期末净值即可为项目的期末余值。

(3) 无形资产及递延资产摊销费估算表的编制。该表的内容和编制与固定资产折旧费估算表类似。编制时，首先确定无形及递延资产的原值，再按摊销年限等额摊销。无形资产的摊销年限不少于10年，递延资产的摊销年限不少于5年。

(4) 流动资金估算表的编制。流动资金估算表包括流动资产、流动负债、流动资金及流动资金本年增加额4项内容。该表是在对生产期各年流动资金估算的基础上编制的。

(5) 投资计划与资金筹措表的编制。投资计划与资金筹措表包括总投资的构成、资金筹措及各年度的资金使用安排。该表可依据固定资产投资估算表和流动资金估算表编制。

3. 投资项目中销售收入及其税金的估算

1) 销售收入的估算

销售(营业)收入是指项目投产后在一定时期内销售产品(营业或提供劳务)而取得的收入。销售(营业)收入的主要内容包括以下几点。

(1) 生产经营期各年生产负荷的估算。项目生产经营期各年生产负荷是计算销售收入的基础。经济评估人员应配合技术评估人员鉴定各年生产负荷的确定是否有充分依据，是否与产品市场需求量预测相符合，是否考虑了项目的建设进度，以及原材料、燃料、动力供应和工艺技术等因素对生产负荷的制约和影响作用。

(2) 产品销售价格的估算。销售(营业)收入的重点是对产品价格进行估算。要鉴定选用的产品销售(服务)价格是否合理，价格水平是否反映市场供求状况，判别项目是否高估或低估了产出物价格，为防止人为夸大或缩小项目的效益，属于国家控制价格的物资，要按国家规定的价格政策执行；价格已经放开的产品，应根据市场情况合理选用价格，一般不宜超过同类产品的进口价格(含各种税费)。产品销售价格一般采用出厂价格，参考当前国内市场价格和国际市场价格，通过预测分析而合理选定。出口产品应根据离岸价格扣除国内各种税费计算出厂价格。同时还应注意与投入物价格选用的同期性，并注意价格中不应含有增值税。

(3) 销售(营业)收入的计算方法。在项目评估中，产品销售(营业)收入的计算，一般假设当年生产产品当年全部销售。销售(营业)收入计算公式为

$$\text{销售(营业)收入}=\sum_{i=1}^{n} Q_i \times P_i \tag{7-6}$$

式中：Q_i——第 i 种产品年产量；

P_i——第 i 种产品销售单价。

当项目产品外销时，还应计算外汇销售收入，并按评估时现行汇率折算成人民币，再计入销售收入总额。

2) 销售税金及附加的估算

销售税金及附加是指新建项目生产经营期(包括建设与生产同步进行情况下的生产经营期)内因销售产品(营业或提供劳务)而发生的消费税、营业税、资源税、城市维护建设税及教育费附加，是损益表和财务现金流量表中的一个独立项目。销售税金及附加的计征依据是项目的销售(营业)收入，不包括营业外收入和对外投资收益。

销售税金及附加，应随项目具体情况而定，分别按生产经营期各年不同生产负荷进行计算。各种税金及附加的计算要符合国家规定。应按项目适用的税种、税目、规定的税率和计征办法计算有关税费。

在计算过程中，如果发现所适用的税种、税目和税率不易确定，可征询税务主管部门的意见确定，或按照就高不就低的原则计算。除销售出口产品的项目外，项目的销售税金及附加一般不得减免，如国家有特殊规定的，按国家主管部门的有关规定执行。

3) 有关增值税的估算

按照现行税法规定，增值税作为价外税不包括在销售税金及附加中。在经济项目评价中应遵循价外税的计税原则，在项目损益分析及财务现金流量分析的计算中均不应包含增值税的内容。因此，在评价中应注意以下几点。

(1) 在项目财务效益分析中，产品销售税金及附加不包括增值税，产出物的价格不含有增值税中的销项税，投入物的价格中也不含有增值税中的进项税。

(2) 城市维护建设税和教育费附加都是以增值税为计算基数的。因此，在财务效益分析中，还应单独计算项目的增值税额(销项税额-进项税额)，以便计算销售税金及附加。

(3) 增值税的税率、计征依据、计算方法和减免办法，均应按国家有关规定执行。产品出口退税比例，按照现行有关规定计算。

4. 投资项目中成本费用估算

1) 成本费用的构成

成本费用是反映产品生产中资源消耗的一个主要基础数据，是形成产品价格的重要组成部分，是影响经济效益的重要因素。建设项目产出品成本费用的构成与计算，既要符合现行财务制度的有关规定，又要满足经济评估的要求。

按照财政部新颁布的财务制度，参照国际惯例，将成本核算办法由原来的完全成本改成制造成本法。所谓制造成本法是在核算产品成本时，只分配与生产经营最直接和关系密切的费用，而将与生产经营没有直接关系和关系不密切的费用计入当期损益，即直接材料、直接工资、其他直接支出和制造费用计入产品制造成本，管理费用、财务费用和销售费用直接计入当期损益，不要求计算产品的总成本费用。

为了估算简捷，财务评价中通常按成本要素进行归结分类估算。归结后，总成本费用由外购原材料费、外购燃料及动力费、工资及福利费、修理费、折旧费、维简费、摊销费、财务费以及其他费用组成。

按总成本费用估算表具体分项成本估算如下。

(1) 外购原材料费。外购原材料费包括企业生产经营过程中实际消耗的原材料、辅助材料、备品配件、外购半成品、包装物以及其他直接材料费。

外购原材料费=消耗量×单价

(2) 外购燃料及动力费。外购燃料及动力费是指企业生产经营过程中实际消耗的燃料、动力费。

外购燃料及动力费=燃料和动力消耗量×单价

(3) 工资及福利费。工资及福利费包括直接工资及其他直接支出(指福利费)，制造费、管理费以及销售费用中管理人员和销售人员的工资及福利费。

直接工资包括企业以各种形式支付给职工的基本工资，浮动工资，各类补贴、津贴、奖金等。

工资及福利费=职工总人数×人均年工资指标(含福利费)

职工总人数是指按拟订方案提出的生产人员、生产管理人员、工厂总部管理人员及销售人员总人数。人均年工资指标(含福利费)有时也可考虑一定比率的年增长率。

职工福利费要用于职工的医药费(包括企业参加职工医疗保险交纳的医疗保险费)，医护人员的工资，医务经费，职工因公伤赴外地就医路费，职工生活困难补助，职工浴室，理发室、幼儿园、托儿所人员的工资，以及按照国家规定开支的其他职工福利支出。现行规定一般为工资的 14%。

(4) 折旧费。固定资产折旧应当根据固定资产原值、预计净残值、预计使用年限或预计工作量，一般采用年限平均法或者工作量(或产量)法计算，也可采用加速折旧法。各种方法的计算公式见第 2 章。

(5) 维简费。与一般固定资产(如设备、厂房等)不同，矿山、油井、天然气井和森林等自然资源是一种特殊资产。其价值将随着已完成的采掘与采伐量而减少。我国自 20 世纪 60 年代以来，对于这类资产不提折旧，而是按照生产产品数量(采矿按每吨原矿产量，林区按每立方米原木产量)计提维持简单再生产费，简称“维简费”。实际上这也是一种产量法，即按每年预计完成总产量的比例分配到产品成本费用中去。

上述特殊资产在西方国家称为递耗资产。它将随着资源的采掘与采伐，转为可供销售的存货成本，这种成本的转移称为“折耗”。

特别提示

折耗与折旧的区别主要如下。

① 折旧是指固定资产价值的减少，其实物数量不变；而折耗是指递耗资产实体的减少，而且是数量和价值同时减少。

② 递耗资产的折耗发生于采掘、采伐过程之中；而固定资产折旧则不限于使用过程。

矿山维简费(或油田维护费)一般按出矿量和国家或行业规定的标准提取，但选厂、尾矿以及独立的机、汽修和大型供水、供汽、运输车间除外。其计算公式为

矿山维简费(或油田维护费)=出矿量×计提指标(元/吨)

(6) 摊销费(无形资产和递延资产摊销)。无形资产与递延资产的摊销是将这些资产在使用中损耗的价值转入成本费用中去。一般不计残值，从受益之日起，在一定期间分期平均摊销。

无形资产的摊销期限，凡法律和合同或企业申请书分别规定有效期限和受益年限的，按照法定有效期限与合同或企业申请书规定的受益年限孰短的原则确定。无法确定有效期限，但企业合同或申请书中规定有受益年限的，按企业合同或申请书中规定的受益年限确定。无法确定有效期限和受益年限的，按照不少于 10 年的期限确定。

递延资产，一般按照不短于 5 年的期限平均摊销；其中以经营租赁方式租入的固定资产改良工程支出，在租赁有效期限内分期摊销。

无形资产、递延资产的摊销价值通过销售收入得到补偿，增加企业盈余资金，可用于作为周转资金或其他用途。

(7) 修理费。修理费是指为恢复固定资产原有生产能力，保持原有使用效能，对固定资产进行修理或更换零部件而发生的费用，它包括制造费用、管理费用和销售费用中的修理费。固定资产修理费一般按固定资产原值的一定百分比计提，计提比例可根据经验数据、行业规定或参考各类企业的实际数据加以确定。其计算公式为

修理费=固定资产原值×计提比率

(8) 财务费用。财务费用是指在生产经营期间发生的利息支出、汇兑损失以及相关的金融机构手续费。

在项目评估时，生产经营期的财务费用需计算长期负债利息净支出和短期负债利息；在未取得可靠计算依据的情况下，可不考虑汇兑损失及相关的金融机构手续费。

在财务评价中，对国内外借款，无论实际按年、季、月计息，均可简化为按年计息，即将名义年利率按计息时间折算成有效年利率，其计算公式见第 3 章。

(9) 其他费用。其他费用包括制造费、管理费和销售费用之和，扣除上述计入各科目的机物料消耗、低值易耗品费用及其运输费用、水电费、工资及福利费、折旧费、摊销费及修理费等费用后其他所有费用的统称。其计算方法一般采用工时费用指标、工资费用指标或以上述成本费用(1 至 7)之和为基数按照一定的比例提取。计算公式为有以下 3 种。

其他费用=制度总工时(或设计总工时)×工时费用指标(元/工时)

式中：工时费用指标(元/工时)根据行业特点或规定计算。

其他费用=生产单位职工总数×生产单位一线基本职工比重系数×工资费用指标(元/人)

式中：工资费用指标(元/人)根据行业特点或规定来计算。

其他费用=总成本费用(1 至 7)×百分比率

式中：百分比率根据行业特点或规定来确定。

2) 经营成本费用

经营成本费用是项目经济评价中的一个专门术语，是为项目评价的实际需要专门设置的。

经营成本的计算公式为

经营成本费用=总成本费用-折旧费-维简费-摊销费-利息支出

项目评价采用“经营成本费用”概念的原因有以下几点。

(1) 项目评价动态分析的基本报表是现金流量表，它根据项目在计算期内各年发生的现金流入和流出，进行现金流量分析。各项现金收支在何时发生，就在何时计入。由于投资已在其发生的时间作为一次性支出被计作现金流出，所以不能将折旧费和摊销费在生产经营期再作为现金流出，否则会发生重复计算。因此，在现金流量表中不能将含有折旧费和摊销费的总成本费用作为生产经营期经常性支出，而规定以不包括折旧费和摊销费的经营成本作为生产经营期的经常性支出。对于矿山项目，将维简费视同折旧费处理，因此，

经营成本中不包括维简费。

(2) 《方法与参数》规定，财务评价要编制的现金流量表包括全部投资现金流量表和自有资金现金流量表。全部投资现金流量表是在不考虑资金来源的前提下，以全部投资(固定资产投资和流动资金，不含建设期利息)作为计算基础，因此生产经营期的利息支出不应包括在现金流出中。自有资金现金流量表中已将利息支出单列，因此要采用剔除了利息支出的经营成本。

3) 财务报表的编制

(1) 总成本费用估算表(表 7-1)的编制。编制该表，按总成本费用的构成项目的各年预测值和各年的生产负荷，计算年总成本费用和经营成本。为了便于计算，在该表中将工资及福利费、修理费、折旧费、维简费、摊销费、利息支出进行归并后填列。表中“其他费用”是指在制造费用、管理费用、财务费用和销售费用中扣除了工资及福利费、修理费、折旧费、维简费、摊销费和利息支出后的费用。

表 7-1　总成本费用估算表　　单位：万元

序号	项目	计算期					合计
		1	2	3	…	*n*	
1	外购原材料费						
2	外购燃料及动力费						
3	工资及福利费						
4	修理费						
5	其他费用						
6	经营成本(1+2+3+4+5)						
7	折旧费						
8	摊销费						
9	利息支出						
10	总成本费用(6+7+8+9)						
	其中：可变成本						
	固定成本						

(2) 借款还本付息计算表(表 7-2)的编制。编制该表，首先要依据投资计划与资金筹措表填列固定资产投资借款(包括外汇借款)的各具体项目，然后根据固定资产折旧费估算表、无形及递延资产摊销费估算表和损益表填列偿还借款本金的资金来源项目。

表 7-2　借款还本付息计算表　　单位：万元

序号	项目	计算期					合计
		1	2	3	…	*n*	
1	借款						
1.1	期初借款余额						
1.2	当期还本付息						
	其中：还本						
	付息						

续表

序号	项目	计算期					合计
		1	2	3	…	*n*	
1.3	期末借款余额						
2	债券						
2.1	期初债务余额						
2.2	当期还本付息						
	其中：还本						
	付息						
2.3	期末债务余额						
3	借款和债券合计						
3.1	期初余额						
3.2	当期还本付息						
	其中：还本						
	付息						
3.3	期末余额						
计算指标	利息备付率						
	偿债备付率						

(3) 产品销售收入和销售税金及附加估算表(表 7-3)的编制。表中产品销售收入以估计产销量与预测销售单价的乘积填列；年销售税金及附加按国家规定的税种和税率计取。

表 7-3　销售收入、销售税金及附加和增值税估算表　　单位：万元

序号	项目	计算期					合计
		1	2	3	…	*n*	
1	销售收入						
1.1	产品 A 销售收入						
	单价						
	数量						
	销项税额						
1.2	产品 B 销售收入						
	单价						
	数量						
	销项税额						
	…						
2	销售税金及附加						
2.1	营业税						
2.2	消费税						
2.3	城市维护建设税						
2.4	教育费附加						
3	增值税						
	销项税额						
	进项税额						

5. 财务赢利能力与偿债能力分析

1) 赢利能力分析指标

财务评价的赢利能力分析是通过一系列财务评价指标反映的。这些指标可以根据财务报表计算，并将其与财务评价参数比较，以判断项目的财务可行性。要计算的指标有财务内部收益率、财务净现值、投资回收期、投资利润率、投资利税率和资本金利润率等。其中财务内部收益率、财务净现值和投资回收期是必须计算的主要指标，其他指标可根据项目特点和实际需要计算。

财务赢利能力分析主要是考察项目投资的赢利水平。一般说来，财务内部收益率、财务净现值和投资回收期是评估的主要指标。根据项目实际需要，也可对其他动态和静态评价指标进行分析。

(1) 财务净现值(FNPV)。全部投资(或自有资金)财务净现值(FNPV)是指按设定的折现率，各年的净现金流量折现到建设期初的现值之和。计算公式为

$$\mathrm{FNPV}=\sum_{t=1}^{n}(\mathrm{CI}-\mathrm{CO})_t\times(1+i_0)^{-t} \tag{7-7}$$

式中：CI——现金流入量；

CO——现金流出量；

$(\mathrm{CI}-\mathrm{CO})_t$——第 t 年的净现金流量；

t——计算期；

i_0——基准收益率或设定的折现率。

若项目计算期内财务净现值大于或等于零，表明项目在计算期内可获得大于或等于基准收益水平的收益额。因此，财务净现值 FNPV≥0 时，项目在财务上可以考虑被接受。

(2) 财务内部收益率(FIRR)。财务内部收益率(FIRR)是反映项目在计算期内投资赢利能力的动态评估指标项目计算期内各年净现金流量现值累计等于零时的折现率，表达式为

$$\sum_{t=1}^{n}(\mathrm{CI}-\mathrm{CO})_t\times(1+\mathrm{FIRR})^{-t}=0 \tag{7-8}$$

式中：CI——现金流入量；

CO——现金流出量；

$(\mathrm{CI}-\mathrm{CO})_t$——第 t 年的净现金流量；

t——计算期。

FIRR 用试差法求得。

全部投资财务内部收益率是反映项目在设定的计算期内全部投资的赢利能力指标。当全部投资财务内部收益率(所得税前、所得税后)大于或等于行业基准收益率或设定的折现率，项目在财务上可以考虑被接受。

自有资金财务内部收益率则表示项目自有资金的赢利能力。当自有资金财务内部收益(所得税后)大于或等于投资者期望的最低可接受收益率时，项目在财务上可以考虑被接受。

在利用 FIRR 指标进行赢利能力判断时，应注意计算口径的可比性。对于在计算期内分期建设以及在经营期内某几年的净现金流量多次出现正负值交替现象的非常规项目，财务内部收益率可能出现无解或不合理的情况，此时，可只以财务净现值作为评估指标。

(3) 投资回收期。投资回收期是以项目税前的净收益抵偿全部投资所需的时间。投资回收期一般从建设开始年起计算，同时还应说明自投入运营开始年或发挥效益年算起的投

资回收期。静态投资回收期(*h*)的表达式为

$$\sum_{t=0}^{T_p}(\mathrm{CI}_t-\mathrm{CO}_t)=0 \tag{7-9}$$

式中：T_p——投资回收期；

CI_t——现金流入量；

CO_t——现金流出量；

t——计算期。

动态投资回收期可根据财务现金流量表(全部投资所得税前)累计净现金流量栏中的数字计算求得，计算公式为

$$T_p=[\text{累计净现金流量开始出现正值年份}-1]+\frac{\text{上年累计净现金流量的绝对值}}{\text{当年净现金流量的折现值}} \tag{7-10}$$

投资回收期的分析与评估，应将求出的投资回收期与基准投资回收期 T_0 相比较，当 $T_p\leqslant T_0$ 时，项目在财务上才可以考虑被接受。

(4) 投资利润率。投资利润率是指项目生产经营期内平均年利润总额占项目总资金(固定资产投资与全部流动资金之和)的百分比率。它是反映项目单位投资赢利能力的指标，其计算公式如下

$$\text{投资利润率}=\frac{\text{年平均利润总额}}{\text{项目总投资}}\times 100\% \tag{7-11}$$

当投资利润率≥基准投资利润率时，项目在财务上才可以考虑被接受。

(5) 投资利税率。投资利税率是指项目生产经营期内平均年利税总额占项目总资金(固定资产投资和全部流动资金之和)的百分比率，它是反映项目单位投资赢利能力和对财政所作贡献的指标。其计算公式如下

$$\text{投资利税率}=\frac{\text{年平均利税总额}}{\text{项目总投资}}\times 100\% \tag{7-12}$$

年利税总额=年利润总额+营业税金及附加=年营业收入-年总成本费用

当投资利税率≥基准投资利税率时，项目在财务上才可以考虑被接受。

(6) 资本金利润率。资本金利润率是指项目生产经营期内年平均所得税后利润与资本金的比率。计算公式为

$$\text{资本金利润率}=\frac{\text{年平均所得税后利润}}{\text{注册资金}}\times 100\% \tag{7-13}$$

2) 偿债能力指标分析

偿债能力分析要计算的指标有：固定资产投资国内借款偿还期、资产负债率、流动比率和速动比率。这些指标是依据资产负债表、借款还本付息计算表、资金来源与运用表进行计算的。

(1) 固定资产投资国内借款偿还期。通过资金来源与运用表和国内借款还本付息计算表计算国内借款偿还期。其计算公式为

$$\begin{aligned}\text{借款偿还期}=&(\text{借款偿还后开始出现赢余年份}-\text{开始借款年份})+\\&\text{当年借还款额}/\text{当年可用还款的资金}\end{aligned} \tag{7-14}$$

当国内借款偿还期满足借款机构的要求期限时，即认为项目具有还贷能力。

(2) 资产负债率。资产负债率反映企业的长期偿债能力。分析一个企业的长期偿债能力，主要是为了确定该企业债务本息偿还能力。资产负债率是企业负债总额除资产总额的百分比。该比率表明在总资产中有多少是通过借款来筹集的，以及企业资产对债权人权益的保障程度。这一比率越小，表明企业债务偿还的稳定性、安全性越大，企业长期偿债能力越强。其计算公式为

$$资产负债率=负债总额/资产总额\times 100\% \tag{7-15}$$

(3) 流动比率。流动比率是反映企业的短期偿债能力的重要指标。流动比率是流动资产与流动负债的比值。它表明企业每一元流动负债有多少资产作为偿付担保。因此，这个比率越高，表示短期偿债能力越强，流动负债获得清偿的机会越大，债权人的安全性也越大。但是，过高的流动比率也并非好现象。因为过高的流动比率可能是由于企业滞留在流动资产上的资金过多所致，这恰恰反映了企业未能有效地利用资金，从而会影响企业的获利能力。

至于最佳流动比率，究竟是多少为宜，应视不同行业、不同企业的具体情况而定。一般认为 2∶1 较好。

流动比率的计算公式为：$流动比率=流动资产总额/流动负债总额\times 100\%$ (7-16)

(4) 速动比率。速动比率是速动资产与流动负债的比值。按照财务通则或财务制度规定，速动资产是流动资产减去变现能力较差且不稳定的存货、待摊费用、待处理流动资产损失等后的余额。由于剔除了存货等变现能力较弱且不稳定的资产，因此，速动比率比流动比率能更加准确、可靠地评价企业资产的流动性及其偿还短期负债的能力。速动比率的计算公式为

$$速动比率=(流动资产总额-存货等)/流动负债总额\times 100\% \tag{7-17}$$

建设项目的财务效果是通过一系列财务评价指标反映的。这些指标可根据财务评价基本报表和辅助报表计算，并将其与财务评价参数进行比较，以判断项目的财务可行性。

本章导入案例分析

财务评价

1. 项目市场预测及投资估算

1) 红枣产品市场预测

枣树是我国重要的果树之一，原产于我国黄河流域，是我国重要的经济林树种，红枣有很高的营养价值和药用价值，在人民生活中占有重要的地位。红枣在我国种植已有 8 000 多年的历史，大约在 2 000 多年前传入亚洲其他一些国家，但主要产地是我国。目前我国干红枣年产量 100 多万吨，占世界总产量的 90%以上。产地主要分布在河北、山东、河南、山西、陕西、新疆等省份。河南省产地主要分布在新郑、内黄、封丘、浚县、灵宝等地。

(1) 国内市场需求预测。由于红枣营养丰富，含有丰富的蛋白质、碳水化合物、多种微量元素和维生素，并含有多种保健因子，有良好的保健功能，广泛用于保健食品及中医药。《本草纲目》中记载，“枣味甘、无毒，主治心腹邪气，有益气、补血、养胃、安神、强身健体、延年益寿”之功效。因而，红枣具有多种营养成分和保健功能，红枣系列产品的高科技研制开发，对改善人们的膳食生活条件，提高生活质量和水平，增强人民体质，促进红枣食品文化等都具有非常重要的意义。随着

我国经济的迅速发展，人们生活水平不断提高，人们对绿色保健食品的需求越来越旺盛。由于历史渊源及生活习惯等原因，东南亚国家与我国人民的生活习惯相似，人们普遍追求绿色食品的保健功能，对红枣及其制品的需求量也与日俱增，市场前景广阔，但由于鲜枣难于保存、运输，市场受到了一定的限制，不能满足非枣产区的需求。

新郑红枣产量大、品质优，质量符合国家 GB 5835 标准，可直接用于红枣产品加工，并可最大限度地满足产品加工需求。本食品公司将充分利用郑州地区红枣资源优势，不断开发研制红枣系列新产品，生产国内外急需的高档红枣制品，以满足人民群众的需求，并参与国内外竞争，推动我国枣业的产业化、现代化进程。

(2) 国际市场发展预测。红枣是我国传统的拳头出口产品，据有关资料统计，我国枣及其加工品年出口量在 10 万吨左右，约占枣果总产量的 10%，其中原枣和加工品出口各占一半左右，从出口的国家和地区来看，主要为中国港澳、日本、韩国、新加坡和马来西亚等东南亚市场，占出口总量的 80%～90%，其次为英国、法国、意大利、荷兰、美国、加拿大、阿根廷、澳大利亚和新西兰等欧美和大洋洲市场，市场需求量很大。从枣产品的国际贸易来看，我国目前拥有枣产品国际贸易的 100%，在世界枣品生产和贸易中占绝对的主导地位。世界各国用枣 90%由我国供应，除我国外，仅韩国有 0.1 万公顷枣树栽培规模和 2 万吨的枣果总产量，我国属独家生产供应出口国，其余均为进口国。在国际市场上枣品的售价也高于一般水果，深受国际市场欢迎，1 吨鲜枣相当于 30 吨苹果或 10 吨核桃的售价。

(3) 规避风险方面。随着我国国民经济的快速发展和人民生活水平的不断提高，健康绿色无公害食品已成为 21 世纪发展的趋势。由于红枣具有很高的营养价值和保健作用，又属于健康无公害食品，广大消费者对红枣及其制品的需求量每年高达 200 万吨，但现在同类产品年产量不足 100 万吨，市场缺口大、供需矛盾相当突出，很难完全满足国内市场需求，市场前景广阔，经济效益及社会效益显著。

2) 项目生产能力及产品方案

从上面的市场分析可以看出，选择年产 1 000 吨红枣的生产规模是比较妥当的。具体产品方案为：年加工红枣 1 100 吨，生产健康红枣 1 000 吨。

3) 厂址选择

本项目拟建于郑州新郑综合保税区(郑州航空港区)内，紧邻新郑市红枣的主产区孟庄镇，原材料供应丰富。

4) 项目总投资估算

本项目总投资为 1 311.35 万元，其中：固定资产投资 1 093.35 万元，流动资金 218 万元，所需建设资金来源全部为建设单位自有资金，不考虑贷款。

5) 资金的筹集与使用

项目计算期按 12 年计，建设期 1 年，生产期为 11 年。项目投产的第一年达产 80%，第二年达产 100%，项目基准收益率 12%。

6) 财务成本数据测算

(1) 产品成本估算依据。

① 材料消耗按工艺定额和目前价格估算。

② 职工福利费，本项目劳动定员 40 人，其中工人 30 人，年均工资 14 400 元／人，技术、管理人员 10 人，年均工资 36 000 元／人，职工福利费按工资总额的 14%计算，年均工资总额共计 90.29 万元。

③ 固定资产折旧，按分类法进行直线折旧，房屋建筑物按 15 年平均折旧，无残值，设备按 15 年平均折旧，残值率为 5%。

④ 摊销费，递延资产按 15 年摊销。

⑤ 修理费，按固定资产原值的 0.1%计算。

⑥ 每年支付土地使用权租金 10 万元。

⑦ 其他费用，包括其他制造费用、其他管理费用和销售费用，其中制造费用按工人工资的 2%，管理费用按全部人员工资的 2%，销售费用按销售收入的 3%计算。

本项目经营期内年均成本费用 1 106.41 万元。

(2) 本项目销售价格。按每吨 1.5 万元计算，则共发生销售收入 1 500 万元。

(3) 相关税率。本项目除原材料(农产品)按 13%，其余增值税率为 17%，城建维护费及教育附加费分别为增值税的 7%及 3%。本项目年均增值税 137.35 万元，年均税金及附加 13.7 万元。

本项目所得税按 25%、盈余公积金及公益金按 15%计提，生产期内平均利润总额 353 万元/年，所得税平均 88.22 万元/年，税后利润平均 264.67 万元/年。

2. 项目财务可行性分析

1) 现金流量测算

(1) 投资期现金流量为

$$NCF_0=-1\ 311.35(\text{万元})$$
$$NCF_1=0(\text{万元})$$

(2) 经营期现金流量为

$$NCF_2=320.65(\text{万元})$$
$$NCF_{3-12}=438.15(\text{万元})$$

注：各年现金净流量计算过程略。

2) 折现率的确定

公司能够接受的最低收益率为 12%，因此基准折现率也取 12%。

3) 财务评价主要指标计算

(1) 项目的财务净现值为：$FNPV=-1\ 311.35+320.65\times(P/F,\ 12\%,\ 2)+438.15\times(P/A,\ 12\%,\ 10)\times(P/F,\ 12\%,\ 2)=1\ 058.25$(万元)。

FNPV＞0，方案可行。

(2) 项目的财务内部收益率为：FIRR=23.11%。

FIRR＞12%，方案可行。

(3) 项目的静态投资回收期=4.26(年)。

项目的静态投资回收期 4.26 年＜基准投资回收期 6 年，所以项目是可行的。

(4) 项目年平均报酬率=18.5%。

投资收益率＞12%，项目是可行的。

所以该项目在财务上是可行的。

7.2.3 基本报表

财务赢利能力分析主要包括：现金流量的分析、损益表及利润分配表的分析以及财务赢利能力指标计算与分析。赢利能力指标的计算主要是依据现金流量表、损益表和投资计划与资金筹措表来进行。

1. 现金流量表的编制

1) 全部投资现金流量表的编制

全部投资现金流量表(表 7-4)不分资金来源，以全部投资(包括自有资金和借贷资金等)作为计算基础，不考虑资金的借贷及其偿还等财务条件，即将投入项目的不同来源资金均视为

“自有资金”。这就为各种不同投资方案进行比较建立了共同基础。通过此表，可以计算所得税前及所得税后的财务内部收益率、财务净现值和投资回收期等评价指标，以考察项目全部投资的赢利能力，判断方案的可行性。表中有：现金流入、现金流出、净现金流量(税后)、累计净现金流量(税后)、所得税前净现金流量和所得税前累计净现金流量 6 项内容。

本表的编制步骤具体如下。

(1) 依据销售收入和销售税金及附加估算表填列现金流入项目。

(2) 依据投资计划与资金筹措表、总成本费用估算表、损益表填列现金流出各项目。

(3) 根据下列关系填列净现金流量和所得税前净现金流量：

$$现金流入-现金流出=净现金流量(税后)$$

$$净现金流量(税后)+所得税+特种基金=所得税前净现金流量 \tag{7-18}$$

(4) 计算累计净现金流量、所得税前累计净现金流量。

表 7-4　项目全部投资现金流量表

单位：万元

序号	项目	合计	计算期				
			0	1	2	…	*n*
1	现金流入量						
1.1	营业收入						
1.2	补贴收入						
1.3	回收固定资产余值						
1.4	回收流动资金						
2	现金流出量						
2.1	建设投资						
2.2	流动资金投资						
2.3	经营成本						
2.4	营业税金及附加						
2.5	维持运营投资						
3	所得税前净现金流量(1−2)						
4	累计所得税前净现金流量						
5	调整所得税 25%						
6	所得税后净现金流量(3−5)						
7	累计所得税后净现金流量						

2) 自有投资现金流量表的编制

自有投资现金流量表(表 7-5)是从投资者的角度出发，以投资者的出资额作为计算基础，把借款的本金偿还和利息支付作为现金流出，用以计算自有资金财务内部收益率、财务净现值等评价指标，以考察自有资金的赢利能力。该表包括现金流入、现金流出和净现金流量 3 项内容。

编制该表时，各年现金流入和现金流出等项目的数字资料可分别从产品销售收入和销售税金及附加估算表、投资计划与资金筹措表、借款还本付息计算表、总成本费用估算表、损益表等报表中直接获取，或经简单计算后获得。在全投资现金流量表编制完成后，也可依据全投资现金流量表及其他报表来编制。

表 7-5　项目自有投资现金流量表　　单位：万元

序号	项目	合计	计算期				
			0	1	2	…	n
1	现金流入量						
1.1	营业收入						
1.2	补贴收入						
1.3	回收固定资产余值						
1.4	回收流动资金						
2	现金流出量						
2.1	项目资本金						
2.2	借款本金偿还						
2.3	借款利息支付						
2.4	经营成本						
2.5	营业税金及附加						
2.6	所得税						
2.7	维持运营投资						
3	净现金流量(1-2)						

2. 损益表的编制

损益表(表 7-6)反映项目计算期内各年的利润总额、所得税及税后利润的分配情况，用以计算投资利润率、投资利税率和资本金利润率等指标。

该表的编制需依据总成本费用估算表、产品销售收入和销售税金及附加估算表及表中各项目之间的关系来进行。表中各项目之间的关系为

$$利润总额=产品销售收入-总成本费用-销售税金及附加 \tag{7-19}$$

$$税后利润=利润总额-所得税 \tag{7-20}$$

$$可供分配的利润=税后利润-特种基金 \tag{7-21}$$

1) 利润总额的计算

利润总额(又称实现利润)是项目在一定时期内实现盈亏总额，即销售收入扣除总成本费用和销售税金及附加后的数额。

2) 项目亏损及亏损弥补的处理

项目在上一年度发生的亏损，可以用当年获得的所得税前利润弥补；当年所得税前利润不足弥补的，可以在 5 年内用所得税前利润延续弥补；延续 5 年未弥补的亏损，用缴纳所得税后的利润弥补。

3) 所得税的计算

利润总额按照现行财务制度规定进行调整(如弥补上年的亏损)后，作为评估计算项目应缴纳所得税额的计税基数。所得税税率统一为 33%。国家对特殊项目有减免所得税规定的，按国家主管部门的有关规定执行。

4) 所得税后利润额的分配

缴纳所得税后的利润净额按照下列顺序分配。

(1) 提取法定盈余公积金。法定盈余公积金按当年净利润的 10% 提取，其累计额达到项目法人注册资本的 50%以上时可不再提取。法定盈余公积金可用于弥补亏损或按照国家规定转增资本金等。

(2) 提取公益金。公益金按当年净利润的 5%～10% 提取，主要用于企业职工的集体福利设施支出。

(3) 向投资者分配利润。项目当年无赢利，不得向投资者分配利润；企业上年度未分配的利润，可以并入当年向投资者分配。

(4) 利润用于上述分配后剩余部分为未分配利润。

表 7-6　损益表

单位：万元

序号	项目	合计	计算期				
			1	2	3	…	*n*
1	营业收入						
2	营业税金及附加						
3	总成本费用						
4	补贴收入						
5	利润总额						
6	弥补以前年度亏损						
7	应纳税所得额						
8	所得税						
9	净利润						
10	期初未分配利润						
11	可供分配的利润						
12	提取的盈余公积						
13	可供投资者分配的利润(11-12)						
14	应付优先股股利						
15	提取任意盈余公积金						
16	应付普通股股利(13-14-15)						
17	各投资方利润分配						
	其中：**方						
	**方						
18	未分配利润						
19	息税前利润(利润总额+利息支出)						
20	息税折旧摊销前利润(息税前利润+折旧+摊销)						

3. 资产负债表的编制

资产负债表(表 7-7)综合反映项目计算期内各年末资产、负债和所有者权益的增减变动及对应关系。用以考察项目资产、负债、所有者权益三者的结构是否合理，计算资产负债率、流动比率及速动比率，进行清偿能力分析。

(1) 资产负债表依据流动资金估算表、固定资产投资估算表、投资计划与资金筹措表、资金来源与运用表、损益表等财务报表的有关数据编制。表中有资产、负债与所有者权益 3 个项目。编制该表时应特别注意是否遵循会计恒等式，即：资产=负债+所有者权益。

(2) 资产负债表为企业经营者、投资者和债权人等不同的报表使用者提供了各自需要的资料。分析中应注意根据资本保全原则，投资者投入的资本金在生产经营期内，除依法转让外，不得以任何方式抽回，计提固定资产折旧不能冲减资本金。

表 7-7　资产负债表　　单位：万元

序号	项目	合计	计算期				
			1	2	3	…	*n*
1	资产						
1.1	流动资产总额						
1.1.1	货币资金						
1.1.2	应收账款						
1.1.3	预付账款						
1.1.4	存货						
1.1.5	其他						
1.2	在建工程						
1.3	固定资产净值						
1.4	无形及其他资产净值						
2	负债及所有者权益						
2.1	流动负债总额						
2.1.1	短期借款						
2.1.2	应付账款						
2.1.3	预收账款						
2.1.4	其他						
2.2	建设投资借款						
2.3	流动资金借款						
2.4	负债小计						
2.5	所有者权益						
2.5.1	资本金						
2.5.2	资本公积						
2.5.3	累计盈余公积金						
2.5.4	累计未分配利润						
计算指标：资产负债率							

看图学经济评价

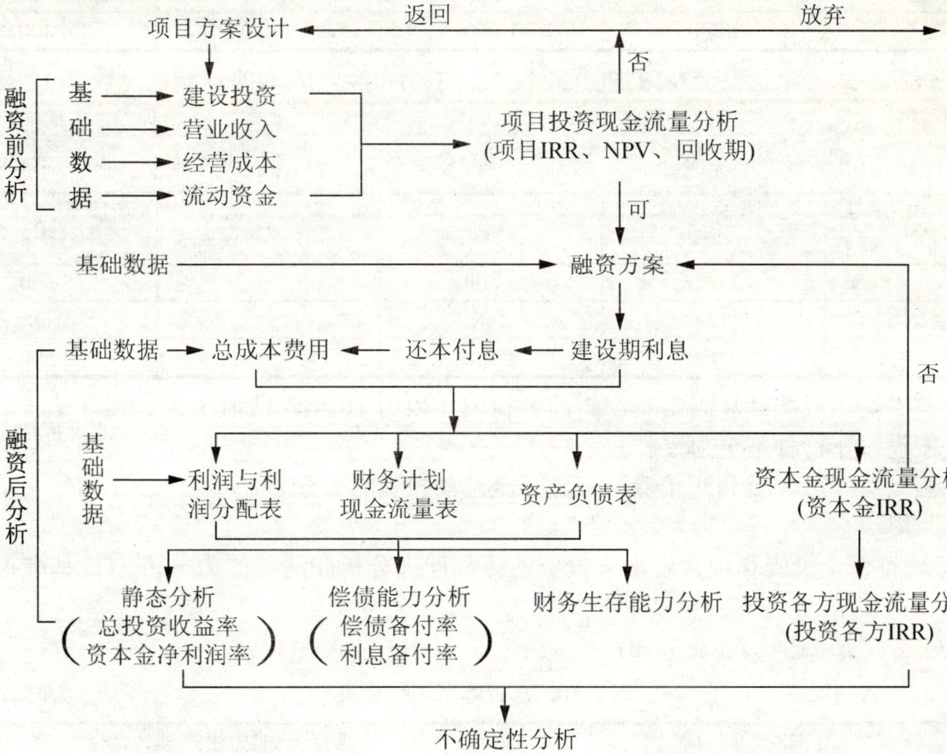

7.2.4 财务评价举例

本节以一个新建项目为例，说明投资项目财务评价的主要内容和方法。

1. 财务预测及总成本费用估算表

1) 数据资料

新建一个化肥厂，预计此项目计算期为 10 年。项目建设期为 2 年，第 3 年投产，生产负荷为设计生产能力的 70%，第 4 年达到设计生产能力。

(1) 固定投资 4 000 万元，其中项目资本金投资为 2 000 万元。不足部分向银行借款。银行贷款条件是年利率为 i=3%，建设期间只计息不还款，第 3 年投产后开始还贷，每年付清利息并分 6 年等额偿还建设期资本化后的全部借款本金。

(2) 流动资金投资约需 2 400 万元，全部用银行贷款，年利率 4%。项目分年投资及贷款情况见表 7-8。

表 7-8 项目分年投资及贷款情况　　单元：万元

项目 \ 年份	0	1	2	合计
固定投资	1 500	2 500		4 000
流动资金投资			2 400	2 400

续表

年份 项目	0	1	2	合计
项目资本金	500	1 500		2 000
借款需要量	1 000	1 000	2 400	4 400

(3) 营业收入、营业税金及附加(营业收入的 3%)和经营成本的预测值见表 7-9，其他支出忽略不计。

表 7-9　预测数据　　　单元：万元

年份 项目	3	4	…	10
营业收入	3 920	5 600	…	5 600
营业税金及附加	117.6	168	…	168
经营成本	2 450	3 500	…	3 500

(4) 按平均年限法计算固定资产折旧。折旧年限为 10 年，残值率为 5%。

(5) 假设每年特种基金为零。

(6) 假设每年可分配利润扣除公积金后全部向投资者分配。

2) 要求

进行项目资金投资和项目资本金投资的赢利能力分析和清偿能力分析。(设基准折现率 i_0=10%)

3) 总成本费用估算表(表 7-10)

表 7-10　总成本费用估算表　　　单位：万元

序号	项目		达到设计能力生产期						
		3	4	5	6	7	8	9	10
1	折旧费	385.75	385.75	385.75	385.75	385.75	385.75	385.75	385.75
2	摊销费								
3	财务费用(利息支出)	157.81	147.51	137.21	126.91	116.6	106.3	96	96
4	经营成本	2 450	3 500	3 500	3 500	3 500	3 500	3 500	3 500
5	总成本费用(1+2+3+4)	2 993.6	4 033.3	4 023	4 012.7	4 002.4	3 992.1	3 981.8	3 981.8
5.1	其中：可变成本								
5.2	固定成本								

2. 编制主要财务评价报表、计算财务评价指标

1) 借款还本付息计划表(表 7-11)

对于建设期的借款，其当年借款额只计一半利息。本例中，第 3 年初的累计欠款 2 060.5 万元即为利息资本化后的总本金。根据借款条件，从第 3 年开始，每年支付当年的利息，再还本金的 1 / 6，6 年内还清本金。

将建设期利息计入固定资产原值内，根据平均年限法计算固定资产折旧如下

$$年折旧额=(4\,000+60.5)\times(1-5\%)/10=385.75(万元)$$

第 10 年(项目寿命期末)回收固定资产余值为

$$(4\,000+60.5)-385.75\times 8=974.5(万元)$$

2) 利润与利润分配表(表 7-12-1)，利息备付率计算表(表 7-12-2)和偿债备付率计算表(表 7-12-3)

3) 项目全部投资现金流量表(表 7-13)及其经济效果指标

由表 7-13 的项目 3 的所得税前净现金流量数据计算税前指标：

财务内部收益率　　$FIRR'_{全}$=20.47%

财务净现值　　$FNPV'_{全}$(10%)=3 297.82 万元

投资回收期　　$T'_{全}$=5.61 年

由表 7-13 的项目 6 的净现金流量数据计算所得税后指标：

财务内部收益率　　$FIRR_{全}$=16.14%

财务净现值　　$FNPV_{全}$(10%)=1 847.36 万元

投资回收期　　$T_{全}$=6.42 年

4) 计算项目自有资金现金流量表(表 7-14)及其经济效果指标

由表 7-14 的项目 3 的净现金流量数据计算项目资本金投资的经济效果指标

财务内部收益率　　$FIRR_{自}$=32.70%

财务净现值　　$FNPV_{自}$(10%)=3 037.10 万元

5) 财务计划现金流量表(表 7-15)

6) 资产负债表(表 7-16)以及资产负债和流动比率计算

3. 分析与说明

1) 赢利能力分析

由项目全部投资现金流量表(表 7-13)列出的所得税前后的净现金流量，以及表 7-14 列出的项目资本金投资净现金流量可分别计算出如下指标：

财务内部收益率：$FIRR'_{全}$=20.47%；$FIRR_{全}$=16.14%；$FIRR_{自}$=32.70%。

财务净现值：$FNPV'_{全}$(10%)=3 297.82 万元；$FNPV_{全}$(10%)=1 847.36 万元；$FNPV_{自}$(10%)=3 037.10 万元。

资回收期：$T'_{全}$=5.61 年；$T_{全}$=6.42 年。

本例中，$FIRR_{全}>i_0$，$FNPV_{全}>0$，表明方案本身的经济效果好于投资者的最低预期，方案可行。$FNPV_{自}>FNPV_{全}$，$FIRR_{自}>FIRR_{全}$，表明在总投资中采用借款可以使企业获得更好的经济效果，因为$FIRR_{全}>i_0$，债务比越高，财务杠杆效应使项目资本金的经济效果变得越好。项目资本金投资的经济效果一部分来自项目资本金本身，另一部分来自债务资金。

2) 资金平衡及偿债能力分析

由表 7-15(财务计划现金流量表)可以看出，用项目筹措的资金和项目的净收益足可以支付各项支出，不需要用短期借款即可保证资金收支相抵有余。在表 7-15 中，各年的累计盈余资金均大于零，可满足项目资金运行要求。

由表 7-12-2 和表 7-12-3 计算的各年利息备付率和偿债备付率表明还本付息能力有充足的保障。

由表 7-16(资产负债表)的资产负债率和流动比率两项指标来看，项目的负债比率除少数年份外，均在 60%以下，随着生产经营的继续，两项指标将更为好转。因此，该项目偿债能力较强。

从总体看，该项目投资效果较好。

表 7-11　借款还本付息计划表

单位：万元

序号	项目	建设期		投产期	达到设计能力生产期							期末
		1	2	3	4	5	6	7	8	9	10	
1	借款											
1.1	期初借款本息累计	0	1 015	2 060.5	1 717	1 373.6	1 030.2	686.81	343.4			
1.1.1	本金		1 000	2 000	1 717	1 373.6	1 030.2	686.81	343.4			
1.1.2	建设期利息		15	60.45								
1.2	当期借款	1 000	1 000	2 400								
1.2.1	长期借款	1 000	1 000									
1.2.2	短期借款			2 400								
1.3	当期应计利息	15	45.45	157.81	147.51	137.209	126.907	116.604	106.302	96	96	
1.3.1	长期借款利息	15	45.45	61.814	51.511	41.209	30.907	20.604	10.302	0	0	
1.3.2	短期借款利息			96	96	96	96	96	96	96	96	
2	还本付息											
2.1	当期还本			343.41	343.41	343.41	343.41	343.41	343.41			2 400
2.2	当期付息			157.81	147.51	137.209	126.907	116.604	106.302	96	96	
2.3	期末本息余额	1 015	2 060.5	1 717	1 373.6	1 030.2	686.81	343.4				
3	还本资金来源			931.71	1 329.9	1 336.9	1 343.8	1 350.8	1 357.7	1 364.7	1 364.7	2 400
3.1	可用于还本的未分配利润			545.96	944.15	951.1	958.06	965.01	971.96	978.92	978.92	
3.2	折旧费			385.75	385.75	385.75	385.75	385.75	385.75	385.75	385.75	
3.3	摊销费											
3.4	以前结余可用于还本资金											
3.5	其他资金											2 400

表 7-12-1 利润与利润分配表

单位：万元

序号	项目	投产期	达到设计能力生产期						
		3	4	5	6	7	8	9	10
	生产负荷(%)	70	100	100	100	100	100	100	100
1	营业收入	3 920	5 600	5 600	5 600	5 600	5 600	5 600	5 600
2	营业税金及附加	117.60	168.00	168.00	168.00	168.00	168.00	168.00	168.00
3	总成本费用	2 993.60	4 033.30	4 023.00	4 012.70	4 002.40	3 992.10	3 981.80	3 981.80
4	补贴收入								
5	利润总额	808.80	1 398.70	1 409.00	1 419.30	1 429.60	1 439.90	1 450.20	1 450.20
6	弥补以前年度亏损								
7	应纳税所得额	808.80	1 398.70	1 409.00	1 419.30	1 429.60	1 439.90	1 450.20	1 450.20
8	所得税(25%)	202.20	349.68	352.25	354.83	357.40	359.98	362.55	362.55
9	净利润	606.60	1 049.03	1 056.75	1 064.48	1 072.20	1 079.93	1 087.65	1 087.65
10	期初未分配利润								
11	可供分配的利润	606.60	1 049.03	1 056.75	1 064.48	1 072.20	1 079.93	1 087.65	1 087.65
12	提取的盈余公积(10%)	60.66	104.90	105.68	106.45	107.22	107.99	108.77	108.77
13	可供投资者分配的利润(11-12)	545.94	944.12	951.08	958.03	964.98	971.93	978.89	978.89
14	未分配利润	545.94	944.12	951.08	958.03	964.98	971.93	978.89	978.89
15	息税前利润(利润总额+利息支出)	966.6	1 546.2	1 546.2	1 546.2	1 546.2	1 546.2	1 546.2	1 546.2
16	息税折旧摊销前利润(息税前利润+折旧+摊销)	1 352.4	1 932.0	1 932.0	1 932.0	1 932.0	1 932.0	1 932.0	1 932.0
利息备付率		6.13	10.48	11.27	12.18	13.26	14.55	16.11	16.11
偿债备付率		1.86	2.71	2.78	2.86	2.94	3.02	14.22	14.22

表 7-12-2 利息备付率计算表

单位：万元

项目年份	3	4	5	6	7	8	9	10
1．利息支出	157.81	147.51	137.21	126.91	116.6	106.3	96	96
2．利润总额	808.8	1 398.7	1 409	1 419.3	1 429.6	1 439.9	1 450.2	1 450.2
3．息税前利润(1+2)	966.61	1 546.21	1 546.21	1 546.21	1 546.2	1 546.2	1 546.2	1 546.2
4．利息备付率(3/1)	6.13	10.48	11.27	12.18	13.26	14.55	16.11	16.11

表 7-12-3　偿债备付率计算表

单位：万元

项目年份	3	4	5	6	7	8	9	10
1. 可用于还本的未分配利润	545.94	944.12	951.08	958.03	964.98	971.93	978.89	978.89
2. 折旧	385.75	385.75	385.75	385.75	385.75	385.75	385.75	385.75
3. 可用于还本付息资金(1+2)	931.69	1 329.87	1 336.83	1 343.78	1 350.73	1 357.68	1 364.64	1 364.64
4. 本年还本	343.41	343.41	343.41	343.41	343.41	343.41		
5. 本年付息	157.81	147.51	137.21	126.91	116.60	106.30	96.00	96.00
6. 当期还本付息金额(4+5)	501.22	490.92	480.62	470.32	460.01	449.71	96.00	96.00
7. 偿债备付率(3/6)	1.86	2.71	2.78	2.86	2.94	3.02	14.21	14.21

表 7-13　项目全部投资现金流量表

单位：万元

序号	项目	建设期			投产期	达到设计能力生产期						
		0	1	2	3	4	5	6	7	8	9	10
	生产负荷(%)				70	100	100	100	100	100	100	100
1	现金流入量	0	0	0	3 920	5 600	5 600	5 600	5 600	5 600	5 600	8 975
1.1	营业收入				3 920	5 600	5 600	5 600	5 600	5 600	5 600	5 600
1.2	补贴收入											
1.3	回收固定资产余值											974.5
1.4	回收流动资金											2 400
2	现金流出量	1 500	2 500	2 400	2 567.60	3 668.00	3 668.00	3 668.00	3 668.00	3 668.00	3 668.00	3 668.00
2.1	建设投资	1 500	2 500									
2.2	流动资金投资			2 400								
2.3	经营成本				2 450.00	3 500.00	3 500.00	3 500.00	3 500.00	3 500.00	3 500.00	3 500.00
2.4	营业税金及附加				117.60	168.00	168.00	168.00	168.00	168.00	168.00	168.00
2.5	维持运营投资											
3	所得税前净现金流量(1−2)	−1 500	−2 500	−2 400	1 352.40	1 932.00	1 932.00	1 932.00	1 932.00	1 932.00	1 932.00	5 306.50
4	累计所得税前净现金流量	−1 500	−4 000	−6 400	−5 047.60	−3 115.60	−1 183.60	748.40	2 680.40	4 612.40	6 544.40	1 1850.90
5	调整所得税(25%)				241.66	386.56	386.56	386.56	386.56	386.56	386.56	386.56
6	所得税后净现金流量(3−5)	−1 500	−2 500	−2 400	1 110.74	1 545.44	1 545.44	1 545.44	1 545.44	1 545.44	1 545.44	4 919.94
7	累计所得税后净现金流量	−1 500	−4 000	−6 400	−5 289.26	−3 743.82	−2 198.38	−652.94	892.50	2 437.94	3 983.38	8 903.32

表 7-14 项目自有资金现金流量表

单位：万元

序号	项目	建设期			投产期	达到设计能力生产期						
		0	1	2	3	4	5	6	7	8	9	10
	生产负荷(%)											
1	现金流入量	0	0	0	3 920	5 600	5 600	5 600	5 600	5 600	5 600	8 975
1.1	营业收入				3 920	5 600	5 600	5 600	5 600	5 600	5 600	5 600
1.2	补贴收入											
1.3	回收固定资产余值											974.5
1.4	回收流动资金											2 400
2	现金流出量	500	1 500	0	3 271.02	4 508.60	4 500.87	4 493.15	4 485.41	4 477.69	4 126.55	6 526.55
2.1	项目资本金	500	1 500									
2.2	借款本金偿还				343.41	343.41	343.41	343.41	343.41	343.41		2 400
2.3	借款利息支付				157.81	147.51	137.21	126.91	116.60	106.30	96.00	96.00
2.4	经营成本				2 450.00	3 500.00	3 500.00	3 500.00	3 500.00	3 500.00	3 500.00	3 500.00
2.5	营业税金及附加				117.60	168.00	168.00	168.00	168.00	168.00	168.00	168.00
2.6	所得税				202.20	349.68	352.25	354.83	357.40	359.98	362.55	362.55
2.7	维持运营投资											
3	净现金流量(1-2)	-500	-1 500	0	648.98	1 091.41	1 099.13	1 106.86	1 114.59	1 122.32	1 473.45	2 447.95

表 7-15 财务计划现金流量表

单位：万元

序号	项目	建设期		投产期	达到设计能力生产期						
		1	2	3	4	5	6	7	8	9	10
1	经营活动净现金流量表	0	0	1 150.2	1 582.33	1 579.75	1 577.18	1 574.6	1 572.03	1 569.45	1 569.45
1.1	现金流入	0	0	3 920	5 600	5 600	5 600	5 600	5 600	5 600	5 600
1.1.1	营业收入			3 920	5 600	5 600	5 600	5 600	5 600	5 600	5 600
1.1.2	增值税销项税额										
1.1.3	补贴收入										
1.1.4	其他流入										
1.2	现金流出	0	0	2 769.8	4 017.68	4 020.25	4 022.83	4 025.40	4 027.98	4 030.55	4 030.55

续表

序号	项目	建设期		投产期	达到设计能力生产期						
		1	2	3	4	5	6	7	8	9	10
1.2.1	经营成本			2 450	3 500	3 500	3 500	3 500	3 500	3 500	3 500
1.2.2	增值税进项税额										
1.2.3	营业税金及附加			117.6	168	168	168	168	168	168	168
1.2.4	增值税										
1.2.5	所得税			202.2	349.68	352.25	354.83	357.40	359.98	362.55	362.55
1.2.6	其他流出										
2	投资活动净现金流量	−1 500	−2 500	−2 400	0	0	0	0	0	0	0
2.1	现金流入										
2.2	现金流出	1 500	2 500	2 400	0	0	0	0	0	0	0
2.2.1	建设投资	1 500	2 500								
2.2.2	维持运营投资										
2.2.3	流动投资			2 400							
2.2.4	其他流出										
3	筹资活动净现金流量	1 500	2 500	1 352.84	−1 435.04	−1 431.70	−1 428.35	−1 424.99	−1 421.64	−1 074.89	−1 074.89
3.1	现金流入	1 500	2 500	2 400	0	0	0	0	0	0	0
3.1.1	项目资本金投资	500	1 500								
3.1.2	建设投资借款	1000	1 000								
3.1.3	流动资金借款			2 400							
3.1.4	债券										
3.1.5	短期借款										
3.1.6	其他流入										
3.2	现金流出	0	0	1 047.16	1 435.04	1 431.70	1 428.35	1 424.99	1 421.64	1 074.89	1 074.89
3.2.1	各种利息支出			157.81	147.51	137.21	126.91	116.6	106.3	96	96
3.2.2	偿还债务本金			343.41	343.41	343.41	343.41	343.41	343.41		
3.2.3	应付利润(股利分配)			545.94	944.12	951.08	958.03	964.98	971.93	978.89	978.89
3.2.4	其他流出										
4	净现金流量(1+2+3)	0	0	103.04	147.28	148.06	148.83	149.61	150.38	494.57	494.57
5	累计盈余资金			103.04	250.32	398.38	547.20	696.81	847.20	1 341.76	1 836.33

表 7-16　资产负债表

单位：万元

序号	项目	建设期		投产期	达到设计能力生产期						
		1	2	3	4	5	6	7	8	9	10
1	资产	1 515.0	4 060.5	6 177.7	5 939.2	5 701.5	5 464.6	5 228.3	5 020.0	5 101.7	5 210.5
1.1	流动资产总额	0.0	0.0	2 503.0	2 650.2	2 798.3	2 947.1	3 096.6	3 274.0	3 741.5	4 236.0
1.1.1	货币资金			2 503.0	2 650.2	2 798.3	2 947.1	3 096.6	3 274.0	3 741.5	4 236.0
1.1.2	应收账款										
1.1.3	预付账款										
1.1.4	存货										
1.1.5	其他										
1.2	在建工程	1 515.0	4 060.5								
1.3	固定资产净值			3 674.7	3 289.0	2 903.2	2 517.5	2 131.7	1 746.0	1 360.2	974.5
1.4	无形及其他资产净值										
2	负债及所有者权益	1 515.0	4 060.5	4 460.7	4 565.6	4 671.3	4 777.7	4 884.9	4 992.9	5 101.7	5 210.5
2.2	建设投资借款	1 015.0	2 060.5								
2.3	流动资金借款			2 400.0	2 400.0	2 400.0	2 400.0	2 400.0	2 400.0	2 400.0	2 400.0
2.4	负债小计	1 015.0	2 060.5	2 400.0	2 400.0	2 400.0	2 400.0	2 400.0	2 400.0	2 400.0	2 400.0
2.5	所有者权益	500.0	2 000.0	2 060.7	2 165.6	2 271.3	2 377.7	2 484.9	2 592.9	2 701.7	2 810.5
2.5.1	资本金	500.0	2 000.0	2 000.0	2 000.0	2 000.0	2 000.0	2 000.0	2 000.0	2 000.0	2 000.0
2.5.2	资本公积			60.66	104.91	105.68	106.45	107.22	108.00	108.77	108.77
2.5.3	累计盈余公积金			60.66	165.57	271.25	377.70	484.92	592.92	701.69	810.46
2.5.4	累计未分配利润										
计算指标：资产负债率		0.670	0.507	0.388	0.404	0.421	0.439	0.459	0.478	0.470	0.461
流动比率				1.043	1.104	1.166	1.228	1.290	1.364	1.559	1.765

7.3 国民经济评价

所谓国民经济评价，是从国民经济整体利益出发，遵守收益与费用计算范围相一致的原则，用影子价格、影子汇率和社会折现率，计算项目给国民经济带来的净增量效益，以此来评价项目的经济合理性和宏观可行性，实现资源的最优利用和合理配置。国民经济评价和财务评价共同构成了完整的投资项目的经济评价体系。

7.3.1 国民经济评价与财务评价的比较

投资项目的国民经济评价，是把投资项目放到整个国民经济体系中来研究考察，从国民经济的角度来分析、计算和比较国民经济为项目所要付出的全部成本和国民经济从项目中可能获得的全部效益，并据此评价项目的经济合理性，从而选择对国民经济最有利的方案。国民经济评价的主要目的是实现国家资源的优化配置和有效利用，以保证国民经济能够可持续地稳定发展。

1. 国民经济评价的作用

投资项目经济评价的作用主要体现在以下3方面。

(1) 从宏观上实现优化配置国家的有限资源。对于一个国家来说，其用于发展的资源(如人才、资金、土地、自然资源等)总是有限的，资源的稀缺与社会需求的增长之间存在着较大的矛盾，只有通过优化资源配置，使资源得到最佳利用，才能有效地促进国民经济的稳定发展。而通过财务评价，无法确切反映资源是否得到了有效利用，只有通过国民经济评价，才能实现从宏观上引导国家有限经济资源的合理配置，鼓励和促进那些对国民经济有正面影响的项目的发展，抑制和淘汰那些对国民经济有负面影响的项目。

(2) 真实地反映工程项目对国民经济的净贡献。在很多发展中国家，由于产业结构不合理、市场体系不健全以及过度保护民族工业等原因，导致国内的价格体系产生较严重的扭曲和失真，不少物品的价格既不能反映价值，也不能反映供求关系。在此情形下，按现行价格计算工程项目的投入与产出，不能正确反映出项目对国民经济的影响。只有运用能反映物品真实价值的影子价格来计算项目的费用与效益，才能真实反映工程项目对国民经济的净贡献，从而判断项目的建设对国民经济总目标的实现是否有利。

(3) 使政府投资决策科学化。通过国民经济评价，合理运用影子价格、影子汇率、社会折现率等参数以及经济净现值、经济内部收益率等指标，有效地引导投资方向，控制投资规模，提高投资质量。对于国家决策部门和经济计划部门来说，应高度重视国民经济评价的结论，把工程项目的国民经济评价作为主要的决策手段，使投资决策科学化。

2. 国民经济评价与财务评价的区别

财务评价和国民经济评价是建设项目经济评价的两个层次，它们相互联系，有共同点又有区别。国民经济评价与财务评价都是通过现金流量表来计算净现值、内部收益率等经济指标，二者都是从项目的成本与收益着手来评价项目的经济合理性以及项目建设的可行性。二者的主要区别如下。

(1) 评价的角度和基本出发点不同。财务评价是站在企业的角度，按照现行的财税制度去分析投资项目的赢利能力和贷款偿还能力，以确定项目的财务可行性；国民经济评价则是站在整个国家和地区的角度，分析投资项目需要国家付出的代价和对国家的贡献，以考察投资行为的经济合理性。

(2) 采用的价格不同。财务评价使用的是以现行市场价格体系为基础的市场价格(预测值)，国民经济评价使用的是反映资源的真实经济价值，反映机会成本、供求关系以及社会资源稀缺程度的影子价格。

(3) 费用和效益的划分不同。财务评价根据项目的实际收支确定项目的效益与费用；国民经济评价则着眼于项目实际耗费的全社会有用资源以及项目向社会贡献的有用产品来计算项目的效益与费用。

(4) 采用的主要参数不同。财务评价采用的是官方汇率和行业基准收益率；国民经济评价采用的是由国家统一测定和颁布的影子汇率和社会折现率。

7.3.2 费用效益识别

正确地识别费用与效益，是保证国民经济评价正确的前提。费用效益分析是指从国家和社会的宏观利益出发，通过对投资项目的费用和经济效益进行系统地识别和分析，求得投资项目的经济净收益，并以此来评价投资项目可行性的一种方法。费用效益分析的核心是通过比较各种备选方案的全部预期效益和全部预计费用的现值来评价这些方案，并以此作为决策的参考依据。项目的效益是对项目的正贡献，而费用则是对项目的反贡献，或者说是对项目的损失。

费用与效益的识别原则为：凡是工程项目使国民经济发生的实际资源消耗，或者国民经济为工程项目付出的代价，即为费用；凡是工程项目对国民经济发生的实际资源产出与节约，或者对国民经济做出的贡献，即为效益。可分为直接效益和间接效益、直接费用和间接费用。

1. 直接效益和直接费用

直接效益是指项目产出物的直接经济价值。一般表现为增加该种产出物数量满足国内需求的效益；替代其他相同或类似企业的产出物，致使原有企业减停产导致国家有用资源耗费减少的效益；增加出口(或减少总进口)所增收(或节支)的外汇效益。

直接费用是指项目投入物的直接经济价值，一般表现为其他项目为供应本项目投入物而扩大生产规模所耗用的资源费用；减少对其他项目(或最终消费者)投入物的供应而放弃的效益；增加进口(或减少出口)所耗用(或减收)的外汇效益。

2. 间接效益和间接费用

间接效益是指工程项目对国民经济做出了贡献，但在直接效益中未得以反映的部分，例如技术扩散效果、项目对自然环境造成的损害、项目对上下游企业带来的相邻效果等。工程项目的间接效益和间接费用统称为外部效果。对于显著的外部效果应作定量分析，计入项目的总收益和总费用中；不能定量的，应尽可能做定性描述。

3. 转移支付

项目与各种社会实体之间的货币转移，如国内借款利息、缴纳的税金以及财政补贴等一般并不发生资源的实际耗用和增加，而仅仅是资源的使用权在不同的社会实体之间的一种转移称为转移支付，不列为项目的费用或效益。

(1) 税金。税金是政府调节分配和供求关系的重要手段，在财务评价中，税金显然是工程项目的一种费用。但从国民经济整体来看，它仅仅表示项目对国民经济的贡献从纳税人那里转移到了政府手中，由政府再分配。所以税金只是一种转移支付，不能计为国民经济评价中的费用或效益。如所得税、增值税、土地税等。

(2) 利息。利息是利润的一种转化形式，在财务评价现金流量表中是费用，从国民经济整体来看，并不会导致资源的增减，因此也不能计为国民经济评价中的费用或效益。

(3) 补贴。补贴是一种货币流动方向与税收相反的转移支付。补贴虽然使工程项目的财务收益增加，但同时也使国家财政收入减少，实质上仍然是国民经济中不同实体之间的货币转移，整个国民经济并没有因此发生变化。因此，补贴也不是国民经济评价中的费用或效益。

特别提示

直接效益是指项目产出物的直接经济价值，直接费用是指项目投入物的直接经济价值；间接效益和间接费用尽可能作定性描述。税金、利息、补贴均是转移支付，不列为项目的费用或效益。

7.3.3 国民经济评价的重要参数

1. 影子价格

在我国和大多数发展中国家，由于经济机制、经济政策、社会和历史的原因，都或多或少地存在着产品市场价格与实际价值严重脱节甚至背离的现象。而在计算工程项目的费用和效益时，都需要使用各类产品的价格，若价格失真，则必将影响到项目国民经济评价的可靠性和科学性，导致决策失误。

影子价格是一种能够反映社会效益和费用的合理价格，它是在社会经济处于某种最优状态时，供应与需求达到均衡时的产品和资源的价格。从理论上说可以通过数学规划的方法求得，即影子价格是一种用数学方法计算出来的最优价格。根据国家发改委和建设部颁布的《建设项目经济评价方法与参数》(第3版)规定，通常将项目的投入物和产出物区分为外贸货物、非外贸货物和特殊投入物3种类型，采用不同的思路确定其影子价格。

例如，对于外贸货物，其投入物或产出物影子价格的计算公式为

$$\text{出口产出的影子价格(出厂价)}=\text{离岸价}\times\text{影子汇率}-\text{出口费用} \tag{7-22}$$

$$\text{进口投入的影子价格(到厂价)}=\text{到岸价}\times\text{影子汇率}+\text{进口费用} \tag{7-23}$$

2. 影子汇率

影子汇率指单位外汇的经济价值，区分于外汇的财务价格和市场价格。它是指项目在国民经济评价中，将外汇换算为本国货币的系数。它能够正确反映外汇对于国家的真实价值，代表着外汇的影子价格。影子汇率是一个重要的国民经济评价参数，由国家统一测定发布，并且定期调整。目前我国发布的是影子汇率换算系数。《建设项目经济评价方法与参数》(第3版)中影子汇率换算系数取值为 1.08。在项目经济评价中，将外汇牌价乘以影子汇率换算系数即得影子汇率。

3. 社会折现率

社会折现率代表着社会投资所应达到的最低收益水平，它反映了对于社会费用效益价值的时间偏好，即对资金机会成本和资金时间价值的估量。在实际中，国家根据宏观调控意图和现实经济状况，制定发布统一的社会折现率，以利于统一评价标准。《建设项目经济评价方法与参数》(第3版)中推荐社会折现率为8%。

社会折现率作为国民经济评价中的一项重要参数，是国家评价和调控投资活动的重要经济杠杆之一。在项目评价中作为计算经济净现值的折现率，并作为经济内部收益率的判据，只有经济内部收益率大于社会折现率的项目才可行。

特别提示

影子价格、影子汇率、社会折现率是国民经济评价中的重要参数，注意与财务评价中的参数相区别。

7.3.4 国民经济评价指标

国民经济评价主要是进行经济赢利能力的分析，其基本评价指标为经济内部收益率和经济净现值。此外，还可以根据需要和可能计算间接费用和间接效益，纳入费用和效益流量中，对难以量化的间接费用、间接效益进行定性分析。

1. 经济净现值(ENPV)

经济净现值是指用社会折现率将项目计算期内各年的净效益流量折算到建设期初的现值之和，是经济效益费用分析的主要评价指标，其计算式为

$$\mathrm{ENPV}=\sum_{t=1}^{n}(B-C)_t(1+i_{\mathrm{s}})^{-t} \tag{7-24}$$

式中：B为经济效益流量，C为经济费用流量，$(B-C)_t$为第t年的净效益流量，n为项目的计算期(年)，i_{s}为社会折现率。

在经济费用效益分析中，当经济净现值大于或等于零时，表示项目可以达到符合社会折现率的社会盈余，认为该项目从经济资源配置的角度可以被接受。反之，则应拒绝。

2. 经济内部收益率(EIRR)

经济内部收益率是项目在计算期内经济净效益流量的现值累计等于零时的折现率，它是反映工程项目对国民经济净贡献的相对指标，也表示工程项目占用资金所获得的动态收益率。其计算式为

$$\sum_{t=1}^{n}(B-C)_t(1+\mathrm{EIRR})^{-t}=0 \tag{7-25}$$

式中：EIRR为经济内部收益率，其他同上式。

经济内部收益率大于或等于社会折现率，表明工程项目对国民经济净贡献超过或者达到要求的水平，应认为项目可以被接受。

特别提示

经济净现值(ENPV)和经济内部收益率(EIRR)是国民经济评价的重要指标，计算时需要注意其中的参数是国民经济评价意义上的费用、效益，计算方法与财务评价类似。

本章小结

建设项目的经济评价是在完成市场调查与预测、营销策划、资源优化、技术方案论证、环境保护、投资估算与资金筹措等可行性分析的基础上，对拟建项目各方案投入与产出的基础数据进行推测、估算，对拟建项目各方案进行评价和选优的过程。经济评价的工作融汇了可行性研究的结论性意见和建议，是投资主体决策的重要依据。建设项目经济评价分为财务评价与国民经济评价，本章主要介绍财务评价和国民经济评价的主要理论和方法。

复习思考题

一、简答题

1. 财务评价的目的和内容有哪些？
2. 简述工程项目财务评价的指标与方法。
3. 财务评价有哪些报表？各有什么作用？
4. 工程项目的财务评价与国民经济评价有什么不同？
5. 国民经济评价中费用与效益的识别原则有哪些？
6. 什么是影子价格？为什么国民经济评价中要使用影子价格？

二、计算题

1. 某新建工程项目现金流量见表7-17。根据表中数据：

(1) 作出累计现金流量图。

(2) 求静态投资回收期。

(3) 求财务内部收益率。

(4) 求财务净现值并判别项目是否可行。(i_c=10%)

表7-17　某新建工程项目现金流量表　　单位：万元

序号	项目	合计	计算期						
			1	2	3	4	5	6—14	15
	生产负荷(%)								
	现金流入				8 190	10 530	11 700	11 700×9	11 700
1	产品销售收入								85.8
	回收固定资产余值								2 000
	回收流动资金								

续表

序号	项目	合计	计算期						
			1	2	3	4	5	6—14	15
2	现金流出								
	建设投资		1 300	860					
	流动资金				1 400	400	200	200×9	200
	经营成本				6 193.6	7 691.2	8 440	8 440×9	8 440
	销售税金及附加				47.1	60.6	67.3	67.3×9	67.3
	增值税				428.4	550.8	612	612×9	612
3	净现金流量								
4	累计净现金流量								

2．某项目建设期固定资产借款本息之和为 8 000 万元，借款偿还期为 5 年，年利率为 10%，用等额偿还本金和利息的方法，列表计算各年偿还本金和利息。

3．现拟建一个工程项目，第 1 年年末用去投资 1 000 万元，第 2 年年末又投资 2 000 万元，第 3 年年末再投资 1 500 万元。从第 4 年起，连续 8 年每年年末获利 1 200 万元。假定项目残值不计，折现率为 12%，试画出该项目的资金流量图，并求出项目的净现值和内部收益率，判断该项目是否可行。

第8章

价 值 工 程

学习目标

知识目标	技能目标
(1) 熟悉价值工程的基本原理 (2) 熟悉价值工程对象的选择和信息资料收集 (3) 掌握功能分析和功能评价的方法 (4) 掌握提高产品价值的途径 (5) 掌握功能评价的实施步骤 (6) 了解方案创造与评价 (7) 熟悉价值工程的应用	(1) 能够运用价值工程原理开展价值分析活动 (2) 学会运用提高价值的途径 (3) 能够选择价值分析对象 (4) 熟悉价值工程的执行过程 (5) 通过功能定义、功能整理获得系统功能 (6) 熟悉功能评价的运作过程 (7) 能够计算功能的现实成本和目标成本 (8) 能够确定价值工程对象的改进范围 (9) 能够进行方案创新

知识结构

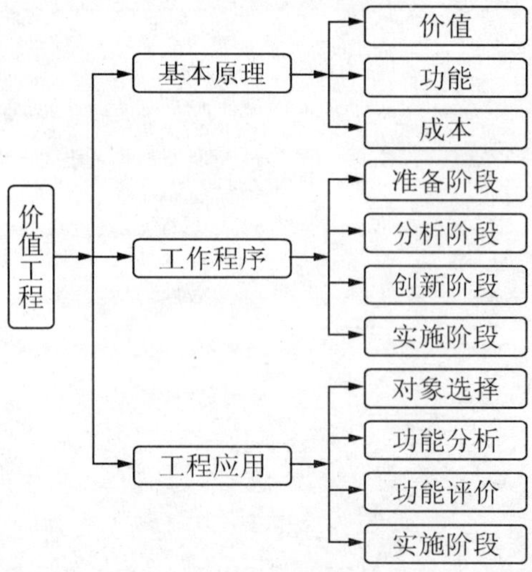

导入案例

某开发商拟开发一幢商住楼，有如下 3 种可行设计方案。

方案 A：结构方案为大柱网框架轻墙体系，采用预应力大跨度叠合楼板，墙体材料采用多孔砖及移动式可拆装式分室隔墙，窗户采用单框双玻璃钢塑窗，面积利用系数为 93%，单方造价为 1 437.58 元/平方米。

方案 B：结构方案同 A 墙体，采用内浇外砌，窗户采用单框双玻璃空腹钢窗，面积利用系数 87%，单方造价 1 108 元/平方米。

方案 C：结构方案采用砖混结构体系，采用多孔预应力板，墙体材料采用标准粘土砖。窗户采用玻璃空腹钢窗，面积利用系数 70.69%，单方造价 1 081.8 元/平方米。

方案功能得分及重要系数见表 8-1。

表 8-1　方案功能得分及重要系数表

方案功能	方案功能得分			方案功能重要系数
	A	B	C	
结构体系 F1	10	10	8	0.25
模板类型 F2	10	10	9	0.05
墙体材料 F3	8	9	7	0.25
面积系数 F4	9	8	7	0.35
窗户类型 F5	9	7	8	0.10

问题：

(1) 试应用价值工程方法选择最优设计方案。

(2) 为控制工程造价和进一步降低费用，拟针对所选的最优设计方案的土建工程部分，以工程材料费为对象开展价值工程分析。将土建工程划分为 4 个功能项目，各功能项目评分值及其目前成本见表 8-2。按限额设计要求目标成本额应控制为 12 170 万元。

表 8-2　各功能项目评分值及其目前成本资料表

序号	功能项目	功能评分/分	目前成本/万元
1	桩基围护工程	11	1 520
2	地下室工程	10	1 482
3	主体结构工程	35	4 705
4	装饰工程	38	5 105
合计		94	12 812

试分析各功能项目的目标成本及成本可能降低的幅度，并确定出功能改进顺序。

8.1 概　　述

价值工程是一种通过各相关领域的协作，对所研究对象的功能与费用进行系统分析，不断创新，力图以最低的寿命周期成本，可靠地实现必要的功能，旨在提高某种事物价值的思想方法和管理技术。功能的提高是无限的，它受到一定用途和条件的支配和决定，同时又与成本紧密相连。

价值工程是以满足用户需要的必要功能为前提，脱离用户需要的高功能属于多余功能；达不到用户要求的功能，属于功能不足。因此价值工程的目的就是既要满足必要功能，又要降低总成本，追求最佳价值。

价值工程产生于20世纪40年代的美国，其创始人是美国通用电器公司的采购员麦尔斯(L. D. Miles)。最初主要应用在产品开发设计等领域。近年来发展很快，如今已延伸到行政、培训、管理等方面。采用价值工程原理和方法，可以提高管理水平，使各项措施和决策更加科学、合理，进而提高经济效益。

价值工程，就是以最低的寿命周期成本实现一定的产品或作业的必要功能而致力于功能分析的有组织的活动。价值工程这一定义，涉及价值、功能和寿命周期成本3个基本概念。

经典人物

麦尔斯——价值工程之父

1932年，价值工程之父麦尔斯(L.D.Miles，1904—1985)从美国内布拉斯加州大学工程学院毕业，获得电机工程方面的学位，进入美国通用电气公司(GE)，开始了漫长而又富有成就的职业生涯。他在通用电气公司的工作充分展示了他的才能，随后6年先后获得12项专利。在此期间，麦尔斯逐渐产生了对不必要成本的认识并开始研究优化工作方法。

1938年，由于麦尔斯对成本具有敏锐的判断力，麦尔斯被调到通用电气公司采购部，任采购工程师。

1941年第二次世界大战爆发以后，和其他大型公司一样，通用电气公司迅速转型，为生产战时军用装备高速运转，麦尔斯穿梭于各大供应商之间，为保障公司获得低价、优质原材料而操劳。

1946年起，麦尔斯开始担任通用电气公司的洛克绝缘体公司的采购部经理。在洛克公司工作期间，他开始研究基于功能来降低成本的方法，即价值分析这一新型管理技术的萌发阶段。

1954年在美国通用电气公司工作的工程师迈尔斯，总结了他在工作实践有关材料、设计、功能、费用之间的关系、经验，发表了专文《价值分析》(Value Analysis，VA)。

8.2 价值、功能和成本

8.2.1 价值

价值工程中的“价值”是指对象所具有的功能与获得该功能的全部费用之比，它不是对象的使用价值，也不是对象的交换价值，而是对象的比较价值。设对象(如产品、工艺、劳务等)的功能为F(Function)，其成本为C(Cost)，价值为V(Value)，则可利用下列公式计算价值

$$V=F/C$$

价值的大小取决于功能和成本。产品的价值高低表明产品合理有效利用资源的程度和产品物美价廉的程度：产品价值高就是好产品，其资源利用程度就高；价值低的产品表明

其资源没有得到有效利用，应设法改进和提高。由于“价值”的引入，产生了对产品新的评价形式，即把功能 F 与成本、技术与经济结合起来进行评价。

8.2.2 功能

价值工程中的功能是对象能够满足某种需求的一种属性。任何产品都具有功能，如住宅的功能是提供居住空间，建筑物基础的功能是承受荷载等。

功能是产品的本质属性，因为产品具备了功能才能得以使用和存在。人们购买产品实际上是购买产品所具有的功能，价值工程的特点之一就是研究并切实保证用户要求的功能。

8.2.3 寿命周期成本(寿命周期费用)

产品在整个寿命周期过程中所发生的费用称为寿命周期成本，又称为寿命周期费用，包括设计制造费用 C_1 和使用费用 C_2 两部分之和，即

$$C=C_1+C_2$$

产品的寿命周期成本与产品的功能有关。从图 8.1 可以看出，随着产品的功能水平提高，产品的使用费用降低，但是设计制造费用增高；反之，使用费用增高，设计制造费用降低。一座精心设计施工的住宅，其质量得到保证，使用过程中发生的维修费用就一定比较低；相反，粗心设计并且施工中偷工减料，建造的住宅质量一定低劣，使用过程中的维修费用就一定较高。设计制造费用、使用费用与功能水平的变化规律决定了寿命周期成本呈图 8.1 所示的马鞍形变化曲线，决定了寿命周期成本存在最低值 C_0。

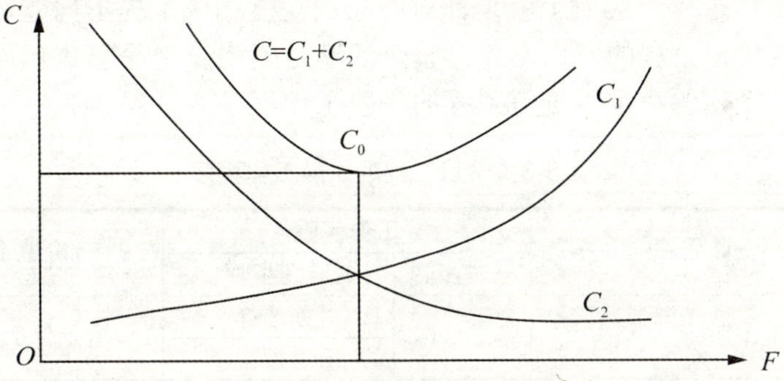

图 8.1 寿命周期成本曲线

特别提示

建设项目的全寿命周期涵盖了从项目前期可行性研究、投资决策开始，经过工程设计、施工安装、竣工投产，直至项目生产期末的全过程。因此，对建设项目的评价，应充分考虑该项目在整个寿命周期内的成本费用。

8.2.4 提高价值的途径

公式 $V=F/C$，不仅深刻地反映出产品价值与功能和实现此功能所耗成本之间的关系，而且也为如何提高价值提供了 5 种途径。

(1) 在提高产品功能的同时，降低产品成本，这是大幅度提高价值最为理想的途径。

即：$\dfrac{F\uparrow}{C\downarrow}=V\uparrow\uparrow$。

(2) 在产品成本不变的条件下，通过提高产品的功能，达到提高产品价值的目的。即：$\dfrac{F\uparrow}{C\rightarrow}=V\uparrow$。

(3) 在保持产品功能不变的前提下，通过降低成本达到提高价值的目的。即：$\dfrac{F\rightarrow}{C\downarrow}=V\uparrow$。

(4) 在适度增大产品成本同时，产品功能有较大幅度提高，即功能的提高幅度超过了成本的提高幅度，价值还是提高了。即：$\dfrac{F\uparrow\uparrow}{C\uparrow}=V\uparrow$。

(5) 产品功能略有下降，产品成本大幅度下降，即功能的下降幅度小于成本下降的幅度，这样也可以达到提升产品价值的目的。即：$\dfrac{F\downarrow}{C\downarrow\downarrow}=V\uparrow$。

在产品形成的各个阶段都可以应用价值工程提升产品价值，但在不同的阶段应用价值工程效果却是大不相同的。价值工程更侧重在产品的研制与设计阶段，对于工程项目来说，侧重在规划与设计阶段。

8.3 工 作 程 序

价值工程的工作过程，实质上就是针对产品的功能和成本提出问题、分析问题、解决问题的过程。针对价值工程的研究对象，整个活动是围绕着7个基本问题的明确和解决系统地展开的。这7个问题决定了价值工程的一般工作程序，见表8-3。

表8-3　价值工程的一般工作程序

价值工程工作阶段	设计程序	工作步骤		价值工程对应问题
		基本步骤	详细步骤	
准备阶段	制订工作计划	确定目标	1. 对象选择	1. 这是什么？
			2. 信息搜集	
分析阶段	规定评价(功能要求事项实现程度的)标准	功能分析	3. 功能定义	2. 这是干什么用的？
			4. 功能整理	
		功能评价	5. 功能成本分析	3. 它的成本是多少？
			6. 功能评价	4. 它的价值是多少？
			7. 确定改进范围	
创新阶段	初步设计(提出各种设计方案)	制定改进方案	8. 方案创新	5. 有其他方法实现这一功能吗？
	评价各设计方案，对方案进行改进、选优		9. 概略评价	6. 新方案的成本是多少？
			10. 调整完善	
			11. 详细评价	
	书面化		12. 提出提案	7. 新方案能满足功能要求吗？
实施阶段	检查实施情况并评价活动成果	实施评价成果	13. 审批	
			14. 实施与检查	
			15. 成果鉴定	

8.3.1 选择价值分析(VE)对象

价值工程的主要途径是进行分析，选择对象是在总体中确定功能分析的对象。它是根据企业、市场的需要，从得到效益出发来分析确定的。

1. 选择 VE 对象的一般原则

1) 从设计上考虑

从设计上考虑，应该选择结构复杂的，重量大的，尺寸大的，材料贵的，性能差的，技术水平低的，目的是简化复杂结构，避免使用昂贵的材料。

2) 从市场销售角度考虑

应该选择用户意见多、系统配套差、维修能力低的；产量大的(由于大批量生产，故小小的改变，引起成本大幅度的变化)；工艺复杂的(易导致次品增加)的产品或者配件。

3) 从成本方面考虑

应该选择成本高于同类产品或高于功能相似的产品者。

2. 选择 VE 对象的方法

价值工程对象选择的方法有很多种，不同方法适宜于不同的 VE 对象，根据企业条件选用适宜的方法，就可以取得较好效果。常用的方法有经验分析法、ABC 分析法、强制确定法、百分比分析法、价值指数法等。

(1) 经验分析法，或称为因素分析法，即根据上述选择对象时应考虑的因素，凭借 VE 人员的经验，选择和确定对象。

(2) ABC 法，又称之为 Pareto 方法、成本比重法等。这是一种按零部件成本在整个产品成本中所占比重的大小选择 VE 对象的方法。

据统计，在一件产品中，往往有 10%～20% 的零件，其成本却占产品整个成本的 60%～80%，ABC 法就是把产品零件按其成本大小顺序排列，选出前边 10%～20% 的零件作为 VE 重点对象，如图 8.2 所示，把所有研究对象划分成主次有别的 A、B、C 三类。通过这种划分，明确关键的少数和一般的多数，准确地选择价值工程对象。

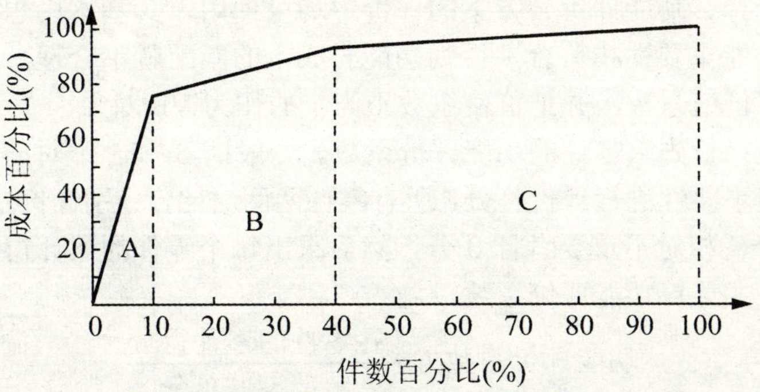

图 8.2 ABC 分析曲线图

应用实例 8-1

某住宅楼工程基础部分包含 17 个分项工程，各分项工程的造价及基础部分的直接费见表 8-4，试采用 ABC 分析法确定该基础工程中可能作为价值工程研究对象的分项工程。

表 8-4 某住宅楼基础工程分项工程 ABC 分类

分项目工程名称	成本/元	累计分项工程数	累计分项工程数百分比	累计成本/元	累计成本百分比	分类
C20 带形钢筋混凝土基础	63 436	1	5.88%	63 436	39.5%	A
干铺土石屑垫层	29 119	2	11.76%	92 555	57.64%	
回填土	14 753	3	17.65%	107 308	66.83%	
商品混凝土运费	10 991	4	23.53%	118 299	73.67%	B
C10 混凝土基础垫层	10 952	5	29.41%	129 251	80.49%	
排水费	10 487	6	35.29%	139 738	87.02%	
C20 独立式钢筋混凝土基础	6 181	7	41.18%	145 919	90.87%	
C10 带形无筋混凝土基础	5 638	8	47.06%	151 557	94.38%	C
C20 矩形钢筋混凝土柱	2 791	9	52.94%	154 348	96.12%	
M5 砂浆砌砖基础	2 202	10	58.82%	156 550	97.49%	
挖土机挖土	2 058	11	64.71%	158 608	98.77%	
推土机场外运费	693	12	70.59%	159 301	99.20%	
履带式挖土机场外运费	529	13	76.47%	159 830	99.53%	
满堂脚手架	241	14	82.35%	160 071	99.68%	
平整场地	223	15	88.24%	160 294	99.82%	
槽底钎探	197	16	94.12%	160 491	99.94%	
基础防潮底	89	17	100%	160 580	100%	
总成本	160 580					

【案例点评】

基础分项工程的 ABC 分类见表 8-4，其中，C20 带形钢筋混凝土基础、干铺土石屑垫层、回填土 3 项工程为 A 类工程，应考虑作为价值工程分析的对象。

(3) 强制确定法(forced decision method)，简称 FD 法，常用的有 0−1 评分法。

该法在对象选择、功能评价、方案的评价中均可使用，其基本思想是：产品的每一个零件成本应与其功能重要性相符合，否则功能与成本的匹配就不合理。通过求功能评价系数、成本系数计算价值系数，并把价值系数不为 1 的作为 VE 对象。

其具体做法是：首先求零件的功能评价系数。一般请 5～15 个对产品熟悉的人员各自对每个零件的功能重要性进行评价打分，所有零件两两对比，分别评价功能的相对重要性，功能重要者打 1 分，相对不重要者打 0 分，然后求出每个零件的累计得分以及全部零件的总分，用下面的公式计算功能评价系数。

$$\text{功能评价系数 } F=\frac{\text{各零件的累计得分}}{\text{全部零件总分}}$$

其次计算零件的成本系数：

$$成本系数\ C=\frac{各零件目前成本}{产品总成本}$$

再计算零件的价值系数：

$$价值系数\ V=\frac{功能评价系数F}{成本系数C}$$

最后确定 VE 对象。

若价值系数 V<1，即功能评价系数小于成本系数，表明评价对象的现实成本偏高，而功能要求不高，应作为 VE 重点分析的对象。另一种可能是功能虽无过剩，但实现功能的条件或方法不佳，以致使实现功能的成本大于功能的实际需要。

V >1，即功能评价系数大于成本系数，说明该部件功能比较重要，但成本偏低，这时可能是由于存在着过剩的功能，是否应作为 VE 对象，提高成本应视情况而定。

V=1，表示功能评价系数等于成本系数，说明评价对象的价值为最佳，一般无需改进。

应用实例 8-2

已知某产品由 6 个主要部件构成，现用强制确定法进行 VE 对象选择。

【案例点评】

(1) 求功能评价系数，见表 8-5。

表 8-5 功能评价系数计算

零部件	A	B	C	D	E	总分	功能重要性系数
A	×	1	1	0	1	3	0.3
B	0	×	1	0	0	1	0.1
C	0	0	×	0	0	0	0
D	1	1	1	×	1	4	0.4
E	0	1	1	0	×	2	0.2
合计						10	1.00

(2) 求每个零件的价值系数，见表 8-6。

表 8-6 价值系数计算

零部件	功能评价系数 F	目前成本	成本系数 C	价值系数 V
A	0.3	6.04	0.364	0.82
B	0.1	1.25	0.075	1.33
C	0	1.55	0.093	0.0
D	0.4	2.97	0.179	2.23
E	0.2	4.81	0.289	0.69
合计	1.0	16.62	1.000	

由表 8-6 可知，零件 C 的价值系数最低，可以将其省略或与其他零件合并；零件 E 的价值系数为 0.69，而功能评价系数仅为 0.2，成本系数为 0.289，占第二位，说明它的功能重要性不大但目前成本较高，其降低成本的潜力很大，选择 VE 的精力应主要集中在这里；零件 D 的价值系数最高为 2.23，说明成本偏低，可适当增加成本，使其功能更加完善。

此方法是从功能与成本两方面来考虑问题的，所以比较全面而且方法简便易行，能够将功能由定性表达提升到定量分析。但这种方法是依据人的主观打分，不能准确地反映出功能差距的大小。如果零部件间功能差别不大且比较均匀，而且一次分析的零部件数目不太多时，可采用强制确定法。在零部件很多时，可先用经验分析法、ABC 分析法选出重点零部件，再用强制法细选。

(4) 费用百分比法。这是根据各个对象(如产品、设备等)所花费的某种费用占该种费用总额的比重大小来确定 VE 对象的方法。

例如，某工厂生产多种产品，其生产用动力消耗大大超过同类企业的一般水平。为了进行 VE 活动，首先分析各产品动力消耗之比重。然后，与各产品的产值比重进行比较，如发现 A、C 两产品的动力消耗比重超过产值比重，就可确定 A、C 两产品为 VE 对象，设法降低其动力消耗和成本。

(5) 价值指数法，最合适区域法(又称田中法)。以成本系数为横坐标，功能系数为纵坐标，如图 8.3 所示，则与横轴成 45° 的一条直线为理想价值线(F/C=1)。围绕该线有一朝向原点由两条曲线包围的喇叭形区域，叫做最合适区域。凡落在这个区域的价值系数点，可不作为重点改善目标。凡落在喇叭形区域的左上方或者右下方，均属于功能改善的目标。这种方法由日本学者田中提出，也是一种通过计算价值系数选择 VE 对象的方法。它计算价值系数的方法步骤与 FD 法相同，但在根据价值系数选择 VE 对象时，提出一个选用价值系数的最合适区域法。

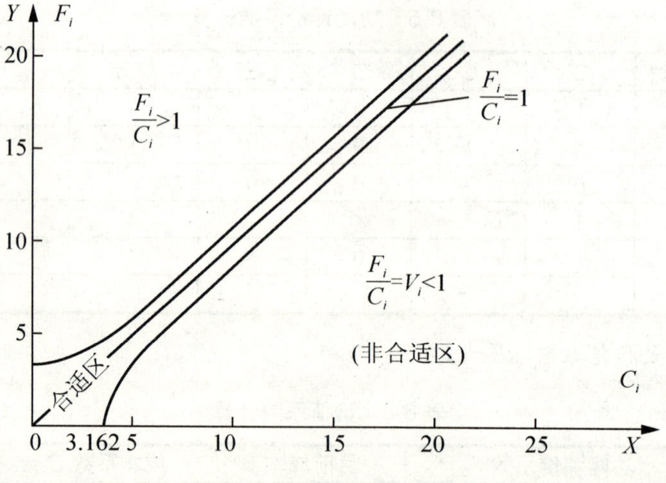

图 8.3　最合适区域分析图

8.3.2　信息资料收集

信息资料的收集，应该是全面的、准确的和及时的，见表 8-7。

表 8-7　情报内容表

项目	内容
用户方面	使用目的、使用条件、使用环境、维护保养条件、操作标准，用户对产品的意见等，如果是消费品，尚需了解用户的经济收入、身份、民族习惯、审美观等
市场方面	市场需求、市场容量、竞争产品的价格、利润、销售量、质量指标、用户反映等

续表

项目	内容
技术方面	本产品设计、创造等技术档案、国内外同类产品的设计方案、产品结构、加工工艺、设备、材料标准、成品率及其成本、新技术、新工艺、新材料、三废处理、国外专利、产品目录等
经济方面	产品成本的构成，包括生产费用、销售费用、运输储存费用、零部件的成本、外购件、协助件的费用等
本企业的基本情况	经营方针、生产能力、经营情况、技术经济指标等
政府和社会方面	有关法律、条例、政策、防止公害、环境保护等

搜集情报资料的方法一般有以下几种。

(1) 询问法。询问法一般有：面谈、电话询问、书面询问、计算机网络询问等方式。询问法将要调查的内容告诉被调查者，并请其认真回答，从而获得满足自己需要的情报资料。

(2) 查询法。通过网络查询，查阅各种书籍、刊物、专刊、样本、目录、广告、报纸、录音、论文等，来寻找与调查内容有关的情报资料。

(3) 观察法。通过派遣调查人员到现场直接观察搜集情报资料。这就要求调查人员十分熟悉各种情况，并要求他们具备较敏锐的洞察力和发现问题、分析问题的能力。运用这种方法可以搜集到第一手资料。同时可以采用录音、摄像、拍照等工具协助搜集。

(4) 购买法。通过购买元件、样品、模型、样机、产品、科研资料、设计图纸、专利等来获取有关的情报资料。

(5) 试销试用法。将生产出的样品采取试销试用的方式来获取有关情报资料。利用这种方法，必须同时将调查表发给试销试用的单位和个人，请他们把试用情况和意见随时填写在调查表上，调查表按规定期限收回。

8.3.3 功能定义

价值工程是以功能为对象，以功能分析为核心的科学方法，这也是价值工程区别于其他方法和技术的最显著特点，所以研究价值工程，必须对功能这一基本概念进行探讨。功能是指事物或方法以及人所能完成的事项，即所具有的某种特定的作用或用途。如载重汽车特定用途即功能是承载货物，人的功能是运用大脑和双手创造并改变世界事物。

关于功能的定义，国内外学者有许多论述，这些论述从不同侧面对功能进行了解释和说明，使人们从概念上对功能有所了解，但最能反映功能本质特性的，还要属国家标准《价值工程基本术语和一般工作程序》(GB 8223－87)中“对象能够满足某种需求的一种属性”的定义。

任何产品都具有使用价值，即功能，这是存在于产品中的一种本质。功能的主要特性有：功能的整体性，表现在缺少的破坏性和多余的无效性；功能的二重性，表现在可以计量的客观功能和不易计量的主观功能；功能的系统性，表现在具有层次性、联系性和制约性；功能载体的替代性，表现在材料替代、结构替代、工艺替代等。为了弄清功能的定义，根据功能的不同特性，可以先将功能分为以下几类。

(1) 按功能的重要程度分类，产品的功能一般可分为基本功能和辅助功能。基本功能就是要达到这种产品的目的所必不可少的功能，是产品的主要功能，如果不具备这种功能，这种产品就失去其存在的价值。辅助功能是为了更有效地实现基本功能而添加的功能，是次要功能，是为了实现基本功能而附加的功能。

(2) 按功能的性质分类，功能可划分为使用功能和美学功能。使用功能从功能的内涵上反映其使用属性，而美学功能是从产品外观反映功能的艺术属性。

(3) 按用户的需求分类，功能可分为必要功能和不必要功能。必要功能是指用户所需求的功能以及与实现用户所需求功能有关的功能，使用功能、美学功能、基本功能、辅助功能等；不必要功能是不符合用户需求的功能，又包括3类：一是多余功能，二是重复功能，三是过剩功能。价值工程的功能，一般是指必要功能。

(4) 按功能的量化标准分类，产品的功能可分为过剩功能与不足功能。过剩功能是指某些功能虽属必要，但满足需要有余，在数量上超过了用户要求或标准功能水平。不足功能是相对于过剩功能而言的，表现为产品整体功能或零部件功能水平在数量上低于标准功能水平，不能完全满足用户需要。

(5) 按总体与局部分类，产品的功能可划分为总体功能和局部功能。总体功能和局部功能之间是目的与手段的关系，它以各局部功能为基础，又呈现出整体的新特征。

上述功能的分类不是功能分析的必要步骤，而是用以分辨确定各种功能的性质及其重要的程度。价值工程正是抓住产品功能整体性这一本质，通过对产品功能的分析研究，正确、合理地确定产品的必备功能，消除多余的不必要功能，加强不足功能，削弱过剩功能；改进设计，降低产品成本。因此，可以说价值工程是以功能为中心，在可靠地实现必要的功能基础上来考虑降低产品成本的。

功能定义就是根据收集到的情报和资料，透过对象产品或部件的物理特征(或现象)，找出其效用或功用的本质东西，并逐项加以区分和规定效用，以简洁的语言描述出来。功能定义的目的是：①明确对象产品和组成产品各部件的功能，藉以弄清产品的特性；②便于进行功能评价，因功能评价的对象是产品的功能，所以只有在给功能下定义后才能进行功能评价，通过评价弄清哪些是价值低的功能和有问题的功能，才有可能去实现价值工程的目的；③便于构思方案，对功能下定义的过程实际上也是为对象产品改进设计的构思过程，为价值工程的方案创造工作阶段做了准备，有利于方案构思。

8.3.4 功能整理

功能整理是利用功能的系统性，用系统的观点将已经定义了的功能加以系统化，找出各局部功能相互之间的逻辑关系，并用图表形式表达，以明确产品的功能系统，从而为功能评价和方案构思提供依据。通过整理要求达到以下几点。

(1) 明确功能范围：搞清楚几个基本功能，这些基本功能又是通过什么功能实现的。

(2) 检查功能之间定义的准确程度，定义下得正确的就肯定下来，不正确的加以修改，遗漏的加以补充，不必要的就取消。

(3) 明确功能之间上下位关系和并列关系，即功能之间的目的和手段关系。

功能整理的主要任务就是建立功能系统图。功能系统图是突破了现有产品和零部件的框框所取得的结果，它是按照一定的原则方式，将定义的功能连接起来，从单个到局部，从局部到整体形成的一个完整的功能体系，是该产品的设计构思。

例如，住宅的最基本功能是居住，为实现该项功能，住宅必须具有遮风避雨、御寒防暑、采光、通风、隔声、防潮等功能，这些功能之间是属并列关系的，都是实现居住功能的手段，因而居住是上位功能，上述所列的并列功能是居住的下位功能，即上位功能是目的，下位功能是手段。图 8.4 所示为功能系统图。

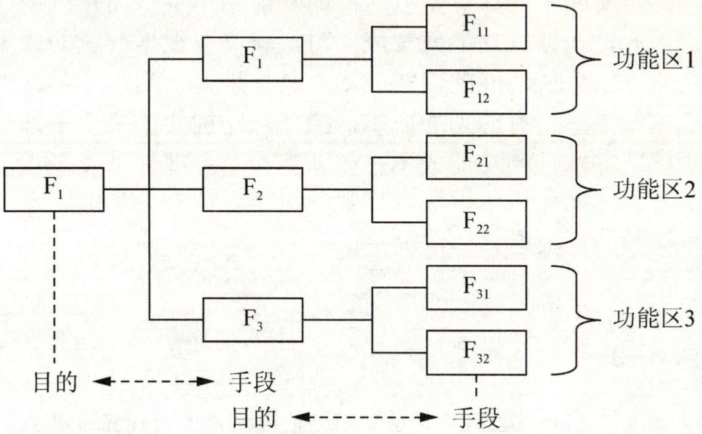

图 8.4　功能系统图

但上下位关系是相对的。如为达到居住的目的必须通风，则居住是目的，是上位功能，通风是手段，是下位功能；为达到通风的目的，必须组织自然通风，则通风又是目的，是上位功能，组织自然通风是手段，是下位功能；为达到自然通风的目的，必须提供进出风口，则组织自然通风又是目的，是上位功能，提供进出风口是手段，是下位功能。将上述逻辑关系用图表示出来，即可得到上下功能关系图。将上述各功能按并列和上下位功能关系以一定的顺序排列出来，即形成功能系统图。图 8.5 所示为通风功能系统图。

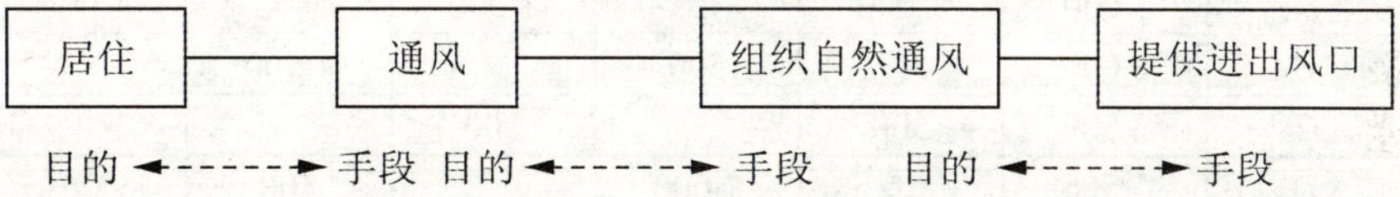

图 8.5　通风功能系统图

通过绘制功能系统图，可以清楚地看出每个功能在全部功能中的作用和地位，使各功能之间的关系系统化，便于发现不必要功能，为功能评价、方案创新奠定基础。

8.3.5　功能分析及评价

功能评价是在功能定义和功能整理完成之后，在已定性确定问题的基础上进一步作定量的确定，即评定功能的价值。

如前所述，价值 V 是功能与成本的比值，成本 C 是以货币形式来数量化的，功能 F 也必须数量化，即都用货币表示后才能把两者直接比较。但由于功能性质的不同，其量度单位也就多种多样，如美学功能属于不易量化主观功能，一般是美、比较美、不美等概念来表示，它是非定量的。因此，功能评价的基本问题是功能的数量化，把定性指标转化为数量指标，为功能与成本提供可比性。

功能评价就是找出实现功能的最低费用作为功能的目标成本，以功能目标成本为基准，通过与功能现实成本的比较，求出目标成本下的价值 V_1 和实际成本下的价值 V 两者的比值(功能价值)和两者(目标成本 $C-\Delta C$ 和实际成本 C)的差异值(改善期望值 ΔC)。

(1) 功能现实成本 C 的计算。功能现实成本的计算与一般的传统的成本核算既有相同点，也有不同之处。两者相同点是指它们在成本费用的构成项目上是完全相同的；而两者的不同之处在于功能现实成本的计算是以对象的功能为单位，而传统的成本核算是以产品或零部件为单位。因此，在计算功能现实成本时，就需要根据传统的成本核算资料，将产品或零部件的现实成本换算成功能的现实成本。具体地讲，当一个零部件只具有一个功能时，该零部件的成本就是它本身的功能成本；当一项功能要由多个零部件共同实现时，该功能的成本就等于这些零部件的功能成本之和。当一个零部件具有多项功能或同时与多项功能有关时，就需要将零部件成本按成本指数分摊给各项有关功能，至于分摊的方法和分摊的比例，即成本指数，可根据具体情况决定。

应用实例 8-3

某产品的 6 种功能是由 5 种零部件实现的，则功能现实成本的计算步骤是：先将与功能相对应的零部件名称及现实成本填入表中(见表 8-8)；然后再将功能领域 F_1 至 F_6 填入表中，将各零部件的现实成本逐一按其为实现多功能提供的成本分配至各功能领域，例如 C 部件提供了 3 种功能，则将 C 部件现实成本 2 500 元按上述思想分配到 3 种功能中；最后将每项功能分配的成本相加，即可得功能的现实成本。

表 8-8 功能现实成本计算表

零部件			功能(或功能领域)					
序号	名称	成本/元	F_1	F_2	F_3	F_4	F_5	F_6
1	A	3 000	1 000		1 000		1 000	
2	B	2 000		500		1 500		
3	C	2 500	500		500			1 500
4	D	1 500		1 000		500		
5	E	1 000			400		600	
合计		10 000	1 500	1 500	1 900	2 000	1 600	1 500

(2) 成本指数的计算。成本指数是指评价对象的现实成本在全部成本中所占的比率。计算式如下

$$C_i = \frac{C_I}{C}$$

式中：C_i——第 i 个评价对象即功能的成本指数；

C_I——第 i 个评价对象即功能的现实成本；

C——全部成本。

(3) 功能评价值 F 的计算。对象的功能评价值 F(目标成本 $C-\Delta C$)是指可靠地实现用户要求功能的最低成本，功能评价值 F 的计算实质也是计算可靠地实现用户要求功能的最低成本。

① 最低成本可以根据图纸和定额，也可根据国内外先进水平或根据市场竞争的价格等来确定。它可以理解为是企业有把握，或者说应该达到的实现用户要求功能的最低成本。从企业目标的角度来看，功能评价值可以看成是企业预期的、理想的成本目标值。

② 功能评价值一般以功能货币价值形式计算。求功能评价值的方法较多，常用功能重要性系数评价法。这种方法是把功能划分为几个功能区(即子系统)，并根据各功能区的重

要程度和复杂程度，确定各个功能区在总功能中所占的比重，即功能重要性系数。

③ 然后将产品的目标成本按功能重要性系数分配给各功能区作为该功能区的目标成本，即功能评价值。

确定功能重要性系数的重要问题是对功能打分，常用功能打分法有强制打分法(0-1 评分法或 0-4 评分法)、基点法。还有多比例评分法、逻辑评分法、环比评分法(又称 DARE 法)等。

强制打分法：用功能单元之间的对比打分求出功能单元的功能评价系数，分为 0-1 和 0-4 评分法。0-1 评分法：功能评价系数的分值只有 2 个，用两两比较，取 0 或 1 值的办法求得功能单元的功能评价系数的方法；0-4 评分法：由功能单元两两比较，根据重要程度差别(或成本费用差别)按 0 到 4 来打分，然后求其总分的方法。还可以用 0-10 或者 0-100 等评分法。

下面简单介绍一下 0-4 评分法，这种方法是请 5～15 个对产品熟悉的专家各自参加功能的评价，评价的基本步骤如下。

第一步：每个专家将两个功能按功能重要程度对比打分，由功能单元两两比较，根据重要程度差别(或成本费用差别)按 0 到 4 来打分。

假设某产品的 5 项功能 F_1、F_2、F_3、F_4 和 F_5，表 8-9 是某一评价人员的打分表。

表 8-9　0-4 评分法打分表

评价人员 / 功能名称	专家 1	专家 2	专家 3	专家 4	专家 5	总得分
F_1	3	4	4	4	4	19
F_2	2	3	3	2	3	13
F_3	1	1	0	1	2	5
F_4	3	2	3	3	1	12
F_5	1	0	0	0	0	1
合计	10	10	10	10	10	50

将各零件得分相加后得总分，根据上表可知 F_1 得 19 分，F_2 得 13 分等。

第二步：计算每个功能平均得分值。平均得分值是将得分总数除以评价人数。计算过程见表 8-10。

表 8-10　0-4 评分法计算表

评价人员 / 功能名称	专家 1	专家 2	专家 3	专家 4	专家 5	总得分	平均得分	功能重要性系数
F_1	3	4	4	4	4	19	3.8	0.38
F_2	2	3	3	2	3	13	2.6	0.26
F_3	1	1	0	1	2	5	1	0.1
F_4	3	2	3	3	1	12	2.4	0.24
F_5	1	0	0	0	0	1	0.2	0.02
合计	10	10	10	10	10	50	10	1.00

第三步：计算功能重要性系数。功能重要性系数是将零件所得平均得分值除以平均得分值总和。功能重要性系数越大说明功能越重要。

(4) 计算功能价值 V，分析成本功能的合理匹配程度。功能价值 V 的计算方法可分为两大类，即：功能成本法与功能指数法。

① 功能成本法(又称为绝对值法)是通过一定的测算方法，测定实现应有功能所必须消耗的最低成本，同时计算为实现应有功能所耗费的现实成本，经过分析对比，求得对象的

价值系数和成本降低期望值，确定价值工程的改进对象。其表达式如下

$$V_i = \frac{F_i}{C_i}$$

式中：V_i——第 i 个评价对象的价值系数；

F_i——第 i 个评价对象的功能评价值(元)；

C_i——第 i 个评价对象的目前成本(元)。

根据上述计算公式，功能的价值系数不外乎以下几种结果。

$V_i=1$，表示功能评价值等于功能现实成本。这表明评价对象的功能现实成本与实现功能所必需的最低成本大致相当，说明评价对象的价值为最佳，一般无需改进。

$V_i<1$，此时功能现实成本大于功能评价值。表明评价对象的现实成本偏高，而功能要求不高，这时一种可能是由于存在着过剩的功能，另一种可能是功能虽无过剩，但实现功能的条件或方法不佳，以致使实现功能的成本大于功能的实际需要。

$V_i>1$，说明该部件功能比较重要，但分配的成本较少，即功能现实成本低于功能评价值。应具体分析，可能功能与成本分配已较理想，或者有不必要的功能，或者应该提高成本。

② 功能指数法(又称相对值法)是通过评定各对象功能的重要程度，用功能指数 F_j 来表示其功能程度的大小，然后将评价对象的功能指数 F_j 与相对应的成本指数 C_j 进行比较，得出该评价对象的价值指数，从而确定改进对象，并求出该对象的成本改进期望值。其表达式如下

$$V_j = \frac{F_j}{C_j}$$

式中：V_j——第 j 个评价对象的价值系数；

F_j——第 j 个评价对象的功能指数；

C_j——第 j 个评价对象的成本指数。

根据计算结果又分 3 种情况。

$V_j=1$，此时评价对象的功能比重与成本比重大致平衡，合理匹配，可以认为功能的现实成本是比较合理的。

$V_j<1$，此时评价对象的成本比重大于其功能比重，表明相对于系统内的其他对象而言，目前所占的成本偏高，从而会导致该对象的功能过剩。

$V_j>1$，此时评价对象的成本比重小于其功能比重。出现这种结果的原因可能有 3 个。第一个原因是由于现实成本偏低，不能满足评价对象实现其应具有的功能的要求，致使对象功能偏低；第二个原因是对象目前具有的功能已经超过了其应该具有的水平，也即存在过剩功能；最后一个原因是对象在技术、经济等方面具有某些特征，在客观上存在着功能很重要而需要消耗的成本却很少的情况。

(5) 确定 VE 对象的改进范围。从以上分析可以看出，对产品部件进行价值分析，就是使每个部件的价值系数尽可能趋近于 1。因此，确定改进对象的原则如下。

① 目标成本与现实成本的比值小于 1，属于低功能领域，基本上都应作为提高功能对象，通过改进设计使 V 达到 1。

② $\Delta C=(C-F)$值大的功能区域，因为$(C-F)$的值反映了成本应降低的绝对值，该值愈大，说明成本降低的幅度也愈大。如果有几个功能对象的 V 都很低时，则应选中$(C-F)$值大的作为优先功能对象。

③ 复杂的功能区域，即是指要实现该功能需要许多部件，且组织或结构复杂，这些复杂的功能领域也应列为研究的重点。

本章导入案例分析

1. 选择最优方案

(1) 计算各方案的功能指数，见表 8-11。

表 8-11 各方案的功能指数计算表

方案功能	功能权重	方案功能加权得分		
		A	B	C
结构体系 F1	0.25	10×0.2=2.50	10×0.2=2.50	8×0.25=2.00
模板类型 F2	0.05	10×0.0=0.50	10×0.0=0.50	9×0.05=0.45
墙体材料 F3	0.25	8×0.25=2.00	9×0.25=2.25	7×0.25=1.75
面积系数 F4	0.35	9×0.35=3.15	8×0.35=2.80	7×0.35=2.45
窗户类型 F5	0.10	9×0.10=0.90	7×0.10=0.70	8×0.10=0.80
合　计		9.05	8.75	7.45
功能指数		9.05/25.25=0.358	8.75/25.25=0.347	7.45/25.25=0.295

(2) 计算各方案的成本指数，见表 8-12。

表 8-12 各方案的成本指数计算表

方　案	A	B	C	合　计
单方造价/(元/平方米)	1 438	1 108	1 082	3 628
成本指数	0.396	0.305	0.298	0.999

(3) 计算各方案的价值指数，见表 8-13。

表 8-13 各方案的价值指数计算表

方　案	A	B	C
功能指数	0.358	0.347	0.295
成本指数	0.396	0.305	0.298
价值指数	0.904	1.138	0.990

由计算结果可知，B 方案的价值指数最高，为最优方案。

2. 计算各功能项目的目标成本及成本可能降低的幅度(表 8-14)

表 8-14 功能项目的目标成本及成本降低额计算表

功能项目	功能评分	功能指数	目前成本/万元	成本指数	价值指数	目标成本/万元	成本降低额/万元
桩基围护工程	10	0.106 4	1 520	0.118 6	0.897 1	1 295	225
地下室工程	11	0.117 0	1 482	0.115 7	1.011 2	1 424	58
主体结构工程	35	0.372 3	4 705	0.367 2	1.013 9	4 531	174
装饰工程	38	0.404 3	5 105	0.398 5	1.014 6	4 920	185
合　计	94	1.000 0	12 812	1.000 0		12 170	642

根据成本降低额的大小，功能改进顺序依次为：桩基围护工程、装饰工程、主体结构工程、地下室工程。

8.3.6 方案创造

方案创造是从提高对象的功能价值出发，在正确的功能分析和评价的基础上，针对应改进的具体目标，通过创造性的思维活动，提出能够可靠地实现必要功能的新方案。

价值工程的活动能否取得成功，关键在于在功能分析后能否构思出可行的方案。如果不能构思出最佳的可行方案则将前功尽弃。

方案创造的理论依据是功能载体具有替代性。为了引导和启发进行创造性的思考，常用的方法有以下几种。

(1) 头脑风暴法(智暴法)。由提案人自由奔放、打破常规、创造性地思考问题，抓住瞬间的灵感或意识，得到新的方案和构思。

这种方法以开小组会的方式进行，人数不宜过多，以5～10人为宜。人们的关系要非常融洽，气氛要轻松愉快。会议有4个原则。

① 不评论好坏；

② 鼓励自由奔放地提出想法；

③ 要求提出大量方案；

④ 相互启发，要求结合别人意见提出设想。

经验证明：采用这种方法提方案比同样的人数单独提方案的方案数量要大65%～90%，因而用得甚多。

(2) 歌顿法(模糊目标法)。把研究的问题抽象化，以寻求新解法，主要抽象功能中的动态部分。

哥顿法是美国人哥顿在1964年提出的方法。这种方法的指导思想是，把要研究的问题适当抽象，以利于开阔思路。会议主持者并不把要解决的问题全部摊开，只把问题抽象地介绍给大家，要求海阔天空地提出各种设想。例如要研究一种新型割稻机，则只提出如何把东西割断和分开，大家围绕这一问题提方案。会议主持者要善于引导，步步深入，等到适当时机，再把问题讲明，以作进一步研究。

(3) 专家意见法(德尔菲法)。这种方法不采用开会的形式，而是由主管人员或部门把已构思的方案以信函的方式分发给有关的专业人员，征询他们的意见，然后将意见汇总，统计和整理之后再分发下去，希望再次补充修改，如此反复若干次，即经过几上几下，把原来比较分散的意见作集中处理，作为新的代替方案。

这种方法的优点主要是简便易行，具有一定科学性和实用性，可以避免会议讨论时产生的害怕权威随声附和，或固执己见，或因顾虑情面不愿与他人意见冲突等弊病；同时也可以使大家发表的意见较快收到，参加者也易接受结论，具有一定程度综合意见的客观性。

方案创造的方法很多，总的精神是要充分发挥各有关人员的智慧，集思广益，多提方案，从而为评价方案创造条件。

8.3.7 方案评价

方案评价是在方案创造的基础上对新构思方案的技术、经济和社会效果等几方面进行估价，以便于选择最佳方案。

方案评价包括概略评价和详细评价两个阶段，其评价内容和步骤都包括有技术评价、经济评价、社会评价以及综合评价。在对方案进行评价时，无论是概略评价还是详细评价，一般可先做技术评价，再分别做经济评价和社会评价，最后做综合评价。

1) 技术可行性评价

技术可行性评价是评价方案实现必要功能的程度。以价值工程研究对象是产品为例，其技术可行性可以从以下几个方面进行评价：①功能的实现程度(性能、质量、寿命等)；②可靠性；③可维修性；④操作性；⑤安全性；⑥整个系统的协调性；⑦与环境的协调。

技术可行性评价，力求把技术指标定量化，以便进行比较选择。技术经济价值量计算公式为

$$X = \frac{\overline{P}}{P_{\max}}$$

式中：X——技术价值；

$\overline{P}$——各项技术相应得分的算数平均值；

$P_{\max}$——评分标准的最高分。

理想方案是技术价值为 1，一般 $x>0.8$ 是很好的方案，$x<0.6$ 为不可行方案。

2) 经济可行性评价

经济可行性评价从成本与利润两方面进行综合考虑，侧重以成本为指标进行评价，综合考虑企业经营需要、实施改进方案的费用情况、适用时期、方案实施条件等。

经济可行性评价的公式为

$$Y = \frac{H_i}{H}$$

式中：Y——经济效益；

H_i——目标成本(理想成本)；

H——新方案制造成本。

理想方案是经济效益为 1，一般 $Y>0.7$ 是很好的方案，$Y<0.5$ 应舍弃。

经济可行性评价的方法一般有以下几种。

(1) 变动成本法。该法是指将成本划分为固定成本与可变成本，计算盈亏平衡点，其基本公式为

$$X = \frac{C}{P-V}$$

式中：X——盈亏平衡点产量；

C——固定成本；

P——产品单价；

V——单位产品变动成本。

(2)“总额”与“差额”法。总额法是指对影响利润或成本的全部因素加以计算，求出总利润或总成本进行比较的一种方法。差额法是指只对影响利润或成本有差异的因素加以计算，进行差额比较的一种方法，这种方法简便、节省时间。

3) 社会评价

社会评价是指方案的社会效果的评价。企业作为社会的成员，有其社会属性，要谋求企业的利益与社会利益的一致。社会评价主要包括以下几方面内容。

(1) 方案是否符合国家规划。

(2) 方案实施资源利用是否合理。

(3) 方案实施是否达到国家关于环境保护颁布的有关规定。

(4) 是否符合其他国家、社会要求。

4) 方案综合评价

方案综合评价是在上述 3 种评价的基础上，对整个方案做出综合的、整体的评价。综合评价时要综合考虑各指标因素之间重要性比重、各方案对评价指标的满足程度，从而判断和选择出最优方案。

综合评价的方法从整体上说，区分为定性评价法和定量评价法。

定性评价法，又称为优缺点评价法，简单而且全面，但是这种方法缺乏定量依据，容易把一些相近的方案全部排除或难以选择。

定量评分法，是指用评分法评价每一方案的得分来选择方案的方法。定量评分法有许多具体操作方法，下面介绍几种。

(1) DARE 法。该法是指根据评价指标重要性程度(W_i)和方案对评价指标的满足程度(S_i)进行综合评价的方法。该方法的步骤具体如下。

① 确定重要性系数 W_i。

② 确定方案对评价指标的满足程度系数 S_i 。

③ 确定方案的评分值，计算公式为

$$A_i = \sum W_i S_i$$

根据 A_i 数值，选择总评分值最高的方案为最优方案。

(2) 加法评分法与乘法评分法。这两种方法都是将评价项目按满足程度分为若干等级，确定各级评分标准并进行评分。

加法评分法见表 8-15。

表 8-15　加法评分法

评价项目			对比方案			
内容	评价等级	评分标准	A	B	C	D
功能	绝对必要	30	30			
	一般	20		20		20
	较小	10			10	
竞争能力	强	10		10		
	中	8	8			8
	弱	5			5	
市场规模	大	8	8			
	中	6		6		
	小	3			3	3
生产能力	充分利用现有设备	15	15			
	增加设备，少量投入	10		10	10	
	增加大量投入	6				6
评分总数		24～63	61	46	28	37

从表中可以看出，A 方案的评分值最高，确定为最优方案。

乘法评分法与加法评分法类似，各方案的每一个评价指标得分累计相乘。由于总分值由乘积确定，所以方案之间分值差距较大，对比醒目。

8.4 综合应用案例

某房地产开发商要在某城区内的二级地段进行住宅开发，地块面积为 200 亩，一边临水，一边紧邻城市次干道，周边居民收入水平和环境条件一般。现对此地块住宅开发进行产品的档次定位分析。

(1) 根据地块的城市规划用途、地段特征以及周边城市居民的收入状况，现拟定建设 3 种不同住宅标准的住宅小区，其建造标准见表 8-16。同时为了计算的简便，将住宅建造成本和市场上居民愿意或实际购买住宅的整体功能所花成本，转换为成本系数。

表 8-16 3 个方案的特征和成本系数分析

方案名称	主要特征	平均成本		成本系数	
		单位造价	市场售价	单位造价	市场售价
A	环境优雅、富有特色、智能化高档小区，小高层框架结构，内外结构布置具有人文气息	2 200	2 750	0.40	0.404
B	各种环境较好的中档住宅小区，框架结构，一般智能化条件	2 100	2 250	0.33	0.331
C	环境一般化的低档经济型住宅小区，框架砖混结合	1 500	1 800	0.27	0.26

(2) 进行功能指标系统的选择，把住房作为一个独立完整的“产品”进行功能定义和评价，而不再将住房细分下去。功能指标系统的选取，主要考虑对住房市场需求和住房功能定位有直接影响的因素。因此，可整理得出下列功能：F_1 经济适用(价格适中，布局合理)；F_2 生活便捷(设施完备，使用方便)；F_3 环境适宜(环境舒适，政策配套)；F_4 使用安全(结构牢固，三防齐全)；F_5 资产增值(地段改良，市场发展)。

(3) 进行功能指标重要系数的确定，首先对上述 5 个大类指标用市场调查方式打分，然后确定市场目前环境下的指标功能重要性系数，以此作为确定市场各类人员对指标细分评分调查表的有效性标准，以防止个人偏好导致与实际市场情况相差太远。

通过市场调查的数据整理分析可得

$F_1=0.30$　　$F_2=0.25$　　$F_3=0.20$　　$F_4=0.15$　　$F_5=0.10$

根据各功能指标在不同档次住宅中所占的地位不同，首先选取相应的市场销售人员、专家等有代表性的相关群体为调查对象，以保证市场调查结果的科学性和合理性，再运用指标之间相对重要性对各指标评分，然后加权系数(0.4，0.30，0.30)求和并归以后，得出各功能重要系数。根据市场调查结果计算各功能重要性系数(表 8-17)。

表 8-17 功能重要性系数的评分

功能		用户评分(G_1)		专家评分(G_2)		销售人员评分(G_3)		功能重要系数
		得分	修正值(0.4)	得分	修正值(0.3)	得分	修正值(0.3)	$G=(G_1+G_2+G_3)/100$
经济适用(0.30)	价格适中	20	8	17	5.1	21	6.3	0.194
	布局合理	13	5.2	14	4.2	11	3.3	0.127
生活便捷(0.25)	设施安全	12	4.8	12	3.6	14	4.2	0.126
	使用方便	7	2.8	10	3	10	3	0.088

续表

功能		用户评分(G_1)		专家评分(G_2)		销售人员评分(G_3)		功能重要系数
		得分	修正值(0.4)	得分	修正值(0.3)	得分	修正值(0.3)	$G=(G_1+G_2+G_3)/100$
环境适宜(0.20)	环境舒适	15	6	12	3.6	13	3.9	0.135
	政策匹配	8	3.2	7	2.1	7	2.1	0.074
使用安全(0.15)	结构牢固	7	2.8	8	2.4	8	2.4	0.076
	三防齐全	7	2.8	8	2.4	5	1.5	0.067
资产增值(0.10)	地段改良	6	2.4	7	2.1	6	1.8	0.063
	市场发展	5	2	5	1.5	5	1.5	0.050
合计		100	40	30	100	30	30	1.000

(4) 对方案的功能进行满足程度评分。对 3 个方案的情况，采取按功能细分的状况和拟订方案的项目特征进行比较适应性评分，然后用细分功能指标重要性系数进行修正，得出功能评价系数(表 8-18)。

表 8-18　功能满足程度评分

评价因素		A	修正值(d_1)	B	修正值(d_1)	C	修正值(d_1)
功能因数	重要系数						
价格适中	0.194	4	0.776	7	1.358	8	1.552
布局合理	0.127	2	0.254	7	0.889	8	1.016
设施安全	0.126	4	0.504	8	1.008	7	0.882
使用方便	0.088	7	0.616	10	0.880	4	0.352
环境舒适	0.135	7	0.945	8	1.080	2	0.270
政策匹配	0.074	6	0.444	9	0.666	4	0.296
结构牢固	0.076	5	0.375	9	0.675	4	0.300
三防齐全	0.067	8	0.536	7	0.469	3	0.201
地段改良	0.063	10	0.630	9	0.567	2	0.126
市场发展	0.050	4	0.200	7	0.350	8	0.400
功能总分		57	5.280	81	7.942	50	5.395
功能评价系数(F)			0.284		0.427		0.290

(5) 进行方案价值系数的计算。将表 8-18 计算的结果和 8-16 的成本系数分别代入表 8-19 或表 8-20，按价值功能系数计算公式($V=F/C$)，求出价值系数(表 8-19 和表 8-20)。

表 8-19　单位造价方案价值系数计算

方案名称	功能评价系数	成本系数	价值系数	最优选择
	F	C	$V=F/C$	
A	0.284	0.40	0.710	
B	0.427	0.33	1.294	最优
C	0.290	0.27	1.074	

表 8-20　市场售价方案价值系数计算

方案名称	功能评价系数	成本系数	价值系数	最优选择
	F	C	$V=F/C$	
A	0.284	0.401	0.71	

续表

方案名称	功能评价系数	成本系数	价值系数	最优选择
	F	C	$V=F/C$	
B	0.427	0.335	1.27	最优
C	0.290	0.275	1.05	

根据单位造价和销售价格的价值系数计算结果可知：方案 B 最优。因此，在上述地段、环境等状况下，此项目应该选择建造中档价位住宅小区的方案最为合理。

本章小结

(1) 价值工程是以提高产品(或作业)价值和有效利用资源为目的，通过有组织的创造性工作，寻求用最低的寿命周期成本，可靠地实现使用者所需功能，以获得最佳综合效益的一种管理技术。价值工程涉及价值、功能和成本 3 个基本要素，其目标是以最低的寿命周期成本，使产品具备它必须具备的功能；其核心是对产品进行功能分析；它是以集体的智慧开展的有计划、有组织的管理活动；价值工程以用户需求为重点；价值工程强调不断改革和创新。

(2) 价值工程的工作程序。价值工程的工作步骤分为准备阶段、分析阶段、创新阶段及实施阶段。每个阶段又有详细的工作步骤，包括工作对象选择、信息资料收集、功能定义、功能整理、功能成本分析、功能评价、确定改进范围、方案创造、概略评价、调整完善、详细评价、提出方案、方案审批、方案实施与检查及成果评价。价值工程的核心在于功能分析。

复习思考题

一、单项选择题

1. 价值工程是以(　　)，可靠地实现产品或作业的必要功能。
   A. 最低寿命周期费用　　B. 最低周期费用
   C. 最低费用　　D. 控制成本费用
2. 价值工程是着重于(　　)的有组织的活动。
   A. 价格分析　　B. 功能分析　　C. 成本分析　　D. 产品价值分析
3. (　　)是指价值工程研究对象所具有的能够满足某种需求的一种属性。
   A. 成本　　B. 价值　　C. 价值指数　　D. 功能
4. 价值工程的目标表现为(　　)。
   A. 产品价值的提高　　B. 产品功能的提高
   C. 产品功能与成本的协调　　D. 产品价值与成本的协调
5. 产品的寿命周期成本由产品生产成本和(　　)组成。
   A. 使用及维护成本　　B. 使用成本
   C. 生产前准备成本　　D. 资金成本

6. 一般而言，随着产品质量的提高，产品在使用过程中的维修费用将呈(　　)趋势。
A. 上升　　B. 下降　　C. 平衡　　D. 不确定

7. 根据价值工程的原理，提高产品价值最理想的途径是(　　)。
A. 产品功能有较大幅度提高，产品成本有较少提高
B. 在产品成本不变的条件下，提高产品功能
C. 在提高产品功能的同时，降低产品成本
D. 在保持产品功能不变的前提下，降低成本

8. 价值工程应注重于(　　)阶段。
A. 研制设计　　B. 试制阶段
C. 生产阶段　　D. 使用和寿命终结阶段

9. 价值工程中的价值是指研究对象的功能与成本(即费用)的(　　)。
A. 绝对值　　B. 相对值　　C. 绝对比值　　D. 相对比值

10. 价值工程分析阶段的工作步骤是(　　)。
A. 功能整理—功能定义—功能成本分析—功能评价—确定改进范围
B. 功能定义—功能评价—功能整理—功能成本分析—确定改进范围
C. 功能整理—功能定义—功能评价—功能成本分析—确定改进范围
D. 功能定义—功能整理—功能成本分析—功能评价—确定改进范围

二、多项选择题

1. 价值工程中为提高价值，可通过(　　)途径来实现。
A. 成本不变，功能提高　　B. 功能不变，成本降低
C. 功能降低，成本降低　　D. 成本提高，功能提高
E. 功能提高，成本降低

2. 价值工程中功能分析包括(　　)。
A. 功能定义　　B. 功能配置　　C. 功能组合
D. 功能整理　　E. 功能评价

3. 下列关于价值工程原理的描述中，正确的有(　　)。
A. 价值工程中所说的“价值”是指研究对象的使用价值
B. 运用价值工程的目的是提高研究对象的比较价值
C. 价值工程的核心是对研究对象进行功能分析
D. 价值工程是一门分析研究对象效益与费用之间关系的管理技术
E. 价值工程中所述的“成本”是指研究对象建造/制造阶段的全部费用

4. 价值工程中方案实施阶段的工作包括(　　)。
A. 方案预审　　B. 方案审批　　C. 方案实施
D. 方案实施检查　　E. 成果总评

5. 在运用价值工程方法对某一选定设计方案进行功能评价中，下列有关功能指数法中功能价值分析的表述，正确的有(　　)。
A. 价值指数等于1，说明评价对象无须改进
B. 价值指数大于1，可能是存在过剩功能，则评价对象不须改进
C. 价值指数大于1，可能是成本偏低，则对象功能也偏低，则评价对象需要改进

D．价值指数大于 1，可能是对象在技术、经济方面具有某些特殊性，则评价对象无须改进

E．价值指数大于 1，说明评价对象需要改进

6．根据价值工程原理，提高产品价值的途径有(　　)。

A．通过改进产品质量，从而提高产品价格

B．产品功能有较大幅度提高，产品成本有较少提高

C．提高产品功能的同时，又降低产品成本

D．产品功能略有下降，产品成本大幅度降低

E．产品功能不变，降低成本

7．价值工程准备阶段的主要工作是(　　)。

A．功能定义　　B．确定改进范围　　C．工作对象选择

D．功能评价　　E．信息资料搜集

8．价值工程对象选择的方法有(　　)。

A．ABC 分析法　　B．强制确定法　　C．百分比分析法

D．因素分析法　　E．年数总和法

9．按功能整理的逻辑关系分类，产品功能可以分为(　　)。

A．不足功能　　B．并列功能　　C．过剩功能

D．上下位功能　　E．使用功能

10．某人购买一块带夜光装置的手表，从功能分析角度来看，带夜光装置对于手表保证走时准确与黑夜看时间分别是(　　)。

A．多余功能　　B．美学功能　　C．辅助功能

D．基本功能　　E．不必要功能

三、简答题

1．什么是价值工程？其表达形式是什么？

2．价值工程的实施步骤如何？

3．选择价值分析对象的一般原则是什么？常用哪些方法？

4．什么是功能评价？通过价值概念简洁表达形式说明相对标准和绝对标准。

5．价值分析研究的对象、重点、手段、结果、目的分别是什么？

6．提高产品价值的途径有哪些？举例说明其中的一种。

四、计算题

1．某业主邀请若干厂家对某商务楼的设计方案进行评价，经专家讨论确定的主要评价指标分别为：功能适用性(F_1)、经济合理性(F_2)、结构可靠性(F_3)、外形美观性(F_4)与环境协调性(F_5) 5 项评价指标，各功能之间的重要性关系为：F_3 比 F_4 重要得多，F_3 比 F_1 重要，F_1 和 F_2 同等重要，F_4 和 F_5 同等重要，经过筛选后，最终对 A、B、C 三个设计方案进行评价，3 个设计方案评价指标的评价得分结果和估算总造价见表 8-21。

表 8-21　各方案评价指标的评价结果和估算总造价表

功能	方案 A	方案 B	方案 C
功能适用性(F_1)	9　分	8　分	10　分
经济合理性(F_2)	8　分	10　分	8　分
结构可靠性(F_3)	10　分	9　分	8　分
外形美观性(F_4)	7　分	8　分	9　分
与环境协调性(F_5)	8　分	9　分	8　分
估算总造价(万元)	6 500	6 600	6 650

问题：

(1) 用 0-4 评分法计算各功能的权重。

(2) 用价值指数法选择最佳设计方案。

(3) 若 A、B、C 3 个方案的年度使用费用分别为 340 万元、300 万元、350 万元，设计使用年限均为 50 年，基准折现率为 10%，用寿命周期年费用法选择最佳设计方案。

(表中数据保留 3 位小数，其余计算结果均保留两位小数。)

2. 造价工程师在某开发公司的某幢公寓建设工程中，采用价值工程的方法对该工程的设计方案和编制的施工方案进行了全面的技术经济评价，取得了良好的经济效益和社会效益。有 4 个设计方案 A、B、C、D，经有关专家对上述方案根据评价指标 F_1—F_5 进行技术经济分析和论证，得出如下资料(见表 8-22 和表 8-23)。

表 8-22　功能重要性评分表

方案功能	F_1	F_2	F_3	F_4	F_5
F_1	×	4	2	3	1
F_2	0	×	1	0	2
F_3	2	3	×	3	3
F_4	1	4	1	×	1
F_5	3	7	1	3	×

表 8-23　方案功能评分及单方造价

方案功能	方案功能得分			
	A	B	C	D
F_1	9	10	9	8
F_2	10	10	8	9
F_3	9	9	10	9
F_4	8	8	8	7
F_5	9	7	9	6
单方造价(元／平方米)	1 420	1 230	1 150	1 360

问题：

(1) 计算功能重要性系数。

(2) 计算功能系数、成本系数、价值系数并选择最优设计方案。

第9章

建设项目的可行性研究

学习目标

知识目标	技能目标
(1) 掌握建设项目可行性研究的编制步骤及内容 (2) 理解工程经济理论在可行性研究中的应用 (3) 理解可行性研究在建设项目全过程管理中所处的地位和作用	(1) 能够运用可行性研究的3个阶段和步骤进行可行性研究报告的编写 (2) 能够掌握建设项目进展周期的划分、前期决策阶段的特殊性、可行性研究在前期决策阶段的作用 (3) 能够运用一般项目可行性研究的内容，并结合相关资料，熟悉各类项目可行性研究的内容及侧重点

知识结构

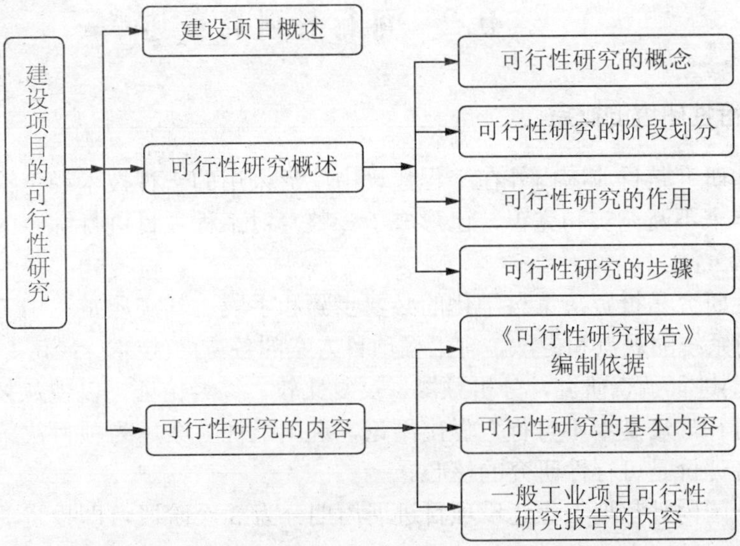

导入案例

河北省定州市某焦化有限公司每年在生产主产品焦炭的同时，还产生一定比例的焦炉气，焦炉气除自用外还有 2 亿立方米的富余。企业想对这部分富余焦炉气进行深加工，进而为企业带来更大的经济效益。

思考：企业对焦炉气进行深加工是一种建设项目投资设想，该项目是否可行？应该怎样去论证？

9.1 建设项目概述

建设项目是指在一个总体设计或初步设计范围内，由一个或几个单项工程所组成，经济上实行统一核算，行政上实行统一管理的建设单位。一般以一个企业(或联合企业)、事业单位或独立工程作为一个建设项目。

凡属于一个总体设计中的主体工程和相应的附属配套工程、综合利用工程、环境保护工程、供水供电工程以及水库的干渠配套工程等，都作为一个建设项目；凡是不属于一个总体设计，经济上分别核算，工艺流程上没有直接联系的几个独立工程，应分别列为几个建设项目。

导入案例中对焦炉气进行深加工就是一个建设项目，该项目围绕焦炉气深加工的工艺来统筹安排主要生产车间和附属车间的设备选型、工程设计。各主体工程和配套工程之间密切联系，不可分割，缺少任何一部分单项工程，都不能满足整体设计要求，不能生产出合格的产品。同时，任何一部分工程也不可能独立发挥效益。

特别提示

有的工业项目由于资金、场地或市场原因，常常会分期建设。这种情况下，尽管前后两期工程同属于一个总体设计，但只要经济上分别核算，每期均能够独立形成生产能力，就可将前后两期工程视为两个建设项目。

9.2 可行性研究概述

9.2.1 可行性研究的概念

可行性研究是目前国内外在工程建设中广泛采用的一种技术经济论证方法。这种方法经过几十年来不断充实和完善，已形成了一整套对工程项目进行综合的、全面的技术经济论证的科学方法。

可行性研究是投资决策科学化的必要步骤和手段。其实质是运用工程技术学和经济学原理，采用系统的观点和方法，对工程项目方案的各方面(技术、经济、市场、资源、社会、环境等方面)进行调查研究，分析预测，反复比较，综合论证，以便从技术、经济等方面对项目的“可行”还是“不可行”做出结论，选出最优方案，为项目决策提供依据。其中，项目的经济评价是可行性研究的核心。

目前，国内外都把工程建设项目进展周期分为 3 个阶段，即投资前期、建设期和生产期。可行性研究就是投资前期的主要内容。投资前期是决定建设项目经济效果的关键时期，是决定投资成败的关键。如果在项目实施过程中才发现工程费用过高、投资不足或原材料供应不足等问题，将会给投资者造成巨大损失。因此，为了减少投资项目的盲目性、降低风险、获取最大投资效益，就要把可行性研究作为工程建设的首要环节，以提高获利的可靠程度。

可行性研究不仅广泛应用于新建、改建、扩建的工程建设项目，并已扩大到资源的开发和综合利用；产品更新、技术改造、技术引进、新技术应用；科学技术试验项目以及技术政策制定等方面。

9.2.2 可行性研究的阶段划分

可行性研究是在进行项目投资、工程建设之前的准备性研究工作，通常可分为 3 个阶段。

(1) 机会可行性研究，也称为投资机会鉴定。在这一阶段包括粗略的市场调查和预测，寻找某一地区或某一范围内的投资机会并初步估算投资费用。

机会研究又分一般机会研究和特定项目机会研究两种。根据当时的条件，决定进行哪种机会研究，或两种机会研究都进行。

(2) 初步可行性研究。在投资机会研究的基础上，进一步较为系统地研究投资机会的可行性，包括对市场的进一步考察分析等。其主要回答的问题如下。

① 投资机会是否有前途，值不值得进一步作详细项目论证。

② 确定的项目概念是否正确，有无必要通过可行性研究进一步详细分析。

③ 项目中有哪些关键性问题，是否需要通过市场调查、试验室试验、工业性试验等功能研究做深入研究。

④ 是否有充分的资料足以说明该项目设想可行，同时对某一具体投资者有无足够的吸引力。

(3) 详细可行性研究，也称技术经济可行性研究，是在项目决策前对项目有关的工程、技术、经济等各方面的条件和情况进行详尽、系统、全面的调查、研究、分析，对各种可能的建设方案和技术方案进行详细的比较论证，并对项目建成后的经济效益、国民经济效益、社会效益进行预测和评价的一种科学分析过程和方法，是项目进行评估和决策的依据。

这是确定一个投资项目是否可行的最终研究阶段。包括市场近期、远期需求，资源、能源、技术协作落实情况，最佳工艺流程及其相应设备，厂址选择及厂区布置，组织机构确定和人员培训，建设投资费用，资金来源及偿还办法，生产成本，投资效果等。

特别提示

这 3 个阶段都处于项目投资前期，并按照先后顺序由粗到细，由浅及深地进行，且相互联系，前一阶段是后一阶段工作的基础。

本章导入案例分析

导入案例中的焦炉气深加工项目也是经过了 3 个阶段的可行性研究工作。

在机会可行性研究阶段，该企业针对富余焦炉气的出路问题，提出了3个方案。

一是净化后作为居民生活用气，二是用焦炉气发电，三是用焦炉气生产甲醇。

经过粗略的市场调查和预测发现：焦炉气虽然可以代替煤炭，方便城市居民生活，改善环境质量，给企业带来经济效益，但定州市区人口有限，对民用煤气需求量很小，绝大部分焦炉气仍然不能被利用。因此，第一个方案不可行。

用来发电是焦炉气的另一种利用方案，由于发电量较大，企业自己只能利用一小部分，大部分必须进入国家电网，然而入网的电价较低，企业利润很低，这一方案又被否定了。

利用焦炉气生产甲醇这一方案，国内已经有成功的先例，技术成熟可靠，产品甲醇是基本的化工原料，又是新型汽车用燃料，市场前景广阔；且对焦炉气深加工可根治焦炉气带来的环境污染，具有很好的经济效益和社会效益，是多种方案比较后的最佳选择。

在机会可行性研究的基础上，该企业对利用焦炉气生产甲醇这一方案进行了初步可行性研究，确定项目规模为年生产甲醇10万吨，对这一方案涉及的关键技术、原材料市场、产品市场进行了进一步的考察和分析，并进行了简单的财务评价指标的计算，形成初步可行性研究报告。

最后，针对该项目的设计规模、产品方案，进行更为详细的甲醇市场近期、远期需求调查和预测，对原材料供应方案、厂址选择、工艺方案、设备选型、土建工程、总图布置、辅助工程、安全生产、节能措施等技术可行性的各方面内容进行研究，根据工艺流程确定组织机构和人员培训方案，估算建设投资费用，进行筹资方案、生产成本、财务评价及国民经济评价分析等。

9.2.3 可行性研究的作用

(1) 作为经济主体投资决策的依据。可行性研究工作为投资者的最终决策提供直接的依据，这是建设项目投资建设的首要环节。项目主管机关主要根据项目可行性研究的评价结论，并结合国家财政经济条件和国民经济长远发展的需要，做出项目是否应该投资和如何投资的决定，对于整个项目建设过程乃至整个国民经济都有非常重要的意义。

(2) 作为编制设计文件的依据。可行性研究报告一经审批通过，意味着项目已经批准立项，可以进行初步设计了。可行性研究所确定的投资估算是控制初步设计概算的依据。

(3) 作为筹集资金和向银行申请贷款的依据。银行通过审查项目的可行性研究报告，确认了项目的赢利水平、偿债能力和风险状况，才能做出是否同意贷款的决定，包括国际金融组织的贷款。

(4) 作为建设单位与各协作单位签订合同或协议的依据。根据批准的可行性研究报告，项目法人可以与有关的协作单位签订原材料、燃料、动力、运输、设备采购、工程设计及施工等方面的合同或协议。

(5) 作为环保部门、地方政府和规划部门审批项目的依据。

(6) 作为施工组织设计、工程进度安排、竣工验收的依据。

(7) 作为项目建成投产后组织机构设置、劳动定员和职工培训计划的依据。

(8) 作为项目后评价的依据。

特别提示

由于可行性研究工作对于整个项目建设过程乃至整个国民经济都有非常重要的意义，为了保证可行性研究工作的科学性、客观性和公正性，有效地防止错误和遗漏，在可行性研究中，要做到以下3点：一是必须站在客观公正的立场进行调查研究，做好基础资料的收集工作，通过科学分析，得出项目是否可行的结论；二是可行性研究报告的内容和深度必须达到国家规定的标准，能够指导工程的初步设计；三是为保证可行性研究的工作质量，应保证咨询设计单位可行性研究工作有足够的工作周期，防止粗枝大叶，避免投资失误。

9.2.4 可行性研究的工作步骤

1. 签订委托协议

可行性研究编制单位与委托单位，就项目可行性研究工作的范围、重点、深度要求、完成时间、费用预算和质量要求交换意见，并签订委托协议，据以开展可行性研究各阶段的工作。

2. 组建工作小组

根据委托项目可行性研究的工作量、内容、范围、技术难度、时间要求等组建项目可行性研究工作小组。一般工业项目和交通运输项目可分为市场组、工艺技术组、设备组、工程组、总图运输及公用工程组、环保组、技术经济组等专业组。为使各专业组协调工作，保证可行性研究工作的总体质量，一般应由总工程师、总经济师负责统筹协调。

3. 制定工作计划

内容包括工作的范围、重点、深度、进度安排、人员配置、费用预算及《可行性研究报告》编制大纲，并与委托单位交换意见。

4. 市场调查和预测

各专业组根据《可行性研究报告》编制大纲进行实地调查，收集整理有关资料，包括市场和社会调查，行业主管部门调查，项目所在地区调查，项目涉及的有关企业、单位调查，收集项目建设、生产运营等各方面所必需的信息资料和数据，对项目未来原材料市场和产品市场供求进行定性和定量的分析。

5. 方案编制与优化

在调查研究收集资料的基础上，对项目的建设规模与产品方案、场址方案、技术方案、设备方案、工程方案、原材料供应方案、总图布置与运输方案、公用工程与辅助工程方案、环境保护方案、组织机构设置方案、实施进度方案以及项目投资与资金筹措方案等，进行方案论证比选优化，提出推荐方案。

6. 项目评价

对推荐方案进行环境评价、财务评价、国民经济评价、社会评价及风险分析，以判别项目的环境可行性、经济可行性、社会可行性和抗风险能力。其中经济评价是可行性研究的核心部分。当有关评价指标结论不足以支持项目方案成立时，应对原设计方案进行调整或重新设计。

7. 编写《可行性研究报告》

项目可行性研究各专业方案，经过技术经济论证和优化之后，由各专业组分工编写。经项目负责人衔接综合汇总后，提出《可行性研究报告》初稿。经委托单位审核，修改完善后，向委托方提出正式的可行性研究报告。

9.3 可行性研究的内容

9.3.1 《可行性研究报告》编制依据

(1) 项目建议书(初步可行性研究报告)及其批复文件。

(2) 国家经济和社会发展的长期规划，部门与地区规划，经济建设的指导方针、任务、产业政策、投资政策和技术经济政策以及国家和地方法规等。

(3) 包含项目所需全部市场信息的市场调研报告。

(4) 中外合资、合作项目各方签订的协议书或意向书。

(5) 进行可行性研究的委托合同。

(6) 有关机构发布的工程技术经济方面的标准、规范、定额及有关工程经济评价的基本参数、指标和规定。

(7) 有关工程选址、工程设计的水文、地质、气象、地理条件、市政配套条件的基础资料。

(8) 其他有关依据资料。

9.3.2 可行性研究的基本内容

各类建设项目可行性研究的内容及侧重点因行业特点而差异很大，但一般应包括以下几方面的内容。

(1) 投资必要性：主要根据市场调查及预测的结果，以及有关的产业政策等因素，论证项目投资建设的必要性。在投资必要性的论证上，一是要做好投资环境的分析，对构成投资环境的各种要素进行全面的分析论证；二是要做好市场研究，包括市场供求预测、竞争力分析、价格分析、市场细分、定位及营销策略论证。

(2) 技术可行性：主要从项目实施的技术角度，合理设计技术方案，并进行比选和评价。各行业不同项目技术可行性的研究内容及深度差别很大。对于工业项目，可行性研究的技术论证应达到能够比较明确地提出设备清单的深度；对于各种非工业项目，技术方案的论证也应达到目前工程方案初步设计的深度，以便与国际惯例接轨。

(3) 财务可行性：主要从项目及投资者的角度，设计合理财务方案；从企业理财的角度进行资本预算，评价项目的财务赢利能力，进行投资决策；从融资主体(企业)的角度评价股东投资收益、现金流量计划及债务清偿能力。

(4) 组织可行性：制订合理的项目实施进度计划、设计合理的组织机构、制订合适的培训计划等，保证项目顺利执行。

(5) 经济可行性：主要从资源配置的角度衡量项目的价值，评价项目在实现区域经济发展目标、有效配置经济资源、增加供应、创造就业、改善环境、提高人民生活等方面的效益。

(6) 社会可行性：主要分析项目对社会的影响，包括政治体制、方针政策、经济结构、法律道德、宗教民族、妇女儿童及社会稳定性等。

(7) 风险因素及对策：主要对项目的市场风险、技术风险、财务风险、组织风险、法律风险、经济及社会风险等风险因素进行评价，制定规避风险的对策，为项目全过程的风险管理提供依据。

特别提示

上述可行性研究的内容，适应于不同行业各种类型的建设项目。各类项目的可行性研究工作都是围绕上述内容进行论证的，但因行业特点不同内容上各有侧重。

知识链接

目前我国《建设项目经济评价方法与参数》(第 3 版)已于 2006 年 7 月 3 日由国家发展改革委和建设部以发改投资【2006】1325 号文印发，要求在投资项目的经济评价工作中使用。同时，有些地方或行业主管部门也在此基础上制定了适用于本地区或本行业的可行性研究报告大纲。

但现阶段我国仍缺乏对各类投资项目可行性研究的内容及深度进行统一规范的方法，目前各地区、各部门制定的各种可行性研究的规定，基本上都是以工业项目可行性研究的内容为主线制定的。

9.3.3 一般工业项目可行性研究报告的内容

每个建设项目应根据自身的技术经济特点来确定可行性研究的工作要点以及相应可行性研究报告的内容。一般工业项目可行性研究报告，可按以下结构和内容编写。

1. 项目总论

1.1 项目提出的背景

1.2 项目概况

1.3 问题与建议

2. 市场分析

2.1 市场现状调查

2.2 产品供需预测

2.3 价格预测

2.4 竞争力分析

2.5 市场风险分析

3. 建设条件和场址选择

3.1 场址现状

3.2 场址方案比选

3.3 推荐的场址方案

3.4 技术改造项目现有场址的利用情况

4. 建设规模与产品方案

4.1 建设规模与产品方案构成

4.2 建设规模与产品方案的比选

4.3 推荐的建设规模与产品方案

4.4 技术改造项目与原有设施利用情况

5. 技术方案、设备方案和工程方案

5.1 技术方案选择

5.2 主要设备方案选择
5.3 工程方案选择
5.4 技术改造项目改造前后的比较
6. 原材料燃料供应
6.1 主要原材料供应方案
6.2 燃料供应方案
7. 总图运输与公用辅助工程
7.1 总图布置方案
7.2 场内外运输方案
7.3 公用工程与辅助工程方案
7.4 技术改造项目现有公用辅助设施利用情况
8. 环境保护与劳动安全
8.1 节能措施
8.2 环境影响评价
8.3 劳动安全卫生与消防
9. 企业组织和劳动定员
9.1 组织机构设置及其适应性分析
9.2 人力资源配置
9.3 职工培训计划
10. 项目实施进度安排
10.1 建设工期
10.2 实施进度安排
10.3 技术改造项目建设与生产的衔接
11. 投资估算和资金筹措
11.1 建设投资和流动资金估算
11.2 筹资方案及分析
12. 财务效益、经济与社会效益评价
12.1 财务评价
12.2 国民经济评价
12.3 社会评价
12.4 风险评价
13. 可行性研究结论与建议

应用实例

下面是河北省定州某焦化有限公司10万吨甲醇建设项目可行性研究报告摘要。

1. 项目总论

1.1 项目名称

河北定州××焦化有限责任公司年产10万吨甲醇项目

1.2 项目承办单位

主办单位：河北定州××焦化有限公司

项目负责人：(略)

设计单位：化学工业第二设计院

1.3 项目背景

某焦化有限公司的主产品为焦炭，在生产焦炭的同时，产生的副产品为煤焦油、粗苯、焦炉气等。其中的焦炉气除生产自用外还有 2 亿立方米的富余。富余的焦炉气如果不能加工利用，放散到空气中会带来环境污染。在此前提下，企业对焦炉气的利用提出过 3 种方案：一是民用、二是发电、三是生产甲醇。城市煤气是焦炉气的最佳选择，不需要深加工即可作为城市燃料，代替煤炭，方便城市居民生活，改善环境质量，并创造经济效益。但定州市区人口较少，需求量有限。用来发电是焦炉气的另一种利用方式，由于发电量较大，企业自己只能利用一小部分，大部分必须进入国家电网，由于入网的电价较低，企业利润微薄。利用焦炉气生产甲醇，国内已有多个成功的先例，其技术成熟可靠，产品甲醇是基本化工原料，又可代替部分汽油作汽车燃料，具有广阔的市场前景，同时可根治焦炉气带来的环境污染，具有很好的经济效益和社会效益，符合循环经济的要求，是多种方案比较后的最佳选择。

1.4 研究工作依据(略)

1.5 研究工作概况

(1) 项目建设的必要性。(略)

(2) 项目发展及可行性研究工作的进展概况。(略)

1.6 可行性研究结论 (略)

2. 甲醇市场预测和项目规模

2.1 国内甲醇市场供需分析

2003 和 2004 年我国甲醇年消费量分别为 434 万吨和 573 万吨，主要应用于：甲醇衍生物占 69%，燃料占 7%，溶剂占 5%，医药占 6.5%，农药占 8.5%，其他占 4%。甲醇的衍生物有 100 多种，近年来消费量增长迅速，年均增长率达 14%。在甲醇下游产品中，甲醛占 30%，醋酸占 12%，甲胺占 4.7%，甲基丙烯酸甲酯占 10%。

综上所述，2003 和 2004 年国内市场对甲醇的总需求量分别为 434 万吨和 573 万吨。2005 年我国甲醇需求量仍保持较高速度增长，预计消费总量将超过 600 万吨。近年来甲醇燃料方面的消费量发展较快，尽管国家尚未出台相关政策法规和标准，但甲醇燃料消费已经成为驱动甲醇需求的主要动力之一。据相关实验结果表明，普通轿车使用掺烧比 15% 的甲醇燃料，一氧化碳和碳氢化合物排放比使用 93 号汽油分别降低 23.2%和 28.5%；面包车分别降低 40%和 36.7%。按目前我国每年消耗成品油 1 亿吨计算，如果掺烧 15%的甲醇(M15)，就可节省 1 500 万吨成品油；按每 2 吨原油能生产 1 吨成品油计算，一年能代替 3 000 万吨原油。在高油价的今天，甲醇经济的发展黄金时代已经到来，它将成为石油经济的重要补充。

近几年来，我国甲醇产量上升速度非常迅速。1998 年产量为 148.87 万吨，2000 年为 198.69 万吨，2003 年为 326 万吨，2004 年达到 440.65 万吨，2005 年预计达到 560 万吨，供需基本平衡。其中，甲醛领域消耗甲醇最多，而甲醛是生产胶合板的原料。我国现有四大胶合板基地中有两个在河北，距项目选址在 200km 以内，年消耗甲醇 50 万吨以上，较远的(山东临沂和江苏邳州)也在 500km 以内，年消耗甲醇 100 万吨以上。

2.2 计划产量、销售方向

根据该公司焦炉气的年产量，确定该项目计划年产量为 10 万吨/年。销售方向是全国市场，重点是华北市场；同时也可以进行出口业务，进军国际市场。以甲醛生产企业为主，并密切关注国家关于甲醇燃料方面的相关政策法规，适时调整销售方向。

2.3 产品定价及销售收入预测

中国万维化工的统计资料表明6年来甲醇的平均价格是2 013元/吨，产品拟定价格为1 800元/吨。

2.4 主要产品及副产品品种和产量(表9-1)

产品方案：公称规模：100kt/a n 生产规模：93.12kt/a n

年生产时间：8 000 h

产品质量标准：GB 338—92

表9-1　品种和产量

项目	单位	数量
甲醇	kt/a	93.12
杂醇油	kt/a	0.38
甲醇池放气(外送)	nm^3/h	7 531
消耗循环水	m^3/h	5 550
蒸汽	t/h	41
新鲜水	t/a	196.45
焦炉气	nm^3/h	25 000
化学品	t/a	1 001.3
煤	t/a	43 200
电	kwh/a	62 920 000

3. 原材料、燃料和动力供应

(1) 原材料、主要辅助材料需用量及供应。

(2) 燃料动力及其他公用设施的供应。

① 燃料品种的选择。

② 电力最大需用负荷、供电来源及其稳定性。

③ 最大需水量、水源。

④ 热源及供热要求。

⑤ 其他设施。

(3) 主要原材料、燃料动力费用估算。

4. 厂址选择

4.1 该项目的地理位置、占地面积及自然条件

4.2 水源、水文及地质条件

4.3 基础设施

(1) 供电、电源情况。

(2) 供水、水源情况。

(3) 运输。

(4) 排水。

(5) 电讯、供热、供气等公用设施情况。

(6) 施工条件。

(7) 市政建设及生活设施。

4.4 社会经济条件

5. 项目工程技术方案

5.1 采用的生产方法、工艺技术

(1) 甲醇生产的流程简图。(略)

(2) 生产过程简介:

由焦化厂气柜加压站送来的焦炉气，首先进入湿法脱硫装置将气体中的无机硫脱至 20mg/nm^3，之后送焦炉气压缩机增压至 2.5MPa 后进入精脱硫装置，将气体中的总硫脱至 0.1ppm 以下，然后采用纯氧催化部分氧化转化工艺将焦炉气中的甲烷及少量多碳烃转化为合成甲醇的有用成分——一氧化碳和氢，经合成气压缩机压至 6.0MPa，进入甲醇合成装置生产粗甲醇，粗甲醇经三塔精馏得到产品。

5.2 项目组成

(1) 主要的生产车间、辅助生产车间、公用工程、生活设施。(略)

(2) 总平面布置图。(略)

5.3 设备方案(表 9-2)

表 9-2 设备方案表

空分装置	为工艺装置提供氧气和氮气
粗脱硫塔	对焦炉气进行初步净化
焦炉气压缩机	焦炉气增压
合成气压缩机	转化气增压、合成气循环压缩
精脱硫槽	对焦炉气进行精密的净化，满足催化剂的要求
转化炉	将焦炉气转化为合成气，核心是甲烷转化为一氧化碳和氢气
合成塔	合成气在催化剂的作用下转化为粗甲醇
精馏塔	进行甲醇的提纯加工

6. 工厂组织及劳动定员

6.1 工厂组织形式和劳动制度

6.2 全厂总定员及各类人员需要量

6.3 劳动力来源

7. 劳动安全与环境保护

8. 项目建设进度及分阶段投资计划

9. 投资估算和资金筹措

9.1 投资估算(表 9-3)

表 9-3 投资估算表

项目	金额/万元
土地购置费	900.00
安装工程费	5 471.50
建筑工程费	3 562.00
铺底流动资金	304.58
设备购置费	16 848.75
其他费用	4 653.80
投资合计	31 740.63

9.2 筹资方案及资金来源

10. 项目财务和经济评价

10.1 销售收入、销项税金及附加估算

10.2 原材料、燃料、动力成本、进项税金及附加估算表
10.3 财务评价
10.4 国民经济评价
11. 社会评价
12. 风险评价
13. 项目综合评价结论

综上所述，该项目采用的技术先进合理，项目投产后预计年销售收入 16 575.61 万元，年销售税金 1 733.61 万元，年利润总额 3 956.45 万元，年所得税 1 305.63 万元，同时还能安排就业 323 人，具有很好的经济效益和社会效益。

建设单位应加强对甲醇市场的预测和分析，以避免市场风险。

本章小结

建设项目的可行性研究是项目前期的主要工作内容，也是决定投资成败的关键环节，对于项目的科学决策有着至关重要的作用。本章主要介绍了可行性研究的概念、作用、编制步骤、编制依据及主要内容，并以一般工业项目为例，说明了可行性研究报告的格式和内容。

复习思考题

一、选择题

1. 关于可行性研究报告的内容，下面说法正确的有(　　)。

A. 包括建设规模的确定
B. 包括技术方案、设备方案和工程方案
C. 不包括投产后的组织机构和人力资源配置
D. 不考虑劳动安全和卫生

2. 可行性研究的核心是(　　)。

A. 经济评价　　B. 建设条件与设计方案论证
C. 投资估算　　D. 市场调查与预测

3. 经批准的可行性研究报告的投资估算作为编制(　　)的依据。

A. 施工图预算　　B. 修正概算　　C. 初步设计概算　　D. 工程结算

4. 可行性研究的 3 个阶段包括(　　)。

A. 机会研究　　B. 初步可行性研究　　C. 详细可行性研究　　D. 项目后评估

5. 关于可行性研究，下列哪些说法是正确的？(　　)

A. 可作为资金筹措和向银行申请贷款的依据
B. 作为建设单位与有关部门、单位签订合同、协议的依据
C. 作为项目投产后机构设置的依据
D. 作为签订工程施工合同的依据

二、简答题

1. 对工程项目为什么要进行可行性研究？研究的主要内容有哪些？

2. 可行性研究的程序是什么？

三、论述题

工程项目可行性研究的实质是什么？试通过一个简单的例子，分析工程项目因为没有进行可行性研究而可能产生的不良后果。

附录　复利系数表

1%的复利系数表

年份	一次支付		等额系列			
	终值系数	现值系数	年金终值系数	年金现值系数	资本回收系数	偿债基金系数
n	(F/P, i, n)	(P/F, i, n)	(F/A, i, n)	(P/A, i, n)	(A/P, i, n)	(A/F, i, n)
1	1.010	0.990 1	1.000	0.991 0	1.010 0	1.000 0
2	1.020	0.980 3	2.010	1.970 4	0.507 5	0.497 5
3	1.030	0.970 6	3.030	2.940 1	0.430 0	0.330 0
4	1.041	0.961 0	4.060	3.902 0	0.256 3	0.246 3
5	1.051	0.951 5	5.101	4.853 4	0.206 0	0.196 0
6	1.062	0.942 1	6.152	5.795 5	0.172 6	0.162 6
7	1.702	0.932 7	7.214	6.728 2	0.148 6	0.138 6
8	1.083	0.923 5	8.286	7.651 7	0.130 7	0.120 7
9	1.094	0.914 3	9.369	8.566 0	0.116 8	0.106 8
10	1.105	0.905 3	10.426	9.471 3	0.105 6	0.095 6
11	1.116	0.896 3	11.567	10.367 6	0.096 5	0.086 5
12	1.127	0.887 5	12.683	11.255 1	0.088 9	0.078 9
13	1.138	0.878 7	13.809	12.133 8	0.082 4	0.072 4
14	1.149	0.870 0	14.974	13.003 7	0.076 9	0.066 9
15	1.161	0.861 4	16.097	13.865 1	0.072 1	0.062 1
16	1.173	0.852 8	17.258	14.719 1	0.068 0	0.058 0
17	1.184	0.844 4	18.430	15.562 3	0.063 4	0.054 3
18	1.196	0.836 0	19.615	16.398 3	0.061 0	0.051 0
19	1.208	0.827 7	20.811	17.226 0	0.058 1	0.048 1
20	1.220	0.819 6	22.019	18.045 6	0.055 4	0.045 4
21	1.232	0.811 4	23.239	18.857 0	0.053 0	0.043 0
22	1.245	0.803 4	24.472	19.660 4	0.050 9	0.040 9
23	1.257	0.795 5	25.716	20.455 8	0.048 9	0.038 9
24	1.270	0.787 6	26.973	21.243 4	0.047 1	0.037 1
25	1.282	0.779 8	28.243	22.023 2	0.045 4	0.035 4
26	1.295	0.772 1	29.526	22.795 2	0.043 9	0.033 9
27	1.308	0.764 4	30.821	23.559 6	0.042 5	0.032 5
28	1.321	0.756 8	32.129	24.316 5	0.041 1	0.031 1
29	1.335	0.749 4	33.450	25.065 8	0.039 9	0.029 9
30	1.348	0.741 9	34.785	25.807 7	0.038 8	0.028 8
31	1.361	0.734 6	36.133	26.542 3	0.037 7	0.027 7
32	1.375	0.727 3	37.494	27.269 6	0.036 7	0.026 7
33	1.389	0.720 1	38.869	27.989 7	0.035 7	0.025 7
34	1.403	0.713 0	40.258	28.702 7	0.034 8	0.024 8
35	1.417	0.705 0	41.660	29.408 6	0.034 0	0.024 0

3%的复利系数表

年份	一次支付		等额系列			
	终值系数	现值系数	年金终值系数	年金现值系数	资本回收系数	偿债基金系数
n	(F/P, i,n)	(P/F, i,n)	(F/A, i,n)	(P/A, i,n)	(A/P, i,n)	(A/F, i,n)
1	1.030	0.970 9	1.000	0.970 9	1.030 0	1.000 0
2	1.061	0.942 6	2.030	1.913 5	0.522 6	0.492 6
3	1.093	0.915 2	3.091	2.828 6	0.353 5	0.323 5
4	1.126	0.888 5	4.184	3.717 1	0.269 0	0.239 0
5	1.159	0.862 6	5.309	4.579 7	0.218 4	0.188 4
6	1.194	0.837 5	6.468	5.417 2	0.184 6	0.154 6
7	1.230	0.813 1	7.662	6.230 3	0.160 5	0.130 5
8	1.267	0.789 4	8.892	7.019 7	0.142 5	0.112 5
9	1.305	0.766 4	10.159	7.786 1	0.128 4	0.098 4
10	1.344	0.744 1	11.464	8.530 2	0.117 2	0.087 2
11	1.384	0.722 4	12.808	9.252 6	0.108 1	0.078 1
12	1.426	0.701 4	14.192	9.954 0	0.100 5	0.070 5
13	1.469	0.681 0	15.618	10.645 0	0.094 0	0.064 0
14	1.513	0.661 1	17.086	11.296 1	0.088 5	0.058 5
15	1.558	0.641 9	18.599	11.937 9	0.083 8	0.053 8
16	1.605	0.623 2	20.157	12.561 1	0.079 6	0.049 6
17	1.653	0.605 0	21.762	13.166 1	0.076 0	0.046 0
18	1.702	0.587 4	23.414	13.753 5	0.072 7	0.042 7
19	1.754	0.570 3	25.117	14.323 8	0.069 8	0.039 8
20	1.806	0.553 7	26.870	14.877 5	0.067 2	0.037 2
21	1.860	0.537 6	28.676	15.415 0	0.064 9	0.034 9
22	1.916	0.521 9	30.537	15.936 9	0.062 8	0.032 8
23	1.974	0.506 7	32.453	16.443 6	0.060 8	0.030 8
24	2.033	0.491 9	34.426	16.935 6	0.059 1	0.029 1
25	2.094	0.477 6	36.495	17.413 2	0.057 4	0.027 4
26	2.157	0.463 7	38.553	17.876 9	0.055 9	0.025 9
27	2.221	0.450 2	40.710	18.327 0	0.054 6	0.024 6
28	2.288	0.437 1	42.931	18.764 1	0.053 3	0.023 3
29	2.357	0.424 4	45.219	19.188 5	0.052 1	0.022 1
30	2.427	0.412 0	47.575	19.600 5	0.051 0	0.021 0
31	2.500	0.400 0	50.003	20.000 4	0.050 0	0.020 0
32	2.575	0.388 3	52.503	20.388 8	0.049 1	0.019 1
33	2.652	0.377 0	55.078	20.765 8	0.048 2	0.018 2
34	2.732	0.366 1	57.730	21.131 8	0.047 3	0.017 3
35	2.814	0.355 4	60.462	21.487 2	0.046 5	0.016 5

4%的复利系数表

年份	一次支付		等额系列			
	终值系数	现值系数	年金终值系数	年金现值系数	资本回收系数	偿债基金系数
n	(*F/P, i,n*)	(*P/F, i,n*)	(*F/A, i,n*)	(*P/A, i,n*)	(*A/P, i,n*)	(*A/F, i,n*)
1	1.040	0.961 5	1.000	0.961 5	1.040 0	1.000
2	1.082	0.924 6	2.040	1.886 1	0.530 2	0.490 2
3	1.125	0.889 0	3.122	2.775 1	0.360 4	0.320 4
4	1.170	0.854 8	4.246	3.619 9	0.275 5	0.235 5
5	1.217	0.821 9	5.416	4.451 8	0.224 6	0.184 6
6	1.265	0.790 3	6.633	5.242 1	0.190 8	0.150 8
7	1.316	0.759 9	7.898	6.002 1	0.166 6	0.126 6
8	1.396	0.730 7	9.214	6.738 2	0.148 5	0.108 5
9	1.423	0.702 6	10.583	7.435 1	0.134 5	0.094 5
10	1.480	0.675 6	12.006	8.110 9	0.123 3	0.083 3
11	1.539	0.649 6	13.486	8.760 5	0.114 2	0.074 2
12	1.601	0.624 6	15.036	9.385 1	0.106 6	0.066 6
13	1.665	0.600 6	16.627	9.985 7	0.100 2	0.060 2
14	1.732	0.577 5	18.292	10.563 1	0.094 7	0.054 7
15	1.801	0.555 3	20.024	11.118 4	0.090 0	0.050 0
16	1.873	0.533 9	21.825	11.652 3	0.085 8	0.045 8
17	1.948	0.513 4	23.698	12.165 7	0.082 2	0.042 2
18	2.026	0.493 6	25.645	12.659 3	0.079 0	0.039 0
19	2.107	0.474 7	27.671	13.133 9	0.076 1	0.036 1
20	2.191	0.456 4	29.778	13.509 3	0.073 6	0.033 6
21	2.279	0.438 8	31.969	14.029 2	0.071 3	0.031 3
22	2.370	0.422 0	34.248	14.451 1	0.069 2	0.029 2
23	2.465	0.405 7	36.618	14.856 9	0.067 3	0.027 3
24	2.563	0.390 1	39.083	15.247 0	0.065 6	0.025 6
25	2.666	0.375 1	41.646	15.622 1	0.064 0	0.024 0
26	2.772	0.306 7	44.312	15.982 8	0.062 6	0.022 6
27	2.883	0.346 8	47.084	16.329 6	0.061 2	0.021 2
28	2.999	0.333 5	49.968	16.663 1	0.060 0	0.020 0
29	3.119	0.320 7	52.966	16.987 3	0.058 9	0.018 9
30	3.243	0.308 3	56.085	17.292 0	0.057 8	0.017 8
31	3.373	0.296 5	59.328	17.588 5	0.056 9	0.016 9
32	3.508	0.285 1	62.701	17.873 6	0.056 0	0.016 0
33	3.648	0.274 1	66.210	18.147 7	0.055 1	0.015 1
34	3.794	0.263 6	69.858	18.411 2	0.054 3	0.014 3
35	3.946	0.253 4	73.652	18.664 6	0.053 6	0.013 6

5%的复利系数表

年份	一次支付		等额系列			
	终值系数	现值系数	年金终值系数	年金现值系数	资本回收系数	偿债基金系数
n	(F/P, i,n)	(P/F, i,n)	(F/A, i,n)	(P/A, i,n)	(A/P, i,n)	(A/F, i,n)
1	1.050	0.952 4	1.000	0.952 4	1.050 0	1.000
2	1.103	0.907 0	2.050	1.859 4	0.537 8	0.487 8
3	1.158	0.863 8	3.153	2.723 3	0.367 2	0.317 2
4	1.216	0.822 7	4.310	3.546 0	0.282 0	0.232 0
5	1.276	0.783 5	5.526	4.329 5	0.231 0	0.181 0
6	1.340	0.746 2	6.802	5.075 7	0.197 0	0.147 0
7	1.407	0.710 7	8.142	5.786 4	0.172 8	0.122 8
8	1.477	0.676 8	9.549	6.463 2	0.154 7	0.104 7
9	1.551	0.644 6	11.027	7.107 8	0.140 7	0.090 7
10	1.629	0.613 9	12.587	7.721 7	0.129 5	0.079 5
11	1.710	0.584 7	14.207	8.306 4	0.120 4	0.070 4
12	1.796	0.556 8	15.917	8.863 3	0.112 8	0.062 8
13	1.886	0.530 3	17.713	9.393 6	0.106 5	0.056 5
14	1.980	0.505 1	19.599	9.898 7	0.101 0	0.051 0
15	2.079	0.481 0	21.597	10.379 7	0.096 4	0.046 4
16	2.183	0.458 1	23.658	10.837 3	0.093 2	0.043 2
17	2.292	0.436 3	25.840	11.274 1	0.088 7	0.038 7
18	2.407	0.415 5	28.132	11.689 6	0.085 6	0.035 6
19	2.527	0.395 7	30.539	12.085 3	0.082 8	0.032 8
20	2.653	0.376 9	33.066	12.462 2	0.080 3	0.030 3
21	2.786	0.359 0	35.719	12.821 2	0.078 0	0.028 0
22	2.925	0.341 9	38.505	13.163 0	0.076 0	0.026 0
23	3.072	0.325 6	41.430	13.488 6	0.074 1	0.024 1
24	3.225	0.310 1	44.502	13.798 7	0.072 5	0.022 5
25	3.386	0.295 3	47.727	14.094 0	0.071 0	0.021 0
26	3.556	0.281 3	51.113	14.375 3	0.069 6	0.019 6
27	3.733	0.267 9	54.669	14.634 0	0.068 3	0.018 3
28	3.920	0.255 1	58.403	14.898 1	0.067 1	0.017 1
29	4.116	0.243 0	62.323	15.141 1	0.066 1	0.016 1
30	4.322	0.231 4	66.439	15.372 5	0.065 1	0.015 1
31	4.538	0.220 4	70.761	15.592 8	0.064 1	0.014 1
32	4.765	0.209 9	75.299	15.802 7	0.063 3	0.013 3
33	5.003	0.199 9	80.064	16.002 6	0.062 5	0.012 5
34	5.253	0.190 4	85.067	16.192 9	0.061 8	0.011 8
35	5.516	0.181 3	90.320	16.374 2	0.061 1	0.011 1

6%的复利系数表

年份	一次支付		等额系列			
	终值系数	现值系数	年金终值系数	年金现值系数	资本回收系数	偿债基金系数
n	(*F/P, i,n*)	(*P/F, i,n*)	(*F/A, i,n*)	(*P/A, i,n*)	(*A/P, i,n*)	(*A/F, i,n*)
1	1.060	0.943 4	1.000	0.943 4	1.060 0	1.000
2	1.124	0.890 0	2.060	1.833 4	0.545 4	0.485 4
3	1.191	0.839 6	3.184	2.670 4	0.374 1	0.314 1
4	1.262	0.729 1	4.375	3.456 1	0.288 6	0.228 6
5	1.338	0.747 3	5.637	4.212 4	0.237 4	0.177 4
6	1.419	0.705 0	6.975	4.917 3	0.203 4	0.143 4
7	1.504	0.665 1	8.394	5.582 4	0.179 1	0.119 1
8	1.594	0.627 4	9.897	6.209 8	0.161 0	0.101 0
9	1.689	0.591 9	11.491	6.807 1	0.147 0	0.087 0
10	1.791	0.558 4	13.181	7.360 1	0.135 9	0.075 9
11	1.898	0.526 8	14.972	7.886 9	0.126 8	0.066 8
12	2.012	0.497 0	16.870	8.383 9	0.119 3	0.059 3
13	2.133	0.468 8	18.882	8.852 7	0.113 0	0.053 0
14	2.261	0.442 3	21.015	9.295 6	0.107 6	0.047 6
15	2.397	0.417 3	23.276	9.712 3	0.103 0	0.043 0
16	2.540	0.393 7	25.673	10.105 9	0.099 0	0.039 0
17	2.693	0.371 4	28.213	10.477 3	0.095 5	0.035 5
18	2.854	0.350 4	30.906	10.827 6	0.092 4	0.032 4
19	3.026	0.330 5	33.760	11.158 1	0.089 6	0.029 6
20	3.207	0.311 8	36.786	11.469 9	0.087 2	0.027 2
21	3.400	0.294 2	39.993	11.764 1	0.085 0	0.025 0
22	3.604	0.277 5	43.329	12.046 1	0.083 1	0.023 1
23	3.820	0.261 8	46.996	12.303 4	0.081 3	0.021 3
24	4.049	0.247 0	50.816	12.550 4	0.079 7	0.019 7
25	4.292	0.233 0	54.865	12.783 4	0.078 2	0.018 2
26	4.549	0.219 8	59.156	13.003 2	0.076 9	0.016 9
27	4.822	0.207 4	63.706	13.210 5	0.075 7	0.015 7
28	5.112	0.195 6	68.528	13.406 2	0.074 6	0.014 6
29	5.418	0.184 6	73.640	13.590 7	0.073 6	0.013 6
30	5.744	0.174 1	79.058	13.764 8	0.072 7	0.012 7
31	6.088	0.164 3	84.802	13.929 1	0.071 8	0.011 8
32	6.453	0.155 0	90.890	14.084 1	0.071 0	0.011 0
33	6.841	0.146 2	97.343	14.230 2	0.070 3	0.010 3
34	7.251	0.137 9	104.184	14.368 2	0.069 6	0.009 6
35	7.686	0.130 1	111.435	14.498 3	0.069 0	0.009 0

7%的复利系数表

年份	一次支付		等额系列			
	终值系数	现值系数	年金终值系数	年金现值系数	资本回收系数	偿债基金系数
n	$(F/P, i,n)$	$(P/F, i,n)$	$(F/A, i,n)$	$(P/A, i,n)$	$(A/P, i,n)$	$(A/F, i,n)$
1	1.070	0.934 6	1.000	0.934 6	1.070 0	1.000
2	1.145	0.873 4	2.070	1.808 0	0.553 1	0.483 1
3	1.225	0.816 3	3.215	2.623 4	0.381 1	0.311 1
4	1.311	0.762 9	4.440	3.387 2	0.295 2	0.225 2
5	1.403	0.713 0	5.751	4.100 2	0.243 9	0.173 9
6	1.501	0.666 4	7.153	4.766 5	0.209 8	0.139 8
7	1.606	0.622 8	8.645	5.389 3	0.185 6	0.115 6
8	1.718	0.528 0	10.260	5.971 3	0.167 5	0.097 5
9	1.838	0.543 9	11.978	6.515 2	0.153 5	0.083 5
10	1.967	0.508 4	13.816	7.023 6	0.142 4	0.072 4
11	2.105	0.475 1	15.784	7.498 7	0.133 4	0.063 4
12	2.252	0.444 0	17,888	7.942 7	0.125 9	0.055 9
13	2.410	0.415 0	20.141	8.357 7	0.119 7	0.049 7
14	2.597	0.387 8	22.550	8.745 5	0.114 4	0.044 4
15	2.759	0.362 5	25.129	9.107 9	0.109 8	0.039 8
16	2.952	0.338 7	27.888	9.446 7	0.105 9	0.035 9
17	3.159	0.316 6	30.840	9.763 2	0.102 4	0.032 4
18	3.380	0.295 9	33.999	10.059 1	0.099 4	0.029 4
19	3.617	0.276 5	37.379	10.335 6	0.096 8	0.026 8
20	3.870	0.258 4	40.996	10.594 0	0.094 4	0.024 4
21	4.141	0.241 5	44.865	10.835 5	0.092 3	0.022 3
22	4.430	0.225 7	49.006	11.061 3	0.090 4	0.020 4
23	4.741	0.211 0	53.436	11.272 2	0.088 7	0.018 7
24	5.072	0.197 2	58.177	11.469 3	0.087 2	0.017 2
25	5.427	0.184 3	63.249	11.653 6	0.085 8	0.015 8
26	5.807	0.172 2	68.676	11.825 8	0.084 6	0.014 6
27	6.214	0.160 9	74.484	11.986 7	0.083 4	0.013 4
28	6.649	0.150 4	80.698	12.137 1	0.082 4	0.012 4
29	7.114	0.140 6	87.347	12.277 7	0.081 5	0.011 5
30	7.612	0.131 4	94.461	12.409 1	0.080 6	0.010 6
31	8.145	0.122 8	102.073	12.531 8	0.079 8	0.009 8
32	8.715	0.114 8	110.218	12.646 6	0.079 1	0.009 1
33	9.325	0.107 2	118.933	12.753 8	0.078 4	0.008 4
34	9.978	0.100 2	128.259	12.854 0	0.077 8	0.007 8
35	10.677	0.093 7	138.237	12.947 7	0.077 2	0.007 2

8%的复利系数表

年份	一次支付		等额系列			
	终值系数	现值系数	年金终值系数	年金现值系数	资本回收系数	偿债基金系数
n	(*F/P, i,n*)	(*P/F, i,n*)	(*F/A, i,n*)	(*P/A, i,n*)	(*A/P, i,n*)	(*A/F, i,n*)
1	1.080	0.925 9	1.000	0.925 9	1.080 0	1.000 0
2	1.166	0.857 3	2.080	1.783 3	0.560 8	0.480 8
3	1.260	0.793 8	3.246	2.577 1	0.388 0	0.308 0
4	1.360	0.735 0	4.506	3.312 1	0.301 9	0.221 9
5	1.496	0.680 6	5.867	3.992 7	0.250 5	0.170 5
6	1.587	0.630 2	7.336	4.622 9	0.216 3	0.136 3
7	1.714	0.583 5	8.923	5.206 4	0.192 1	0.112 1
8	1.851	0.540 3	10.637	5.746 6	0.174 0	0.094 0
9	1.999	0.500 3	12.488	6.246 9	0.160 1	0.080 1
10	2.159	0.463 2	14.487	6.710 1	0.149 0	0.069 0
11	2,332	0.428 9	16.645	7.139 0	0.140 1	0.060 1
12	2.518	0.397 1	18.977	7.536 1	0.132 7	0.052 7
13	2.720	0.367 7	21.459	7.803 8	0.126 5	0.046 5
14	2.937	0.340 5	24.215	8.244 2	0.121 3	0.041 3
15	3.172	0.315 3	27.152	8.559 5	0.116 8	0.036 8
16	3.426	0.291 9	30.324	8.851 4	0.113 0	0.033 0
17	3.700	0.270 3	33.750	9.121 6	0.109 6	0.029 6
18	3.996	0.250 3	37.450	9.371 9	0.106 7	0.026 7
19	4.316	0.231 7	41.446	9.603 6	0.104 1	0.024 1
20	4.661	0.214 6	45.762	9.818 2	0.101 9	0.021 9
21	5.034	0.198 7	50.423	10.016 8	0.099 8	0.019 8
22	5.437	0.184 0	55.457	10.200 8	0.098 0	0.018 0
23	5.871	0.170 3	60.893	10.371 1	0.096 4	0.016 4
24	6.341	0.157 7	66.765	10.528 8	0.095 0	0.015 0
25	6.848	0.146 0	73.106	10.674 8	0.093 7	0.013 7
26	7.396	0.135 2	79.954	10.810 0	0.092 5	0.012 5
27	7.988	0.125 2	87.351	10.935 2	0.091 5	0.011 5
28	8.627	0.115 9	95.339	11.051 1	0.090 5	0.010 5
29	9.317	0.107 3	103.966	11.158 4	0.089 6	0.009 6
30	10.063	0.099 4	113.283	11.257 8	0.088 8	0.008 8
31	10.868	0.092 0	123.346	11.349 8	0.088 1	0.008 1
32	11.737	0.085 2	134.214	11.435 0	0.087 5	0.007 5
33	12.676	0.078 9	145.951	11.513 9	0.086 9	0.006 9
34	13.690	0.073 1	158.627	11.586 9	0.086 3	0.006 3
35	14.785	0.067 6	172.317	11.654 6	0.085 8	0.005 8

9%的复利系数表

年份	一次支付		等额系列			
	终值系数	现值系数	年金终值系数	年金现值系数	资本回收系数	偿债基金系数
n	(*F/P, i,n*)	(*P/F, i,n*)	(*F/A, i,n*)	(*P/A,in*)	(*A/P, i,n*)	(*A/F, i,n*)
1	1.090	0.917 4	1.000	0.917 4	1.090 0	1.000 0
2	1.188	0.841 7	2.090	1.759 1	0.568 5	0.478 5
3	1.295	0.772 2	3.278	2.531 3	0.395 1	0.305 1
4	1.412	0.708 4	4.573	3.239 7	0.308 7	0.218 7
5	1.539	0.649 9	5.985	3.889 7	0.257 1	0.167 1
6	1.677	0.596 3	7.523	4.485 9	0.222 9	0.132 9
7	1.828	0.547 0	9.200	5.033 0	0.198 7	0.108 7
8	1.993	0.501 9	11.028	5.534 8	0.180 7	0.090 7
9	2.172	0.460 4	13.021	5.995 3	0.166 8	0.076 8
10	2.367	0.422 4	15.193	6.417 7	0.155 8	0.065 8
11	2.580	0.387 5	17.560	6.805 2	0.147 0	0.057 0
12	2.813	0.355 5	20.141	7.160 7	0.139 7	0.049 7
13	3.066	0.326 2	22.953	7.486 9	0.133 6	0.043 6
14	3.342	0.299 3	26.019	7.786 2	0.128 4	0.038 4
15	3.642	0.274 5	29.361	8.060 7	0.124 1	0.034 1
16	3.970	0.251 9	33.003	8.312 6	0.120 3	0.030 3
17	4.328	0.231 1	36.974	8.543 6	0.117 1	0.027 1
18	4.717	0.212 0	41.301	8.755 6	0.114 2	0.024 2
19	5.142	0.194 5	46.018	8.950 1	0.111 7	0.021 7
20	5.604	0.178 4	51.160	9.128 6	0.109 6	0.019 6
21	6.109	0.163 7	56.765	9.202 3	0.107 6	0.017 6
22	6.659	0.150 2	62.873	9.442 4	0.105 9	0.015 9
23	7.258	0.137 8	69.532	9.580 2	0.104 4	0.014 4
24	7.911	0.126 4	76.790	9.706 6	0.103 0	0.013 0
25	8.623	0.116 0	84.701	9.822 6	0.101 8	0.011 8
26	9.399	0.106 4	93.324	9.929 0	0.100 7	0.010 7
27	10.245	0.097 6	102.723	10.026 6	0.099 7	0.009 7
28	11.167	0.089 6	112.968	10.116 1	0.098 9	0.008 9
29	12.172	0.082 2	124.135	10.198 3	0.098 1	0.008 1
30	13.268	0.075 4	136.308	10.273 7	0.097 3	0.007 3
31	14.462	0.069 2	149.575	10.342 8	0.096 7	0.006 7
32	15.763	0.063 4	164.037	10.406 3	0.096 1	0.006 1
33	17.182	0.058 2	179.800	10.464 5	0.095 6	0.005 6
34	18.728	0.053 4	196.982	10.517 8	0.095 1	0.005 1
35	20.414	0.049 0	215.711	10.568	0.094 6	0.004 6

10%的复利系数表

年份	一次支付		等额系列			
	终值系数	现值系数	年金终值系数	年金现值系数	资本回收系数	偿债基金系数
n	(F/P, i,n)	(P/F, i,n)	(F/A, i,n)	(P/A, i,n)	(A/P, i,n)	(A/F, i,n)
1	1.100	0.909 1	1.000	0.909 1	1.100 0	1.000 0
2	1.210	0.826 5	2.100	1.735 5	0.576 2	0.476 2
3	1.331	0.751 3	3.310	2.486 9	0.402 1	0.302 1
4	1.464	0.688 0	4.641	3.169 9	0.315 5	0.215 5
5	1.611	0.629 9	6.105	3.790 8	0.263 8	0.163 8
6	1.772	0.564 5	7.716	4.355 3	0.229 6	0.129 6
7	1.949	0.513 2	9.487	4.868 4	0.205 4	0.105 4
8	2.144	0.466 5	11.436	5.334 9	0.187 5	0.087 5
9	2.358	0.424 1	13.579	5.759 0	0.173 7	0.073 7
10	2.594	0.385 6	15.937	6.144 6	0.162 8	0.062 8
11	2.853	0.350 5	18.531	6.495 1	0.154 0	0.054 0
12	3.138	0.318 6	21.384	6.813 7	0.146 8	0.046 8
13	3.452	0.289 7	24.523	7.103 4	0.140 8	0.040 8
14	3.798	0.263 3	27.975	7.366 7	0.135 8	0.035 8
15	4.177	0.239 4	31.772	7.606 1	0.131 5	0.031 5
16	4.595	0.217 6	35.950	7.823 7	0.127 8	0.027 8
17	5.054	0.197 9	40.545	8.021 6	0.124 7	0.024 7
18	5.560	0.179 9	45.599	8.201 4	0.121 9	0.021 9
19	6.116	0.163 5	51.159	8.364 9	0.119 6	0.019 6
20	6.728	0.148 7	57.275	8.513 6	0.117 5	0.017 5
21	7.400	0.135 1	64.003	8.648 7	0.115 6	0.015 6
22	8.140	0.122 9	71.403	8.771 6	0.114 0	0.014 0
23	8.954	0.111 7	79.543	8.883 2	0.112 6	0.012 6
24	9.850	0.101 5	88.497	8.984 8	0.111 3	0.011 3
25	10.835	0.092 3	98.347	9.077 1	0.110 2	0.010 2
26	11.918	0.083 9	109.182	9.161 0	0.109 2	0.009 2
27	13.110	0.076 3	121.100	9.237 2	0.108 3	0.008 3
28	14.421	0.069 4	134.210	9.306 6	0.107 5	0.007 5
29	15.863	0.063 0	148.631	9.369 6	0.106 7	0.006 7
30	17.449	0.057 3	164.494	9.426 9	0.106 1	0.006 1
31	19.194	0.052 1	181.943	9.479 0	0.105 5	0.005 5
32	21.114	0.047 4	201.138	9.526 4	0.105 0	0.005 0
33	23.225	0.043 1	222.252	9.569 4	0.104 5	0.004 5
34	25.548	0.039 2	245.477	9.608 6	0.104 1	0.004 1
35	28.102	0.035 6	271.024	9.644 2	0.103 7	0.003 7

12%的复利系数表

年份	一次支付		等额系列			
	终值系数	现值系数	年金终值系数	年金现值系数	资本回收系数	偿债基金系数
n	(F/P, i,n)	(P/F, i,n)	(F/A, i,n)	(P/A, i,n)	(A/P, i,n)	(A/F, i,n)
1	1.120	0.892 9	1.000	0.892 9	1.120 0	1.000 0
2	1.254	0.797 2	2.120	1.690 1	0.591 7	0.471 7
3	1.405	0.711 8	3.374	2.401 8	0.416 4	0.296 4
4	1.574	0.635 5	4.779	3.037 4	0.329 2	0.209 2
5	1.762	0.567 4	6.353	3.604 8	0.277 4	0.157 4
6	1.974	0.506 6	8.115	4.111 4	0.243 2	0.123 2
7	2.211	0.452 4	10.089	4.563 8	0.219 1	0.099 1
8	2.476	0.403 9	12.300	4.967 6	0.201 3	0.081 3
9	2.773	0.360 6	14.776	5.328 3	0.187 7	0.067 7
10	3.106	0.322 0	17.549	5.650 2	0.177 0	0.057 0
11	3.479	0.287 5	20.655	5.937 7	0.168 4	0.048 4
12	3.896	0.256 7	24.133	6.194 4	0.161 4	0.041 4
13	4.364	0.229 2	28.029	6.423 6	0.155 7	0.035 7
14	4.887	0.204 6	32.393	6.628 2	0.150 9	0.030 9
15	5.474	0.182 7	37.280	6.810 9	0.146 8	0.026 8
16	6.130	0.163 1	42.752	6.974 0	0.143 4	0.023 4
17	6.866	0.145 7	48.884	7.119 6	0.140 5	0.020 5
18	7.690	0.130 0	55.750	7.249 7	0.137 9	0.017 9
19	8.613	0.116 1	63.440	7.365 8	0.135 8	0.015 8
20	9.646	0.103 7	72.052	7.469 5	0.133 9	0.013 9
21	10.804	0.092 6	81.699	7.562 0	0.132 3	0.013 2
22	12.100	0.082 7	92.503	7.644 7	0.130 8	0.010 8
23	13.552	0.073 8	104.603	7.718 4	0.129 6	0.009 6
24	15.179	0.065 9	118.155	7.784 3	0.128 5	0.008 5
25	17.000	0.058 8	133.334	7.843 1	0.127 5	0.007 5
26	19.040	0.052 5	150.334	7.895 7	0.126 7	0.006 7
27	21.325	0.046 9	169.374	7.942 6	0.125 9	0.005 9
28	23.884	0.041 9	190.699	7.984 4	0.125 3	0.005 3
29	26.750	0.037 4	214.583	8.021 8	0.124 7	0.004 7
30	29.960	0.033 4	421.333	8.055 2	0.124 2	0.004 2
31	33.555	0.029 8	271.293	8.085 0	0.123 7	0.003 7
32	37.582	0.026 6	304.848	8.111 6	0.123 3	0.003 3
33	42.092	0.023 8	342.429	8.135 4	0.122 9	0.002 9
34	47.143	0.021 2	384.521	8.156 6	0.122 6	0.002 6
35	52.800	0.018 9	431.664	8.175 5	0.122 3	0.002 3

15%的复利系数表

年份	一次支付		等额系列			
	终值系数	现值系数	年金终值系数	年金现值系数	资本回收系数	偿债基金系数
n	(F/P, i,n)	(P/F, i,n)	(F/A, i,n)	(P/A, i,n)	(A/P, i,n)	(A/F, i,n)
1	1.150	0.869 6	1.000	0.869 6	1.150 0	1.000 0
2	1.323	0.756 2	2.150	1.625 7	0.615 1	0.465 1
3	1.521	0.657 5	3.473	2.283 2	0.438 0	0.288 0
4	1.749	0.571 8	4.993	2.855 0	0.350 3	0.200 3
5	2.011	0.497 2	6.742	3.352 2	0.298 3	0.148 3
6	2.313	0.432 3	8.754	3.784 5	0.264 2	0.114 2
7	2.660	0.375 9	11.067	4.160 4	0.240 4	0.090 4
8	3.059	0.326 9	13.727	4.487 3	0.222 9	0.072 9
9	3.518	0.284 3	16.786	4.771 6	0.209 6	0.059 6
10	4.046	0.247 2	20.304	5.018 8	0.199 3	0.049 3
11	4.652	0.215 0	24.349	5.233 7	0.191 1	0.041 1
12	5.350	0.186 9	29.002	5.420 6	0.184 5	0.034 5
13	6.153	0.165 2	34.352	5.583 2	0.179 1	0.029 1
14	7.076	0.141 3	40.505	5.724 5	0.174 7	0.024 7
15	8.137	0.122 9	47.580	5.847 4	0.171 0	0.021 0
16	9.358	0.106 9	55.717	5.954 2	0.168 0	0.018 0
17	10.761	0.092 9	65.075	6.047 2	0.165 4	0.015 4
18	12.375	0.080 8	75.836	6.128 0	0.163 2	0.013 2
19	14.232	0.070 3	88.212	6.198 2	0.161 3	0.011 3
20	16.367	0.061 1	102.444	6.259 3	0.159 8	0.009 8
21	18.822	0.053 1	118.810	6.312 5	0.158 4	0.008 4
22	21.645	0.046 2	137.632	6.358 7	0.157 3	0.007 3
23	24.891	0.040 2	159.276	6.398 8	0.156 3	0.006 3
24	28.625	0.034 9	184.168	6.433 8	0.155 4	0.005 4
25	32.919	0.030 4	212.793	6.464 2	0.154 7	0.004 7
26	37.857	0.026 4	245.712	6.490 6	0.154 1	0.004 1
27	43.535	0.023 0	283.569	6.513 5	0.153 5	0.003 5
28	50.066	0.020 0	327.104	6.533 5	0.153 1	0.003 1
29	57.575	0.017 4	377.170	6.550 9	0.152 7	0.002 7
30	66.212	0.015 1	434.745	6.566 0	0.152 3	0.002 3
31	76.144	0.013 1	500.957	6.579 1	0.152 0	0.002 0
32	87.565	0.011 4	577.100	6.590 5	0.151 7	0.001 7
33	100.700	0.009 9	664.666	6.600 5	0.151 5	0.001 5
34	115.805	0.008 6	765.365	6.609 1	0.151 3	0.001 3
35	133.176	0.007 5	881.170	6.616 6	0.151 1	0.001 1

20%的复利系数表

年份	一次支付		等额系列			
	终值系数	现值系数	年金终值系数	年金现值系数	资本回收系数	偿债基金系数
n	(*F/P, i,n*)	(*P/F, i,n*)	(*F/A, i,n*)	(*P/A, i,n*)	(*A/P, i,n*)	(*A/F, i,n*)
1	1.200	0.833 3	1.000	0.833 3	1.200 0	1.000 0
2	1.440	0.684 5	2.200	1.527 8	0.654 6	0.454 6
3	1.728	0.578 7	3.640	2.106 5	0.474 7	0.274 7
4	2.074	0.482 3	5.368	2.588 7	0.386 3	0.196 3
5	2.488	0.401 9	7.442	2.990 6	0.334 4	0.134 4
6	2.986	0.334 9	9.930	3.325 5	0.300 7	0.100 7
7	3.583	0.279 1	12.916	3.604 6	0.277 4	0.077 4
8	4.300	0.232 6	16.499	3.837 2	0.260 6	0.060 6
9	5.160	0.193 8	20.799	4.031 0	0.248 1	0.048 1
10	6.192	0.161 5	25.959	4.192 5	0.238 5	0.038 5
11	7.430	0.134 6	32.150	4.327 1	0.231 1	0.031 1
12	8.916	0.112 2	39.581	4.439 2	0.225 3	0.025 3
13	10.699	0.093 5	48.497	4.532 7	0.220 6	0.020 6
14	12.839	0.077 9	59.196	4.610 6	0.216 9	0.016 9
15	15.407	0.064 9	72.035	4.765 5	0.213 9	0.013 9
16	18.488	0.054 1	87.442	4.729 6	0.211 4	0.011 4
17	22.186	0.045 1	105.931	4.774 6	0.209 5	0.009 5
18	26.623	0.037 6	128.117	4.812 2	0.207 8	0.007 8
19	31.948	0.031 3	154.740	4.843 5	0.206 5	0.006 5
20	38.338	0.026 1	186.688	4.869 6	0.205 4	0.005 4
21	46.005	0.021 7	225.026	4.891 3	0.204 5	0.004 5
22	55.206	0.018 1	271.031	4.909 4	0.203 7	0.003 7
23	66.247	0.015 1	326.237	4.924 5	0.203 1	0.003 1
24	79.497	0.012 6	392.484	4.937 1	0.202 6	0.002 6
25	95.396	0.010 5	471.981	4.947 6	0.202 1	0.002 1
26	114.475	0.008 7	567.377	4.956 3	0.201 8	0.001 8
27	137.371	0.007 3	681.853	4.963 6	0.201 5	0.001 5
28	164.845	0.006 1	819.223	4.969 7	0.201 2	0.001 2
29	197.814	0.005 1	984.068	4.974 7	0.201 0	0.001 0
30	237.376	0.004 2	1 181.882	4.978 9	0.200 9	0.000 9
31	284.852	0.003 5	1 419.258	4.982 5	0.200 7	0.000 7
32	341.822	0.002 9	1 704.109	4.985 4	0.200 6	0.000 6
33	410.186	0.002 4	2 045.931	4.987 8	0.200 5	0.000 5
34	492.224	0.002 0	2 456.118	4.989 9	0.200 4	0.000 4
35	590.668	0.001 7	2 948.341	4.991 5	0.200 3	0.000 3

25%的复利系数表

年份	一次支付		等额系列			
	终值系数	现值系数	年金终值系数	年金现值系数	资本回收系数	偿债基金系数
n	(F/P, i,n)	(P/F, i,n)	(F/A, i,n)	(P/A, i,n)	(A/P, i,n)	(A/F, i,n)
1	1.250	0.800 0	1.000	0.800 0	1.250 0	1.000 0
2	1.156	0.640 0	2.250	1.440 0	0.694 5	0.444 5
3	1.953	0.512 0	3.813	1.952 0	0.512 3	0.262 3
4	2.441	0.409 6	5.766	2.361 6	0.423 5	0.173 5
5	3.052	0.327 7	8.207	2.689 3	0.371 9	0.121 9
6	3.815	0.262 2	11.259	2.951 4	0.338 8	0.088 8
7	4.678	0.209 7	15.073	3.161 1	0.316 4	0.066 4
8	5.960	0.167 8	19.842	3.328 9	0.300 4	0.050 4
9	7.451	0.134 2	25.802	3.463 1	0.288 8	0.038 8
10	9.313	0.107 4	33.253	3.570 5	0.280 1	0.030 1
11	11.642	0.085 9	42.566	3.656 4	0.273 5	0.023 5
12	14.552	0.068 7	54.208	3.725 1	0.268 5	0.018 5
13	18.190	0.055 0	68.760	3.780 1	0.264 6	0.014 6
14	22.737	0.044 0	86.949	3.824 1	0.261 5	0.011 5
15	28.422	0.035 2	109.687	3.859 3	0.259 1	0.009 1
16	35.527	0.028 2	138.109	3.887 4	0.257 3	0.007 3
17	44.409	0.022 5	173.636	3.909 9	0.255 8	0.005 8
18	55.511	0.018 0	218.045	3.928 0	0.254 6	0.004 6
19	69.389	0.014 4	273.556	3.942 4	0.253 7	0.003 7
20	86.736	0.011 5	342.945	3.953 9	0.252 9	0.002 9
21	108.420	0.009 2	429.681	3.963 1	0.252 3	0.002 3
22	135.525	0.007 4	538.101	3.970 5	0.251 9	0.001 9
23	169.407	0.005 9	673.626	3.976 4	0.251 5	0.001 5
24	211.758	0.004 7	843.033	3.981 1	0.251 2	0.001 2
25	264.698	0.003 8	1 054.791	3.984 9	0.251 0	0.001 0
26	330.872	0.003 0	1 319.489	3.987 9	0.250 8	0.000 8
27	413.590	0.002 4	1 650.361	3.990 3	0.250 6	0.000 6
28	516.988	0.001 9	2 063.952	3.992 3	0.250 5	0.000 5
29	646.235	0.001 6	2 580.939	3.993 8	0.250 4	0.000 4
30	807.794	0.001 2	3 227.174	3.995 1	0.250 3	0.000 3
31	1 009.742	0.001 0	4 034.968	3.996 0	0.250 3	0.000 3
32	1 262.177	0.000 8	5 044.710	3.996 8	0.250 2	0.000 2
33	1 577.722	0.000 6	6 306.887	3.997 5	0.250 2	0.000 2
34	1 972.152	0.000 5	788.609	3.998 0	0.250 1	0.000 1
35	2 465.190	0.000 4	9 856.761	3.998 4	0.250 1	0.000 1

30%的复利系数表

年份	一 次 支 付		等 额 系 列			
	终值系数	现值系数	年金终值系数	年金现值系数	资本回收系数	偿债基金系数
n	(F/P, i,n)	(P/F, i,n)	(F/A, i,n)	(P/A, i,n)	(A/P, i,n)	(A/F, i,n)
1	1.300	0.769 2	1.000	0.769 2	1.300 0	1.000 0
2	1.690	0.591 7	2.300	1.361 0	0.734 8	0.434 8
3	2.197	0.455 2	3.990	1.816 1	0.550 6	0.250 6
4	2.856	0.350 1	6.187	2.166 3	0.461 6	0.161 6
5	3.713	0.269 3	9.043	2.435 6	0.410 6	0.110 6
6	4.827	0.207 2	12.756	2.642 8	0.378 4	0.078 4
7	6.275	0.159 4	17.583	2.802 1	0.356 9	0.056 9
8	8.157	0.122 6	23.858	2.924 7	0.341 9	0.041 9
9	10.605	0.094 3	32.015	3.019 0	0.331 2	0.031 2
10	13.786	0.072 5	42.620	3.091 5	0.323 5	0.023 5
11	17.922	0.055 8	65.405	3.147 3	0.317 7	0.017 7
12	23.298	0.042 9	74.327	3.190 3	0.313 5	0.013 5
13	30.288	0.033 0	97.625	3.223 3	0.310 3	0.010 3
14	39.374	0.025 4	127.913	3.248 7	0.307 8	0.007 8
15	51.186	0.019 5	167.286	3.268 2	0.306 0	0.006 0
16	66.542	0.015 0	218.472	3.283 2	0.304 6	0.004 6
17	86.504	0.011 6	285.014	3.294 8	0.303 5	0.003 5
18	112.455	0.008 9	371.518	3.303 7	0.302 7	0.002 7
19	146.192	0.006 9	483.973	3.310 5	0.302 1	0.002 1
20	190.050	0.005 3	630.165	3.315 8	0.301 6	0.001 6
21	247.065	0.004 1	820.215	3.319 9	0.301 2	0.001 2
22	321.184	0.003 1	1 067.280	3.323 0	0.300 9	0.000 9
23	417.539	0.002 4	1 388.464	3.325 4	0.300 7	0.000 7
24	542.801	0.001 9	1 806.003	3.327 2	0.300 6	0.000 6
25	705.641	0.001 4	2 348.803	3.328 6	0.300 4	0.000 4
26	917.333	0.001 1	3 054.444	3.329 7	0.300 3	0.000 3
27	1 192.533	0.000 8	3 971.778	3.330 5	0.300 3	0.000 3
28	1 550.293	0.000 7	5 164.311	3.331 2	0.300 2	0.000 2
29	2 015.381	0.000 5	6 714.604	3.331 7	0.300 2	0.000 2
30	2 619.996	0.000 4	8 729.985	3.332 1	0.300 1	0.000 1
31	3 405.994	0.000 3	11 349.981	3.332 4	0.300 1	0.000 1
32	4 427.793	0.000 2	14 755.975	3.332 6	0.300 1	0.000 1
33	5 756.130	0.000 2	19 183.768	3.332 8	0.300 1	0.000 1
34	7 482.970	0.0001	24 939.899	3.332 9	0.300 1	0.000 1
35	9 727.860	0.000 1	32 422.868	3.333 0	0.300 0	0.000 0

35%的复利系数表

年份	一次支付		等额系列			
	终值系数	现值系数	年金终值系数	年金现值系数	资本回收系数	偿债基金系数
n	(*F/P, i,n*)	(*P/F, i,n*)	(*F/A, i,n*)	(*P/A, i,n*)	(*A/P, i,n*)	(*A/F, i,n*)
1	1.350 0	0.740 7	1.000 0	0.740 4	1.350 0	1.000 0
2	1.822 5	0.548 7	2.350 0	1.289 4	0.775 5	0.425 5
3	2.460 4	0.406 4	4.172 5	1.695 9	0.589 7	0.239 7
4	3.321 5	0.301 1	6.632 9	1.996 9	0.500 8	0.150 8
5	4.484 0	0.223 0	9.954 4	2.220 0	0.450 5	0.100 5
6	6.053 4	0.165 2	14.438 4	2.385 2	0.419 3	0.069 3
7	8.172 2	0.122 4	20.491 9	2.507 5	0.398 8	0.048 8
8	11.032 4	0.090 6	28.664 0	2.598 2	0.384 9	0.034 9
9	14.893 7	0.067 1	39.696 4	2.665 3	0.375 2	0.025 2
10	20.106 6	0.049 7	54.590 2	2.715 0	0.368 3	0.018 3
11	27.149 3	0.036 8	74.697 6	2.751 9	0.363 4	0.013 4
12	36.644 2	0.027 3	101.840 6	2.779 2	0.359 8	0.009 8
13	49.469 7	0.020 2	138.484 8	2.799 4	0.357 2	0.007 2
14	66.784 1	0.015 0	187.954 4	2.814 4	0.355 3	0.005 3
15	90.158 5	0.011 1	254.738 5	2.825 5	0.353 9	0.003 9
16	121.713 9	0.008 2	344.897 0	2.833 7	0.352 9	0.002 9
17	164.313 8	0.006 1	466.610 9	2.839 8	0.352 1	0.002 1
18	221.823 6	0.004 5	630.924 7	2.844 3	0.351 6	0.001 6
19	299.461 9	0.003 3	852.748 3	2.847 6	0.351 2	0.001 2
20	404.273 6	0.002 5	1 152.210 3	2.850 1	0.350 9	0.000 9
21	545.769 3	0.001 8	1 556.483 8	2.851 9	0.350 6	0.000 6
22	736.788 6	0.001 4	2 102.253 2	2.853 3	0.350 5	0.000 5
23	994.664 6	0.001 0	2 839.041 8	2.854 3	0.350 4	0.000 4
24	1 342.797	0.000 7	3 833.706 4	2.855 0	0.350 3	0.000 3
25	1 812.776	0.000 6	5 176.503 7	2.855 6	0.350 2	0.000 2
26	2 447.248	0.000 4	6 989.280 0	2.856 0	0.350 1	0.000 1
27	3 303.785	0.000 3	9 436.528 0	2.856 3	0.350 1	0.000 1
28	4 460.110	0.000 2	12 740.31 3	2.856 5	0.350 1	0.000 1
29	6 021.148	0.000 2	17 200.42 2	2.856 7	0.350 1	0.000 1
30	8 128.550	0.000 1	23 221.57 0	2.856 8	0.350 0	0.000 0
31	10 973.54	0.000 1	31 350.12 0	2.856 9	0.350 0	0.000 0
32	14 814.28	0.000 1	42 323.66 1	2.856 9	0.350 0	0.000 0
33	19 999.28	0.000 1	57 137.94 3	2.857 0	0.350 0	0.000 0
34	26 999.03	0.000 0	77 137.22 3	2.857 0	0.350 0	0.000 0
35	36 448.69	0.000 0	104 136.2 5	2.857 1	0.350 0	0.000 0

40%的复利系数表

年份	一次支付		等额系列			
	终值系数	现值系数	年金终值系数	年金现值系数	资本回收系数	偿债基金系数
n	(*F/P*, *i*,*n*)	(*P/F*, *i*,*n*)	(*F/A*, *i*,*n*)	(*P/A*, *i*,*n*)	(*A/P*, *i*,*n*)	(*A/F*, *i*,*n*)
1	1.400	0.714 3	1.000	0.714 3	1.400 1	1.000 1
2	1.960	0.510 3	2.400	1.224 5	0.816 7	0.416 7
3	2.744	0.365 4	4.360	1.589 0	0.629 4	0.229 4
4	3.842	0.260 4	7.104	1.849 3	0.540 8	0.140 8
5	5.378	0.186 0	10.946	2.035 2	0.491 4	0.091 4
6	7.530	0.132 9	16.324	2.168 0	0.461 3	0.061 3
7	10.541	0.094 9	23.853	2.262 9	0.442 0	0.042 0
8	14.758	0.067 8	34.395	2.330 6	0.429 1	0.029 1
9	20.661	0.048 5	49.153	2.379 0	0.420 4	0.020 4
10	28.925	0.034 6	69.814	2.413 6	0.414 4	0.014 4
11	40.496	0.024 7	98.739	2.438 3	0.410 2	0.010 2
12	56.694	0.017 7	139.234	2.456 0	0.407 2	0.007 2
13	79.371	0.012 6	195.928	2.468 6	0.405 2	0.005 2
14	111.120	0.009 0	275.299	2.477 5	0.403 7	0.003 7
15	155.568	0.006 5	386.419	2.484 0	0.402 6	0.002 6
16	217.794	0.004 6	541.986	2.488 6	0.401 9	0.001 9
17	304.912	0.003 3	759.780	2.491 8	0.401 4	0.001 4
18	426.877	0.002 4	104.691	2.494 2	0.401 0	0.001 0
19	597.627	0.001 7	1 491.567	2.495 9	0.400 7	0.000 7
20	836.678	0.001 2	2 089.195	2.497 1	0.400 5	0.000 5
21	1 171.348	0.000 9	2 925.871	2.497 9	0.400 4	0.000 4
22	1 639.887	0.000 7	4 097.218	2.498 5	0.400 3	0.000 3
23	2 295.842	0.000 5	5 373.105	2.499 0	0.400 2	0.000 2
24	3 214.178	0.000 4	8 032.945	2.499 3	0.400 2	0.000 2
25	4 499.847	0.000 3	11 247.110	2.499 5	0.400 1	0.000 1
26	6 299.785	0.000 2	15 746.960	2.499 7	0.400 1	0.000 1
27	8 819.695	0.000 2	22 046.730	2.499 8	0.400 1	0.000 1
28	12 347.570	0.000 1	30 866.430	2.499 8	0.400 1	0.000 1
29	17 286.590	0.000 1	43 213.990	2.499 9	0.400 1	0.000 1
30	24 201.230	0.000 1	60 500.580	2.499 9	0.400 1	0.000 1

45%的复利系数表

年份	一次支付		等额系列			
	终值系数	现值系数	年金终值系数	年金现值系数	资本回收系数	偿债基金系数
n	(*F/P*, *i*,*n*)	(*P/F*, *i*,*n*)	(*F/A*, *i*,*n*)	(*P/A*, *i*,*n*)	(*A/P*, *i*,*n*)	(*A/F*, *i*,*n*)
1	1.450 0	0.689 7	1.000 0	0.690	1.450 00	1.000 00
2	2.102 5	0.475 6	2.450	1.165	0.858 16	0.408 16
3	3.048 6	0.328 0	4.552	1.493	0.669 66	0.219 66
4	4.420 5	0.226 2	7.601	1.720	0.581 56	0.131 56
5	6.409 7	0.156 0	12.022	1.867	0.533 18	0.083 18
6	9.294 1	0.107 6	18.431	1.983	0.504 26	0.054 26
7	13.476 5	0.074 2	27.725	2.057	0.486 07	0.036 07
8	19.540 9	0.051 2	41.202	2.109	0.474 27	0.024 27
9	28.334 3	0.035 3	60.743	2.144	0.466 46	0.016 46
10	41.084 7	0.024 3	89.077	2.168	0.461 23	0.011 23
11	59.572 8	0.016 8	130.162	2.158	0.457 68	0.007 68
12	86.380 6	0.011 6	189.735	2.196	0.455 27	0.005 27
13	125.251 8	0.008 0	267.115	2.024	0.453 26	0.003 62
14	181.615 1	0.005 5	401.367	2.210	0.452 49	0.002 49
15	263.341 9	0.003 8	582.982	2.214	0.451 72	0.001 72
16	381.845 8	0.002 6	846.324	2.216	0.451 18	0.001 18
17	553.676 4	0.001 8	1 228.170	2.218	0.450 81	0.000 81
18	802.830 8	0.001 2	1 781.846	2.219	0.450 56	0.000 56
19	1 164.104 7	0.000 9	2 584.677	2.220	0.450 39	0.000 39
20	1 687.951 8	0.000 6	3 748.782	2.221	0.450 27	0.000 27
21	2 447.530 1	0.000 4	5 436.743	2.221	0.450 18	0.000 18
22	3 548.918 7	0.000 3	7 884.246	2.222	0.450 13	0.000 13
23	5 145.932 1	0.000 2	11 433.182	2.222	0.450 09	0.000 09
24	7 461.601 5	0.000 1	16 579.115	2.222	0.450 06	0.000 06
25	10 819.322	0.000 1	24 040.716	2.222	0.450 04	0.000 04
26	15 688.017	0.000 1	34 860.038	2.222	0.450 03	0.000 03
27	22 747.625	0.000 0	50 548.056	2.222	0.450 02	0.000 02
28	32 984.056		73 295.681	2.222	0.450 01	0.000 01
29	47 826.882		106 279.74	2.222	0.450 01	0.000 01
30	69 348.978		154 106.62	2.222	0.450 01	0.000 01

50%的复利系数表

年份	一次支付		等额系列			
	终值系数	现值系数	年金终值系数	年金现值系数	资本回收系数	偿债基金系数
n	(*F/P, i,n*)	(*P/F, i,n*)	(*F/A, i,n*)	(*P/A, i,n*)	(*A/P, i,n*)	(*A/F, i,n*)
1	1.500 0	0.666 7	1.000	0.667	1.500 00	1.000 00
2	2.250 0	0.444 4	2.500	1.111	0.900 00	0.400 00
3	3.375 0	0.296 3	4.750	1.407	0.710 53	0.210 53
4	5.062 5	0.197 5	8.125	1.605	0.623 08	0.123 08
5	7.593 8	0.131 7	13.188	1.737	0.575 83	0.075 83
6	11.390 6	0.087 8	20.781	1.824	0.548 12	0.048 12
7	17.085 9	0.058 5	32.172	1.883	0.531 08	0.031 08
8	25.628 9	0.039 0	49.258	1.922	0.520 30	0.020 30
9	38.443 4	0.026 0	74.887	1.948	0.513 35	0.013 35
10	57.665 0	0.017 3	113.330	1.965	0.508 82	0.008 82
11	86.497 6	0.011 6	170.995	1.977	0.505 85	0.005 85
12	129.746 3	0.007 7	257.493	1.985	0.503 88	0.003 88
13	194.619 5	0.005 1	387.239	1.990	0.502 58	0.002 58
14	291.929 3	0.003 4	581.859	1.993	0.501 72	0.001 72
15	437.893 9	0.002 3	873.788	1.995	0.501 14	0.001 14
16	656.840 8	0.001 5	1 311.682	1.997	0.500 76	0.000 76
17	985.261 3	0.001 0	1 968.523	1.998	0.500 51	0.000 51
18	1 477.891 9	0.000 7	2 953.784	1.999	0.500 34	0.000 34
19	2 216.837 8	0.000 5	4 431.676	1.999	0.500 23	0.000 23
20	3 325.256 7	0.000 3	6 648.513	1.999	0.500 15	0.000 15
21	4 987.885 1	0.000 2	9 973.770	2.000	0.500 10	0.000 10
22	7 481.827 6	0.000 1	14 961.655	2.000	0.500 07	0.000 07
23	11 222.742	0.000 1	22 443.483	2.000	0.500 04	0.000 04
24	16 834.112	0.000 1	33 666.224	2.000	0.500 03	0.000 03
25	25 251.168	0.000 0	50 500.337	2.000	0.500 02	0.000 02

参考文献

[1] 时思．工程经济学[M]．2 版．北京：科学出版社，2011．

[2] 李南．工程经济学[M]．2 版．北京：科学出版社，2004．

[3] 宋国防．工程经济[M]．北京：中国科学技术出版社，2005．

[4] 黄有亮，等．工程经济学[M]．南京：东南大学出版社，2006．

[5] 虞和锡．工程经济学[M]．北京：中国计划出版社，2002．

[6] 武献华，等．工程经济学[M]．大连：东北财经大学出版社，2002．

[7] 杨克磊．工程经济学[M]．上海：复旦大学出版社，2007．

[8] 刘玉明．工程经济学[M]．北京：清华大学出版社，2006．

[9] 王化成．财务管理教学案例[M]．北京：中国人民大学出版社，2001．

[10] 国家计划委员会，建设部．建设项目经济评价方法与参数[M]．3 版．北京：中国计划出版社，2006．

[11] 黄渝祥，邢爱芳．工程经济学[M]．上海：同济大学出版社，1995．

[12]《投资项目可行性研究指南》编写组．投资项目可行性研究指南(试用版)[M]．北京：中国电力出版社，2002．

[13] 刘晓君．工程经济学[M]．北京：中国建筑工业出版社，2003．

[14] 刘伊生．建设项目管理[M]．北京：清华大学出版社，2004．

[15] 毕梦林．技术经济学[M]．沈阳：东北大学出版社，1996．

[16] 全国一级建造师执业资格考试用书编写委员会．建设工程经济[M]．3 版．北京：中国建筑工业出版社，2011．

[17] 于立君．建筑技术经济分析[M]．重庆：重庆大学出版社，2003．

[18] 吴全利．建筑工程经济[M]．北京：中国建筑工业出版社，2004．

[19] 肖跃军．工程经济学[M]．北京：高等教育出版社，2006．

[20] 杨青，等．技术经济学[M]．武汉：武汉理工大学出版社，2003．

北京大学出版社高职高专土建系列规划教材

序号	书名	书号	编著者	定价	出版时间	印次	配套情况
			基础课程				
1	工程建设法律与制度	978-7-301-14158-8	唐茂华	26.00	2012.7	6	ppt/pdf
2	建设法规及相关知识	978-7-301-22748-0	唐茂华等	34.00	2014.9	2	ppt/pdf
3	建设工程法规(第2版)	978-7-301-24493-7	皇甫婧琪	40.00	2014.12	2	ppt/pdf/答案/素材
4	建筑工程法规实务	978-7-301-19321-1	杨陈慧等	43.00	2012.1	4	ppt/pdf
5	建筑法规	978-7-301-19371-6	董伟等	39.00	2013.1	4	ppt/pdf
6	建设工程法规	978-7-301-20912-7	王先恕	32.00	2012.7	3	ppt/ pdf
7	AutoCAD 建筑制图教程(第2版)	978-7-301-21095-6	郭　慧	38.00	2014.12	7	ppt/pdf/素材
8	AutoCAD 建筑绘图教程(第2版)	978-7-301-24540-8	唐英敏等	44.00	2014.7	1	ppt/pdf
9	建筑 CAD 项目教程(2010 版)	978-7-301-20979-0	郭　慧	38.00	2012.9	2	pdf/素材
10	建筑工程专业英语	978-7-301-15376-5	吴承霞	20.00	2013.8	8	ppt/pdf
11	建筑工程专业英语	978-7-301-20003-2	韩薇等	24.00	2014.7	2	ppt/ pdf
12	★建筑工程应用文写作(第2版)	978-7-301-24480-7	赵立等	50.00	2014.7	1	ppt/pdf
13	建筑识图与构造(第2版)	978-7-301-23774-8	郑贵超	40.00	2014.12	2	ppt/pdf/答案
14	建筑构造	978-7-301-21267-7	肖　芳	34.00	2014.12	4	ppt/ pdf
15	房屋建筑构造	978-7-301-19883-4	李少红	26.00	2012.1	4	ppt/pdf
16	建筑识图	978-7-301-21893-8	邓志勇等	35.00	2013.1	2	ppt/ pdf
17	建筑识图与房屋构造	978-7-301-22860-9	贠禄等	54.00	2015.1	2	ppt/pdf /答案
18	建筑构造与设计	978-7-301-23506-5	陈玉萍	38.00	2014.1	1	ppt/pdf /答案
19	房屋建筑构造	978-7-301-23588-1	李元玲等	45.00	2014.1	2	ppt/pdf
20	建筑构造与施工图识读	978-7-301-24470-8	南学平	52.00	2014.8	1	ppt/pdf
21	建筑工程制图与识图(第2版)	978-7-301-24408-1	白丽红	29.00	2014.7	1	ppt/pdf
22	建筑制图习题集(第2版)	978-7-301-24571-2	白丽红	25.00	2014.8	1	pdf
23	建筑制图(第2版)	978-7-301-21146-5	高丽荣	32.00	2015.4	5	ppt/pdf
24	建筑制图习题集(第2版)	978-7-301-21288-2	高丽荣	28.00	2014.12	5	pdf
25	建筑工程制图(第2版)(附习题册)	978-7-301-21120-5	肖明和	48.00	2012.8	3	ppt/pdf
26	建筑制图与识图	978-7-301-18806-2	曹雪梅	36.00	2014.9	1	ppt/pdf
27	建筑制图与识图习题册	978-7-301-18652-7	曹雪梅等	30.00	2012.4	4	pdf
28	建筑制图与识图	978-7-301-20070-4	李元玲	28.00	2012.8	5	ppt/pdf
29	建筑制图与识图习题集	978-7-301-20425-2	李元玲	24.00	2012.3	4	ppt/pdf
30	新编建筑工程制图	978-7-301-21140-3	方筱松	30.00	2014.8	2	ppt/ pdf
31	新编建筑工程制图习题集	978-7-301-16834-9	方筱松	22.00	2014.1	2	pdf
			建筑施工类				
1	建筑工程测量	978-7-301-16727-4	赵景利	30.00	2010.2	12	ppt/pdf /答案
2	建筑工程测量(第2版)	978-7-301-22002-3	张敬伟	37.00	2015.4	6	ppt/pdf /答案
3	建筑工程测量实验与实训指导(第2版)	978-7-301-23166-1	张敬伟	27.00	2013.9	2	pdf/答案
4	建筑工程测量	978-7-301-19992-3	潘益民	38.00	2012.2	2	ppt/ pdf
5	建筑工程测量	978-7-301-13578-5	王金玲等	26.00	2011.8	3	pdf
6	建筑工程测量实训（第2版）	978-7-301-24833-1	杨凤华	34.00	2015.1	1	pdf/答案
7	建筑工程测量(含实验指导手册)	978-7-301-19364-8	石　东等	43.00	2012.6	3	ppt/pdf/答案
8	建筑工程测量	978-7-301-22485-4	景　铎等	34.00	2013.6	1	ppt/pdf
9	建筑施工技术	978-7-301-21209-7	陈雄辉	39.00	2013.2	4	ppt/pdf
10	建筑施工技术	978-7-301-12336-2	朱永祥等	38.00	2012.4	7	ppt/pdf
11	建筑施工技术	978-7-301-16726-7	叶　雯等	44.00	2013.5	6	ppt/pdf /素材
12	建筑施工技术	978-7-301-19499-7	董伟等	42.00	2011.9	2	ppt/pdf
13	建筑施工技术	978-7-301-19997-8	苏小梅	38.00	2013.5	3	ppt/pdf
14	建筑工程施工技术(第2版)	978-7-301-21093-2	钟汉华等	48.00	2013.8	6	ppt/pdf
15	数字测图技术	978-7-301-22656-8	赵　红	36.00	2013.6	1	ppt/pdf
16	数字测图技术实训指导	978-7-301-22679-7	赵　红	27.00	2013.6	1	ppt/pdf
17	基础工程施工	978-7-301-20917-2	董伟等	35.00	2012.7	2	ppt/pdf
18	建筑施工技术实训(第2版)	978-7-301-24368-8	周晓龙	30.00	2014.12	2	pdf
19	建筑力学(第2版)	978-7-301-21695-8	石立安	46.00	2014.12	5	ppt/pdf

序号	书名	书号	编著者	定价	出版时间	印次	配套情况
20	★土木工程实用力学(第 2 版)	978-7-301-24681-8	马景善	47.00	2015.7	1	pdf/ppt/答案
21	土木工程力学	978-7-301-16864-6	吴明军	38.00	2011.11	2	ppt/pdf
22	PKPM 软件的应用(第 2 版)	978-7-301-22625-4	王　娜等	34.00	2013.6	3	Pdf
23	建筑结构(第 2 版)(上册)	978-7-301-21106-9	徐锡权	41.00	2013.4	3	ppt/pdf/答案
24	建筑结构(第 2 版)(下册)	978-7-301-22584-4	徐锡权	42.00	2013.6	2	ppt/pdf/答案
25	建筑结构	978-7-301-19171-2	唐春平等	41.00	2012.6	4	ppt/pdf
26	建筑结构基础	978-7-301-21125-0	王中发	36.00	2012.8	2	ppt/pdf
27	建筑结构原理及应用	978-7-301-18732-6	史美东	45.00	2012.8	1	ppt/pdf
28	建筑力学与结构(第 2 版)	978-7-301-22148-8	吴承霞等	49.00	2014.12	5	ppt/pdf/答案
29	建筑力学与结构(少学时版)	978-7-301-21730-6	吴承霞	34.00	2013.2	4	ppt/pdf/答案
30	建筑力学与结构	978-7-301-20988-2	陈水广	32.00	2012.8	1	pdf/ppt
31	建筑力学与结构	978-7-301-23348-1	杨丽君等	44.00	2014.1	1	ppt/pdf
32	建筑结构与施工图	978-7-301-22188-4	朱希文等	35.00	2013.3	2	ppt/pdf
33	生态建筑材料	978-7-301-19588-2	陈剑峰等	38.00	2013.7	2	ppt/pdf
34	建筑材料(第 2 版)	978-7-301-24633-7	林祖宏	35.00	2014.8	1	ppt/pdf
35	建筑材料与检测	978-7-301-16728-1	梅　杨等	26.00	2012.11	9	ppt/pdf/答案
36	建筑材料检测试验指导	978-7-301-16729-8	王美芬等	18.00	2014.12	7	pdf
37	建筑材料与检测	978-7-301-19261-0	王　辉	35.00	2012.6	5	ppt/pdf
38	建筑材料与检测试验指导	978-7-301-20045-2	王　辉	20.00	2013.1	3	ppt/pdf
39	建筑材料选择与应用	978-7-301-21948-5	申淑荣等	39.00	2013.3	2	ppt/pdf
40	建筑材料检测实训	978-7-301-22317-8	申淑荣等	24.00	2013.4	1	pdf
41	建筑材料	978-7-301-24208-7	任晓菲	40.00	2014.7	1	ppt/pdf /答案
42	建设工程监理概论(第 2 版)	978-7-301-20854-0	徐锡权等	43.00	2014.12	5	ppt/pdf /答案
43	★建设工程监理(第 2 版)	978-7-301-24490-6	斯　庆	35.00	2014.9	1	ppt/pdf /答案
44	建设工程监理概论	978-7-301-15518-9	曾庆军等	24.00	2012.12	5	ppt/pdf
45	工程建设监理案例分析教程	978-7-301-18984-9	刘志麟等	38.00	2013.2	2	ppt/pdf
46	地基与基础(第 2 版)	978-7-301-23304-7	肖明和等	42.00	2014.12	2	ppt/pdf/答案
47	地基与基础	978-7-301-16130-2	孙平平等	26.00	2013.2	3	ppt/pdf
48	地基与基础实训	978-7-301-23174-6	肖明和等	25.00	2013.10	1	ppt/pdf
49	土力学与地基基础	978-7-301-23675-8	叶火炎等	35.00	2014.1	1	ppt/pdf
50	土力学与基础工程	978-7-301-23590-4	宁培淋等	32.00	2014.1	1	ppt/pdf
51	建筑工程质量事故分析(第 2 版)	978-7-301-22467-0	郑文新	32.00	2014.12	3	ppt/pdf
52	建筑工程施工组织设计	978-7-301-18512-4	李源清	26.00	2014.12	7	ppt/pdf
53	建筑工程施工组织实训	978-7-301-18961-0	李源清	40.00	2014.12	4	ppt/pdf
54	建筑施工组织与进度控制	978-7-301-21223-3	张廷瑞	36.00	2012.9	3	ppt/pdf
55	建筑施工组织项目式教程	978-7-301-19901-5	杨红玉	44.00	2012.1	2	ppt/pdf/答案
56	钢筋混凝土工程施工与组织	978-7-301-19587-1	高　雁	32.00	2012.5	2	ppt/pdf
57	钢筋混凝土工程施工与组织实训指导(学生工作页)	978-7-301-21208-0	高　雁	20.00	2012.9	1	ppt
58	建筑材料检测试验指导	978-7-301-24782-2	陈东佐等	20.00	2014.9	1	ppt
59	★建筑节能工程与施工	978-7-301-24274-2	吴明军等	35.00	2014.11	1	ppt/pdf
60	建筑施工工艺	978-7-301-24687-0	李源清等	49.50	2015.1	1	pdf/ppt/答案
61	建筑材料与检测(第 2 版)	978-7-301-25347-2	梅　杨等	33.00	2015.2	1	pdf/ppt/答案
62	土力学与地基基础	978-7-301-25525-4	陈东佐	45.00	2015.2	1	ppt/ pdf/答案
	工程管理类						
1	建筑工程经济(第 2 版)	978-7-301-22736-7	张宁宁等	30.00	2013.7	7	ppt/pdf/答案
2	★建筑工程经济(第 2 版)	978-7-301-24492-0	胡六星等	41.00	2014.9	2	ppt/pdf/答案
3	建筑工程经济	978-7-301-24346-6	刘晓丽等	38.00	2014.7	1	ppt/pdf/答案
4	施工企业会计(第 2 版)	978-7-301-24434-0	辛艳红等	36.00	2014.7	1	ppt/pdf/答案
5	建筑工程项目管理	978-7-301-12335-5	范红岩等	30.00	2012. 4	9	ppt/pdf
6	建设工程项目管理(第 2 版)	978-7-301-24683-2	王　辉	36.00	2014.9	2	ppt/pdf/答案
7	建设工程项目管理	978-7-301-19335-8	冯松山等	38.00	2013.11	3	pdf/ppt
8	★建设工程招投标与合同管理(第 3 版)	978-7-301-24483-8	宋春岩	40.00	2014.9	4	ppt/pdf/答案/试题/教案
9	建筑工程招投标与合同管理	978-7-301-16802-8	程超胜	30.00	2012.9	2	pdf/ppt

序号	书名	书号	编著者	定价	出版时间	印次	配套情况
10	工程招投标与合同管理实务(第 2 版)	978-7-301-25769-2	杨甲奇等	48.00	2015.7	1	ppt/pdf/答案
11	工程招投标与合同管理实务	978-7-301-19290-0	郑文新等	43.00	2012.4	2	ppt/pdf
12	建设工程招投标与合同管理实务	978-7-301-20404-7	杨云会等	42.00	2012.4	2	ppt/pdf/答案/习题库
13	工程招投标与合同管理	978-7-301-17455-5	文新平	37.00	2012.9	1	ppt/pdf
14	工程项目招投标与合同管理(第 2 版)	978-7-301-24554-5	李洪军等	42.00	2014.12	2	ppt/pdf/答案
15	工程项目招投标与合同管理(第 2 版)	978-7-301-22462-5	周艳冬	35.00	2014.12	4	ppt/pdf
16	建筑工程商务标编制实训	978-7-301-20804-5	钟振宇	35.00	2012.7	1	ppt
17	建筑工程安全管理	978-7-301-19455-3	宋　健等	36.00	2013.5	4	ppt/pdf
18	建筑工程质量与安全管理	978-7-301-16070-1	周连起	35.00	2014.12	8	ppt/pdf/答案
19	施工项目质量与安全管理	978-7-301-21275-2	钟汉华	45.00	2012.10	2	ppt/pdf/答案
20	工程造价控制(第 2 版)	978-7-301-24594-1	斯　庆	32.00	2014.8	1	ppt/pdf/答案
21	工程造价管理	978-7-301-20655-3	徐锡权等	33.00	2013.8	3	ppt/pdf
22	工程造价控制与管理	978-7-301-19366-2	胡新萍等	30.00	2014.12	4	ppt/pdf
23	建筑工程造价管理	978-7-301-20360-6	柴　琦等	27.00	2014.12	4	ppt/pdf
24	建筑工程造价管理	978-7-301-15517-2	李茂英等	24.00	2012.1	4	pdf
25	工程造价案例分析	978-7-301-22985-9	甄　凤	30.00	2013.8	2	pdf/ppt
26	建设工程造价控制与管理	978-7-301-24273-5	胡芳珍等	38.00	2014.6	1	ppt/pdf/答案
27	建筑工程造价	978-7-301-21892-1	孙咏梅	40.00	2013.2	1	ppt/pdf
28	★建筑工程计量与计价(第 3 版)	978-7-301-25344-1	肖明和等	65.00	2015.7	1	pdf/ppt
29	★建筑工程计量与计价实训(第 3 版)	978-7-301-25345-8	肖明和等	29.00	2015.7	1	pdf
30	建筑工程计量与计价综合实训	978-7-301-23568-3	龚小兰	28.00	2014.1	2	pdf
31	建筑工程估价	978-7-301-22802-9	张　英	43.00	2013.8	1	ppt/pdf
32	建筑工程计量与计价——透过案例学造价(第 2 版)	978-7-301-23852-3	张　强	59.00	2014.12	3	ppt/pdf
33	安装工程计量与计价(第 3 版)	978-7-301-24539-2	冯　钢等	54.00	2014.8	4	pdf/ppt
34	安装工程计量与计价综合实训	978-7-301-23294-1	成春燕	49.00	2014.12	3	pdf/素材
35	安装工程计量与计价实训	978-7-301-19336-5	景巧玲等	36.00	2013.5	4	pdf/素材
36	建筑水电安装工程计量与计价	978-7-301-21198-4	陈连姝	36.00	2013.8	3	ppt/pdf
37	建筑与装饰工程工程量清单(第 2 版)	978-7-301-25753-1	翟丽旻等	36.00	2015.5	1	ppt
38	建筑工程清单编制	978-7-301-19387-7	叶晓容	24.00	2011.8	2	ppt/pdf
39	建设项目评估	978-7-301-20068-1	高志云等	32.00	2013.6	2	ppt/pdf
40	钢筋工程清单编制	978-7-301-20114-5	贾莲英	36.00	2012.2	2	ppt/pdf
41	混凝土工程清单编制	978-7-301-20384-2	顾　娟	28.00	2012.5	1	ppt/pdf
42	建筑装饰工程预算(第 2 版)	978-7-301-25801-9	范菊雨	44.00	2015.7	1	pdf/ppt
43	建设工程安全监理	978-7-301-20802-1	沈万岳	28.00	2012.7	1	pdf/ppt
44	建筑工程安全技术与管理实务	978-7-301-21187-8	沈万岳	48.00	2012.9	2	pdf/ppt
45	建筑工程资料管理	978-7-301-17456-2	孙　刚等	36.00	2014.12	5	pdf/ppt
46	建筑施工组织与管理(第 2 版)	978-7-301-22149-5	翟丽旻等	43.00	2014.12	3	ppt/pdf/答案
47	建设工程合同管理	978-7-301-22612-4	刘庭江	46.00	2013.6	1	ppt/pdf/答案
48	★工程造价概论	978-7-301-24696-2	周艳冬	31.00	2015.1	1	ppt/pdf/答案
49	建筑安装工程计量与计价实训(第 2 版)	978-7-301-25683-1	景巧玲等	36.00	2015.7	1	pdf
		建筑设计类					
1	中外建筑史(第 2 版)	978-7-301-23779-3	袁新华等	38.00	2014.2	2	ppt/pdf
2	建筑室内空间历程	978-7-301-19338-9	张伟孝	53.00	2011.8	1	pdf
3	建筑装饰 CAD 项目教程	978-7-301-20950-9	郭　慧	35.00	2013.1	2	ppt/素材
4	室内设计基础	978-7-301-15613-1	李书青	32.00	2013.5	3	ppt/pdf
5	建筑装饰构造	978-7-301-15687-2	赵志文等	27.00	2012.11	6	ppt/pdf/答案
6	建筑装饰材料(第 2 版)	978-7-301-22356-7	焦　涛等	34.00	2013.5	2	ppt/pdf
7	★建筑装饰施工技术(第 2 版)	978-7-301-24482-1	王　军	37.00	2014.7	2	ppt/pdf
8	设计构成	978-7-301-15504-2	戴碧锋	30.00	2012.10	2	ppt/pdf
9	基础色彩	978-7-301-16072-5	张　军	42.00	2011.9	2	pdf
10	设计色彩	978-7-301-21211-0	龙黎黎	46.00	2012.9	1	ppt
11	设计素描	978-7-301-22391-8	司马金桃	29.00	2013.4	2	ppt
12	建筑素描表现与创意	978-7-301-15541-7	于修国	25.00	2012.11	3	Pdf
13	3ds Max 效果图制作	978-7-301-22870-8	刘　晗等	45.00	2013.7	1	ppt

序号	书名	书号	编著者	定价	出版时间	印次	配套情况
14	3ds max 室内设计表现方法	978-7-301-17762-4	徐海军	32.00	2010.9	1	pdf
15	Photoshop 效果图后期制作	978-7-301-16073-2	脱忠伟等	52.00	2011.1	2	素材/pdf
16	建筑表现技法	978-7-301-19216-0	张　峰	32.00	2013.1	2	ppt/pdf
17	建筑速写	978-7-301-20441-2	张　峰	30.00	2012.4	1	pdf
18	建筑装饰设计	978-7-301-20022-3	杨丽君	36.00	2012.2	1	ppt/素材
19	装饰施工读图与识图	978-7-301-19991-6	杨丽君	33.00	2012.5	1	ppt
20	建筑装饰工程计量与计价	978-7-301-20055-1	李茂英	42.00	2013.7	3	ppt/pdf
21	3ds Max & V-Ray 建筑设计表现案例教程	978-7-301-25093-8	郑恩峰	40.00	2014.12	1	ppt/pdf
规划园林类							
1	城市规划原理与设计	978-7-301-21505-0	谭婧婧等	35.00	2013.1	2	ppt/pdf
2	居住区景观设计	978-7-301-20587-7	张群成	47.00	2012.5	1	ppt
3	居住区规划设计	978-7-301-21031-4	张　燕	48.00	2012.8	2	ppt
4	园林植物识别与应用	978-7-301-17485-2	潘利等	34.00	2012.9	1	ppt
5	园林工程施工组织管理	978-7-301-22364-2	潘利等	35.00	2013.4	1	ppt/pdf
6	园林景观计算机辅助设计	978-7-301-24500-2	于化强等	48.00	2014.8	1	ppt/pdf
7	建筑•园林•装饰设计初步	978-7-301-24575-0	王金贵	38.00	2014.10	1	ppt/pdf
房地产类							
1	房地产开发与经营(第 2 版)	978-7-301-23084-8	张建中等	33.00	2014.8	2	ppt/pdf/答案
2	房地产估价(第 2 版)	978-7-301-22945-3	张　勇等	35.00	2014.12	2	ppt/pdf/答案
3	房地产估价理论与实务	978-7-301-19327-3	褚菁晶	35.00	2011.8	2	ppt/pdf/答案
4	物业管理理论与实务	978-7-301-19354-9	裴艳慧	52.00	2011.9	2	ppt/pdf
5	房地产测绘	978-7-301-22747-3	唐春平	29.00	2013.7	1	ppt/pdf
6	房地产营销与策划	978-7-301-18731-9	应佐萍	42.00	2012.8	2	ppt/pdf
7	房地产投资分析与实务	978-7-301-24832-4	高志云	35.00	2014.9	1	ppt/pdf
市政与路桥类							
1	市政工程计量与计价(第 2 版)	978-7-301-20564-8	郭良娟等	42.00	2015.1	6	pdf/ppt
2	市政工程计价	978-7-301-22117-4	彭以舟等	39.00	2015.2	1	ppt/pdf
3	市政桥梁工程	978-7-301-16688-8	刘　江等	42.00	2012.10	2	ppt/pdf/素材
4	市政工程材料	978-7-301-22452-6	郑晓国	37.00	2013.5	1	ppt/pdf
5	道桥工程材料	978-7-301-21170-0	刘水林等	43.00	2012.9	1	ppt/pdf
6	路基路面工程	978-7-301-19299-3	偶昌宝等	34.00	2011.8	1	ppt/pdf/素材
7	道路工程技术	978-7-301-19363-1	刘　雨等	33.00	2011.12	1	ppt/pdf
8	城市道路设计与施工	978-7-301-21947-8	吴颖峰	39.00	2013.1	1	ppt/pdf
9	建筑给排水工程技术	978-7-301-25224-6	刘　芳等	46.00	2014.12	1	ppt/pdf
10	建筑给水排水工程	978-7-301-20047-6	叶巧云	38.00	2012.2	1	ppt/pdf
11	市政工程测量(含技能训练手册)	978-7-301-20474-0	刘宗波等	41.00	2012.5	1	ppt/pdf
12	公路工程任务承揽与合同管理	978-7-301-21133-5	邱　兰等	30.00	2012.9	1	ppt/pdf/答案
13	★工程地质与土力学(第 2 版)	978-7-301-24479-1	杨仲元	41.00	2014.7	1	ppt/pdf
14	数字测图技术应用教程	978-7-301-20334-7	刘宗波	36.00	2012.8	1	ppt
15	水泵与水泵站技术	978-7-301-22510-3	刘振华	40.00	2013.5	1	ppt/pdf
16	道路工程测量(含技能训练手册)	978-7-301-21967-6	田树涛等	45.00	2013.2	1	ppt/pdf
17	桥梁施工与维护	978-7-301-23834-9	梁　斌	50.00	2014.2	1	ppt/pdf
18	铁路轨道施工与维护	978-7-301-23524-9	梁　斌	36.00	2014.1	1	ppt/pdf
19	铁路轨道构造	978-7-301-23153-1	梁　斌	32.00	2013.10	1	ppt/pdf
建筑设备类							
1	建筑设备基础知识与识图(第 2 版)	978-7-301-24586-6	靳慧征等	47.00	2014.12	2	ppt/pdf/答案
2	建筑设备识图与施工工艺	978-7-301-19377-8	周业梅	38.00	2011.8	4	ppt/pdf
3	建筑施工机械	978-7-301-19365-5	吴志强	30.00	2014.12	5	pdf/ppt
4	智能建筑环境设备自动化	978-7-301-21090-1	余志强	40.00	2012.8	1	pdf/ppt
5	流体力学及泵与风机	978-7-301-25279-6	王　宁等	35.00	2015.1	1	pdf/ppt/答案